민주주의를 만든 생각들

근현대 편

마 키 아 벨 리 에서 아 렌 트 까지

민주주의를
만든
생각들

근현대 편

구민정·권재원 엮고 해설함

Humanist

'민주주의'라는 말처럼 우리 사회에서 널리 쓰이는 말도 없을 것입니다. 공교육의 목표도 민주 시민 양성이며, 광장의 시위대나 그 시위대를 가로막는 정부 역시 민주주의를 위해 그리 한다고 합니다. 또한 진보와 보수를 막론하고 모두 민주주의를 내세우지만, 그 내용은 극단적인 경우 대척점에 서 있기도 합니다.

그렇다면 도대체 민주주의란 무엇일까요? 흔히 민주주의는 수천 년 전 고대 그리스와 로마에 기원을 두고 있다고들 합니다. 하지만 그것이 오늘날의 정치형태로 발전하기 위해서는 많은 사상가와 정치가들의 생각이 끊임없이 등장하고 논쟁하며 진화해야 하였습니다. 이처럼 민주주의는 오랜 시간에 걸쳐 여러 생각이 섞이고 대립하며 발전해 온 논쟁적인 개념입니다.

오늘날에도 이 과정이 계속되고 있습니다. 민주주의는 고정된 어떤 규칙이 아니라 현재에도 끊임없이 변화, 발전하는 하나의 이상이기 때문입니다. 따라서 그 생각과 논쟁들이 아로새겨진 고전을 읽는 것은 민주주의를 이해하는 데 매우 중요합니다. 이를 통해 민주주의가 무엇인지, 민주주의는 어떻게 만들어져 왔으며, 민주주의의 가장 중요한 개념들은 무엇인지에 대해 알 수 있음은 물론, 우리가 어떤 민주주의를 추구해야 하는지 가늠할 수 있습니다.

이런 점에서 고정된 정답이 아니라 논쟁 속에서 민주주의를 바라보는 훈련이 매우 중요하지만, 현재 우리나라의 정치교육은 그 역할을 다하지 못하고 있습니다. 교과서에는 민주정치와 관련된 여러 정치 개념이 등장하긴 하지만, 제대로 논의되지 못하고 이미 정리된 개념으로 제시됩니다. 물론 개념의 이해를 돕기 위해 위대한 정치 사상가들의 글을 일부 소개하고 있기는 하지만, 요약 글이거나 토막

인용에 그치고 있습니다. 앞서 말하였듯이, 민주주의 개념들은 논쟁을 통해, 심지어는 투쟁을 통해 형성된 것들입니다. 그래서 그 전후 맥락과 논리적 근거, 흐름을 충분히 알아야 비로소 그 진수를 이해할 수 있습니다. 해당 개념이 나오는 단락만 달랑 떼어 놓고 읽는다고 알 수 있는 것이 아닙니다. 그렇게 되면 단어 단위로 암기하던 주입식 교육을 문단 단위로 외우는 주입식 교육으로 확장한 것에 불과합니다. 이러한 방식으로 정치를 공부해서 민주주의에 대한 화석화된 개념들만 알게 된 청소년들이 민주 시민으로 자라서 민주주의를 발전시키기를 기대하기는 매우 어렵습니다. 더군다나 생업에 바쁜 일반 시민들이 플라톤이니 로크니 루소니 하는 사상가들의 저작을 따로 시간 내어 읽기란 더더욱 어려울 테니, 우리나라의 민주 시민 교육은 거의 이루어지기 어려운 셈입니다.

그래서 우리 엮은이들은 민주주의가 만들어지기까지 기여한 중요한 정치 사상가들의 고전을 읽기 편하게 한두 권의 책으로 엮어 청소년, 그리고 나아가서 시민들에게 제공해야겠다고 생각했습니다.

물론 정치와 관련된 고전을 다양하게 편집한 책들은 이미 시중에 널리 나와 있습니다. 그러나 그 책들은 한 권에 한 사상가를 다루거나 한꺼번에 너무 많은 사상가를 다룹니다. 두 경우 다 문제가 있습니다.

전자의 경우, 시장성 높은 저삭에 집중하는 경향이 있습니다. 그래서《리바이어던》이나《군주론》,《공산당 선언》과 같이 저명한 책은 여러 종류가 나와 있는 반면,《미국의 민주주의》,《로마사 논고》,《통치론》같은 책은 매우 중요한 저작임에도 거의 다루지 않고 있습니다. 후자의 경우, 한 권으로 많은 사상가를 섭렵할 수는 있지만 저자를 선정한 기준이 단지 지명도에 따른 경우가 많습니다. 그 결과 여러 분야 대가들의 글을 그저 시대순으로 몇 쪽씩 나열하고 거기에 약간의 설명을 곁들인 책들이 남발되고 있습니다.

위대한 사상가들의 저서를 다 읽을 수는 없지만 적어도 어떤 주제가 충분히 개진되는 과정을 알 수 있을 정도의 분량은 읽어야 합니다. 소개 글과 원문의 분량이 어슷비슷하게 편집된 그런 종류의 책들은 오히려 그 사상가에 대한 선입관만 심어 주며, 결국 그 사상에 대해 아는 것이 아니라 엮은이의 생각을 무비판적으로 받아들이게 만듭니다.

이런 문제점에 착안하여 우리 엮은이들은 '여러 위대한 정치 사상가들의 저작에서 가장 핵심이 되는 부분, 혹은 교과서에서 그 개념을 차용한 부분을 전후 맥락이 잘 드러나도록 충분한 분량을 발췌하여 한 권으로 엮어 낸다면, 그래서 한 권의 책을 통해 수천 년 정치사상의 흐름을 생생하게 느낄 수 있다면 어떨까?' 하는 생각을 하게 되었습니다.

그래서 정치학의 고전이라 불릴 만한, 특히 민주주의의 형성 과정에서 크게 기여한 고전들을 선정하여 먼저 원전을 꼼꼼하게 읽고 토론한 뒤, 청소년을 포함한 일반 독자들이 읽을 만한 부분들을 발췌하는 작업을 시작하였습니다. 이 작업은 쉽지 않은 데다 어떤 점에서는 능력을 벗어나는 일이기도 하였습니다. 그럼에도 이 작은 결과물을 세상에 내놓는 것은, 청소년들에게 이것을 읽히는 것이 정치교육에 보탬이 될 것이라는 다소 무모한 낙관 때문입니다.

이 책은 학교의 정치수업을 염두에 두고 구성하였습니다. 사상가들의 저술을 직접 살펴보기에 앞서 저작이 나올 당시의 시대적 상황과 사상가의 생애 등을 충분히 알 수 있도록 하였습니다. 고전은 충분히 발췌하여 의미를 파악할 수 있도록 하였고, 엮은이들의 꼼꼼한 주석을 중간중간 배치하여 어려움 없이 원전을 읽을 수 있도록 하였습니다. 또 원전을 적절한 분량으로 나누어 실었는데, 이는 학교에서 정치 수업 교재로 쓸 수 있도록 한 차시 분량을 고려한 것이기도 합니다. 끝에는 함께 생각해 볼 물음과 고전 요약 노트를 담아 독자 스스로 다시 한 번 되짚어 볼 수 있도록 하였습니다.

이 책에 수록된 고전들은 물론 위대한 저작들입니다. 하지만 엮은이들의 발췌와 주석들이 완벽할 수는 없습니다. 모쪼록 이 책이 우리나라의 민주주의가 정착되고 발전하는 데 작은 밑거름이 되길 기대해 봅니다. 또한 이 책을 읽을 청소년이나 이 책을 이용하여 정치를 가르치려는 선생님들의 따끔한 비판과 질책도 바랍니다.

2011년 11월
구민정 · 권재원

1부

근대 계몽사상과 민주주의

아우구스티누스 이후 거의 1,000년간 서양의 정치사상은 기독교 교회의 지배와 이를 통한 국왕 및 봉건귀족의 지배를 정당화하는 것 이상으로 나아가지 못하였습니다. 신은 늘 모든 정치권력과 통치를 정당화하는 최후의 배경으로 등장하였습니다. 신이 명령한 신법자연법이 인간이 만든 법률의 정당성을 보장하였고, 왕의 통치권도 하느님의 나라로 인도하기 위해 신에게 부여받은 권한이었습니다.

이렇게 신을 통해 왕과 제후, 그리고 봉건영주들의 통치권을 정당화하였던 중세 정치사상에 균열이 일어나기 시작한 것은 15~16세기, 즉 우리가 르네상스라고 부르는 시기부터였습니다. 르네상스와 함께 꽃핀 고대 사상에 대한 관심과 연구는 자연스레 공화정과 민주주의에 대한 열망으로 이어졌습니다. 절대군주의 압제에 시달리던 당시 지식인들은 아테네의 민주주의나 로마의 공화주의를 이상화하였으며, 이를 현실에 구현하고자 하였습니다.

이제는 설사 공화정이 아니라 왕정을 주장한다 할지라도 신의 명령이 아니라 합리적이고 인간적인 근거를 통해 왕권을 정당화해야만 하였습니다. 신이 퇴장한 자리에 인간의 이성이 자리 잡게 되었으며, 이는 결국 인간의 이성을 통해 합리적인 정치 공동체를 건설하고자 하는 계몽사상으로 발전하게 되었습니다. 계몽사상과 시민혁명은 매우 밀접한 관계를 가지고 있습니다. 그러므로 16~18세기는 봉건적인 통치를 무너뜨리고 근대 민주주의를 수립하는 데 필요한 핵심적인 아이디어들이 등장하고 체계화된 시기라고 할 수 있습니다. 오늘날 민주주의를 채택하고 있는 대부분의 나라들의 헌법에는 계몽주의 정치사상이 여전히 짙은 흔적을 남기고 있습니다. 이 시기 계몽사상가들의 저서들은 오늘날 민주정치의 가장 기본이 되는 원전이라는 점에서 매우 중요합니다. 여기에서는 선구자 격인 마키아벨리와 홉스, 계몽사상의 대표자라고 할 로크와 루소의 저작을 같이 읽어 봅니다.

1장

시민이 타락하지 않아야
공화정이 가능하다

마키아벨리 《로마사 논고》

Niccoló Machiavelli

*Discorsi sopra la prima
deca di Tito Livio*

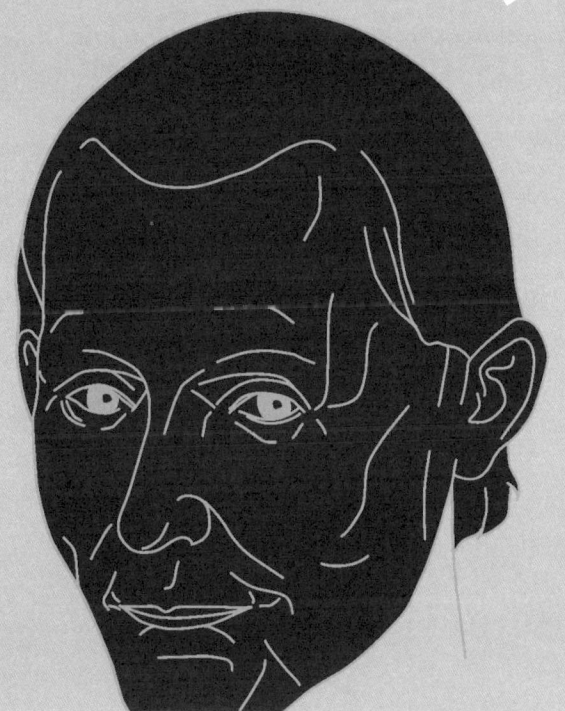

《로마사 논고》를 읽기 전에

이탈리아의 정치가이자 정치사상가인 니콜로 마키아벨리Niccoló Machiavelli, 1469~ 1527는 르네상스 시대의 사람이기는 하지만, 중세와 근대의 경계에 서서 근대적인 정치를 처음으로 사유하였다는 점에서 근대 정치사상의 선구자라고 할 수 있습니다.

마키아벨리는 피렌체를 중심으로 이탈리아에서 큰 세력을 떨치던 메디치 가문이 몰락할 무렵인 1494년에 공직에 들어가 1498년부터 1512년까지 제2재무성 장관을 지냈습니다. 그러나 1513년 메디치 군주정에 대한 반란 음모에 가담한 혐의로 투옥되었다가 교황 레오 10세의 특사로 석방되었습니다. 이후 그는 '오리첼라리 정원의 모임'으로 알려진 피렌체 공화주의자의 모임에 참석하였으며, 고대 그리스와 로마 공화주의 사상을 근대적으로 해석하는 작업에 몰두하였습니다. 그는 《로마사 논고》,《군주론》,《전술론》 등을 저술하였고, 1527년에 사망하였습니다.

르네상스, 로마 공화정을 동경하다

마키아벨리는 중세와 근대의 가교가 되는 르네상스 시대를 살았습니다. 흔히 알려진 것처럼 르네상스는 고전 문화, 즉 고대 그리스·로마 문화의 부흥기였습니다. 교회가 권력과 생활의 중심이었던 중세 1,000년 동안 고대 그리스·로마 문화는 '이교도 문화'라 불리면서 경원시되었습니다. 다만 기독교 교리를 체계화할 필요 때문에 플라톤의 영혼론과 형이상학, 아리스토텔레스의 논리학과 윤리학이, 또 교회의 공식 언어인 라틴어 공부를 위해 키케로나 세네카 등 로마 문필가들의 글이 읽히고 있었지만, 정치사상은 철저하게 잊혀 갔습니다.

중세를 지배한 정치사상은 아우구스티누스의 《신국론》의 연장으로서 신이 지상의 왕을 임명하였다는 왕권신수설이 중심을 이루었습니다. 그 사상에 따르면,

사보나롤라의 화형 르네상스를 전후한 시대는 중세에서 근대로 넘어가는 과도기였다. 그림에서처럼 근대의 모습이 엿보이는 도시가 발달하였으나, 여전히 마녀를 처형하는 등 봉건적 권력이 건재하였다. 이런 상황에서 마키아벨리 등의 정치 사상가는 고대 로마의 권위를 빌려 공화주의를 우회적으로 주장하였다.

세상의 모든 인간은 하느님의 종이며 하느님만이 권력을 가집니다. 다만 그 권력은 신의 메신저로서 성스러운 일을 대리하는 성직자와 지상의 통치자로 세속적인 일을 대리하는 왕에게 위임됩니다. 이러한 성직자의 수장으로 교황이 있고, 왕의 수장으로 황제가 있으며, 교황과 황제의 권위는 성스러운 것으로서 의문의 여지가 없었습니다.

그러나 르네상스 시대에 이르러 고대 그리스·로마의 문물을 접하게 된 지식인들은 이런 중세적 사고방식에 반기를 들며 고대 공화정을 동경하기 시작하였습니다. 이로써 공화주의적 생각을 가진 지식인들이 점점 늘어나게 되었으며, 실제 이탈리아에는 유력한 시민 가문들이 통치하는 여러 자치 공화국들이 수립되었습니다. 그러나 자치 공화국들은 호시탐탐 이들을 노리는 주변의 큰 왕국들, 특히 프랑스와 에스파냐의 위협을 받고 있었습니다. 이런 상황에서 이탈리아 공화주의자들은 도시국가가 아닌 민족국가로 나라의 규모를 키우면서도 전제군주의 자의적 통치를 거부할 방법을 찾게 되었습니다. 그리하여 이들은 오랜 세월 공화정을 지키면서도 강대국으로 성장한 로마 공화국의 성공 요인이 무엇인지, 또 공화정이 무너지면서 제정으로 넘어가게 된 원인은 무엇인지 연구하게 되었습니다.

시민의 덕성에 의해서 유지되는 공화정

흔히 마키아벨리 하면 《군주론》이 떠오를 것입니다. 그리고 효율적인 목적 달성을 위해 수단과 방법을 가리지 않는 냉혹한 정치론을 뜻하는 마키아벨리즘도 떠오를 것입니다. 그러나 이런 냉혹한 정치론을 마키아벨리즘이라고 부르는 것은 온당하지 않습니다. 마키아벨리는 마키아벨리스트가 아닙니다. 물론 《군주론》에는 실제로 군주가 그렇게 인정사정없어야 하며 권모술수를 사용해야 한다고 나옵니다. 그러나 군주가 그러해야 한다는 것이지, 정치가 그러해야 한다는 뜻은 아닙니다. 마키아벨리는 《군주론》에서 군주정은 그런 냉혹한 권모술수가 아니고서는 유지될 수 없음을 보여 주려 한 것입니다.

마키아벨리의 본심은 권모술수를 정당화하려는 것이 아니라 군주가 권력을 잡고 유지할 수 있는 방법은 그것밖에 없음을 보여 주려는 것이었습니다. 즉, 신의 후광을 벗겨 내고 군주의 실체를 보여 주려 한 것입니다. 군주정은 권모술수와 잔혹함이 아니고서는 연명할 수 없는 정체라는 것입니다. "그대가 군주정을 선택한 이상 덕은 기대하지 마라. 오직 권모술수만 있을 뿐이다." 이것이 마키아벨리의 일관된 주장입니다.

이런 의미에서 《군주론》은 '거꾸로 쓴 공화론'입니다. 《군주론》으로 인해 신의 이름으로 군주의 주권을 정당화할 가능성, 그리고 덕스러운 군주에 의한 온화한 통치에 대한 희망이 사라졌습니다. 군주는 간특한 폭군이 되지 않으려면 아예 군주이기를 포기해야 하는 것입니다. 그렇다면 정치에서 '덕'은 영영 사라진 것일까요? 그것이 마키아벨리의 본심일까요? 덕 따위는 필요 없고 정치는 오직 효율성과 술수만이 요구되는 것일까요? 그렇지 않습니다. '덕'은 오직 공화정에서만 발현될 수 있으며, 공화정은 오직 시민의 덕성에 의해서만 유지되는 것입니다.

그러면 똑바로 쓴 공화론은 무엇일까요? 그것이 바로 이 책 《로마사 논고》입니다. 마키아벨리는 고대 로마 공화국의 흥망성쇠를 살피면서 공화정이 유지되기 위해 필요한 것이 무엇이며, 시민들의 어떤 덕성이 요구되는지를 상세히 고찰하였습니다. 그러면서 이를 당시 이탈리아의 도시 공화국들의 상태와 비교하였습니다. 당시 이탈리아의 작은 공화국들은 프랑스와 에스파냐의 위협 아래 쇠퇴해 가고 있었는데, 그 상황을 로마 공화국의 성쇠에서 얻은 교훈을 통해 타개하려고 했던 것입니다. 이 책의 일관된 주제는 인민과 통치자가 덕을 가지고 있으면 타락하지 않고, 제도가 절대 권력을 견제하도록 되어 있을 경우에만 공화정이 가능하며, 공화정이 귀족정이나 군주정보다 우월하다는 것입니다.

하지만 마키아벨리는 자기가 살던 시절의 인민이 고대 로마인과 같은 덕을 갖추었다고 보지 않았습니다. 그렇다면 그 귀결은 무엇일까요? 바로 군주정입니다. 군주정은 군주의 고귀함이 아니라 타락한 인민을 통제하기 위해 필요한 정치 제도이며, 그러므로 덕이 아니라 권모술수를 통해 유지되어야 한다는 것이 《군주론》의 결론입니다.

우리는 지금 어떤 인민일까요? 우리는 지금 공화정을 유지할 수 있는 상태일까요? 깊이 생각해 볼 필요가 있습니다.

일러두기

이 책은 고대 로마 공화국에 대한 고찰 및 이를 피렌체, 베네치아 등 당시 이탈리아 공화국들과 비교하는 형식으로 되어 있습니다. 그러나 여기서는 근대 공화주의의 뿌리가 된 마키아벨리의 공화주의 사상의 얼개를 이해하는 것이 목적이기 때문에 로마에 대해 분석한 부분만 발췌하여 수록하였습니다.

OI 로마의 공화정은
어떻게 세워진 것일까?

 마키아벨리는 시민의 덕이 없으면 공화정이 불가능하다고 보고 있습니다. 따라서 로마에 상당히 긴 시간 동안 공화정이 유지되었다면 분명 건국 당시 시민들의 덕성이 있었으리라 보고, 로마의 공화정이 세워질 무렵을 살핍니다. 여기서 마키아벨리가 덕을 도덕적인 의미와 기능적인 의미 모두 사용한다는 데 유의합시다. 여기서 덕은 미덕이 될 수도 있고, 나라의 융성에 필요한 각종 능력이 될 수도 있습니다.

도시 일반, 특히 로마의 기원에 대하여

로마의 기원과 입법자 및 기본적인 정치제도에 대한 문헌을 읽어 본 사람이라면 이 도시에서 이렇게 위대한 덕이 그토록 오랜 세기에 걸쳐 유지되고, 이 도시가 훗날 대제국으로 발전하였다는 사실에 그리 놀라지 않을 것이다.

먼저 로마의 기원을 살펴보자. 모든 도시는 그곳에 살고 있던 원주민이나 다른 곳에서 온 이주민들이 세운다. 전자는 작은 공동체들로 흩어져 살던 사람들이 이 상태로는 더 이상 안전을 장담할 수 없다고 여길 때 세워진다. 그러므로 그러한 공동체들은 안전을 위해 자발적이거나 권위 있는 사람의 제안에 따라 살기 좋으면서 방어에 유리한 곳을 골라서 함께 모여 살게 된다. 이런 사례는 매우 많은데, 그 중 아테네와 베네치아를 꼽을 수 있다. 아테네는 흩어져 살던 주민들이 권위자인 테세우스의 제안에 따라 건설한 도시다. 베네치아는 피난처를 찾던 여러 종족이 아드리아 해 북부 지역의 작은 섬들에 건설한 도시이다.

후자는 이방인들이 와서 도시를 건설한 경우이다. 그들은 자유인이거나 타국에 예속된 인민들인데, 공화국이나 왕국들이 자국의 인구를 줄이거나 새로 획득한 영토의 방어를 위해 파견한 식민들이다. 로마인들은 이런 방법으로 제국 전역에 많은 도시를 건설하였다. 또 군주가 건설한 도시들도 있는데, 이 경우는 군주가 살기 위해 세운 것이 아니라 알렉산드로스 대왕의 알렉산드리아처럼 군주의 명성을 높이기 위해 세운 것이다. 그러한 도시들은 처음부터 자유롭지 않았기 때문에 크게 발전하거나 스스로 성장하는 경우가 거의 없다.

자유로운 도시는 군주의 지배 아래 살거나 스스로 무리 지어 살던 사람들이 질병이나 기아, 전쟁으로 인해 원래 거주지를 버리고 새로운 거주지를 찾아 나설 때 건설된다. 여기에는 모세처럼 정복한 나라의 도시에 정착하는 경우와 아이네이아스처럼 새로운 도시를 설립하는 경우가 있다. 후자의 경우는 설립된 도시의 운명을 통해 설립자의 덕을 식별할 수 있다. 설립자의 덕의 많고 적음에 따라 장차 그 도시의 번영과 침체가 결정되기 때문이다. 이 덕은 두 가지 방식으로 드러나는데, 장소의 선택과 법 제도의 정비다.

아이네이아스를 최초의 건국자로 본다면 로마는 이방인들이 세운 도시다. 그러나 로물루스를 건국자로 본다면 로마는 원주민들이 건설한 도시다. 하지만 어느 편이 사실이든 간에 로마가 종속되지 않은 자유로운 도시에서 출발하였다는 점은 누구나 인정한다. 또 우리가 곧 설명하겠지만, 그 도시는 로물루스, 누마 등 다른 지도자들이 제정한 법률이 부과한 많은 필연성 때문에 수백 년에 걸쳐 부패는커녕 오히려 넘치는 활력이 지속적으로 유지되었다.(1권 1장)

로마의 건국 신화는 두 가지입니다. 하나는 트로이전쟁에서 패망한 트로이의 용사 아이네이아스가 오랜 항해 끝에 도착해서 로마를 세웠다는 신화이고, 다른 하나는 로물루스와 레무스라는 쌍둥이가 그 일대 부족들을 통합한 뒤 둘 간의 싸움에서 승리한 로물루스가 로마를 세웠다는 신화입니다.

로마는 어떤 종류의 국가에 속하는가?

로마 도시의 정치제도가 무엇이었고, 어떤 사건을 통해 그것이 완성되었는가를 논의하도록 하자. 여러 학자에 따르면, 국가는 군주정과 귀족정 그리고 민주정이라 불리는 세 가지 정부 형태 중 하나를 취한다. 어떤 특정한 국가에서 정부를 세우고자 한다면 그들의 목적에 가장 적합한 어느 하나를 택해야 한다고 주장할 것이다. 정부는 여섯 가지가 있는데, 그중 셋은 나쁘고 셋은 좋지만 쉽사리 타락하는 성향이 있기 때문에 그마저도 해로운 것으로 분류되어야 한다고 말하는 사람들도 있다. 좋은 정부 형태는 위에서 말한 세 가지다. 나쁜 정부 형태는 뒤에서 언급할 나머지 셋인데, 모두 좋은 정부 형태에서 비롯된 것들이다.

좋은 정부들은 각각 그것과 연관된 나쁜 정부 형태들과 아주 유사해서 한 형태에서 다른 형태로 쉽게 변질된다. 즉, 군주정은 참주정으로, 귀족정은 과두정으로, 민주정은 무정부 상태로 쉽게 변질된다. 그러므로 국가의 설립자가 처음의 세 가지 형태 중 어느 하나를 세운다면 금세 사라지고 말 정부를 세우는 셈인데, 이는 덕과 악덕이 공존하여 좋은 정부 형태가 그 반대로 왜곡되는 것을 막을 수 없기 때문이다.

정부 형태의 변형은 사소한 우연에 의해 일어난다. 인구가 적었던 원시시대에는 사람들이 흩어져 살았다. 그러다가 자손이 늘어나면서 함께 모여 살았고, 자신들을 방어하기 위해 그들 중 가장 힘세고 용감한 자를 찾아 우두머리로 삼고 그의 명령에 복종하였다. 이러는 동안 사람들은 정직과 선을 악과 구분하는 방법을 배웠다. 자신에게 은혜를 베푼 자에게 누군가가 해악을 가하는 것을 보면 증오와 동정심을 느끼고, 같은 일이 자신들에게 가해질 수 있다고 생각하면서, 은혜를 모르는 자들을 비난하고 감사를 표하는 자들을 존경하게 되었기 때문이다.

그들은 이런 악을 막기 위해 법률을 만들고, 이것을 위반하는 자들을 처벌하였다. 이것이 정의라는 관념의 기원이다. 그 이후 그들은 군주를 선출해야 할 때 이전과 달리 가장 용감한 자 대신 가장 현명하고 정의로운 자를 선호하게 되었다.

그러나 선출 군주 대신 세습 군주가 지배하게 되면서 그 계승자들은 선조와 달리 쉽게 타락하였고, 군주는 미덕을 소홀히 하고 주색잡기에만 탐닉하였다. 결국 군주는 인민의 미움을 샀으며, 군주는 그것이 두려워 폭력에 의존하게 되었는데, 그 결과 나타난 것이 참주정치다.

이제 군주에 대한 음모와 반란이 나타난다. 그 주도자들은 대개 다른 사람들보다 가문이나 기개, 부, 신분이 월등하였으며, 군주의 수치스러운 생활 태도를 차마 눈뜨고 보지 못하는 사람들이었다. 이제 인민은 이 유력자들의 지도 아래 무기를 들고 군주를 타도한 뒤 그들을 해방자로 맞이하여 복종하였다. 해방자들은 일인통치 체제를 거부하고 공동의 정부를 구성하였으며, 그들이 만든 법률을 스스로 지켰고, 자신들의 이익보다 공공선을 우선시하면서 성실하게 공무를 수행하였다.

그러나 통치권이 다음 세대로 넘어가면, 운명이 주는 고난과 역경을 겪어 본 적이 없는 그들의 자식들은 평등한 시민적 삶에 만족하지 않게 되었다. 게다가 그들이 탐욕과 야심, 겁탈에 탐닉하면서 최선자의 통치귀족정는 소수자의 통치과두정로 전락하게 되었다. 그 체제는 시민적 권리를 무시하였기 때문에 참주에게 일어난 일이 그들에게도 닥치게 되었다. 그들의 행실에 질린 인민이 그들을 처단하려는 자라면 누구든지 전적으로 지지하고 지원하였기 때문이다. 이제 인민의 지원을 받아 그들을 타도하는 자가 등장하는 것은 시간문제다.

군주정과 그 체제로부터 받은 폐해에 대한 기억이 여전히 생생한지라 과두정을 전복시킨 자들은 군주정의 재수립 대신 민주정에 주의를 돌렸다. 그러나 오래지 않아 그 체제는 자유의 남용에 이르게 되었다. 이 상태에서는 공공의 권위도 타인에 대한 존중도 사라지며, 개인들이 제멋대로 살면서 날마다 갖가지 악행을 저지르게 되었다. 급기야 그들은 어떤 훌륭한 사람의 제안에 따라, 혹은 그러한 남용에 질려서 다시 군주정으로 회귀하였다. 그리고 다시 처음부터 사태가 진행되었다.

이러니 지금까지 논의한 정부들은 모두 병약한 것들이다. 세 가지 좋은 정부는 단명하고, 나머지는 사악하기 때문이다. 그러므로 신중한 자들은 법률을 만들

때 이러한 결함을 의식하여, 세 가지 좋은 정부를 있는 그대로 취하는 대신 이들의 속성들을 모두 포함한 가장 견실하고 안정적이라고 판정된 정부 형태를 선택한다. 같은 도시에 군주정과 귀족정, 민주정의 요소들이 공존함으로써 서로가 서로를 견제하기 때문이다.

 마키아벨리 이전까지 정치학자들은 정부 형태를 아리스토텔레스의 분류에 따라 여섯 가지 유형으로 나누었습니다. 그런데 마키아벨리는 좋은 형태와 타락한 형태가 매우 유사하고 쉽게 전환되기 때문에 굳이 분류할 이유가 없다면서 세 가지로 단순화하였습니다. 그런데 마키아벨리가 아리스토텔레스와 조금 다른 용어를 사용하고 있어서 정리가 필요합니다. 아리스토텔레스는 다수가 통치하는 정체를 혼합정政治體, 그 타락형을 민주정이라고 불렀는데, 마키아벨리는 그것을 민주정과 무정부 상태로 부르고 있습니다. 이 용어는 여러 문헌에서 계속 혼란스럽게 사용되는데, 어떤 문헌에서는 민주정과 폭민정으로 사용되기도 합니다. 마키아벨리는 단순히 통치자의 수가 일인이냐, 소수냐, 다수냐에 따라 군주정, 귀족정, 민주정으로 나누고 있습니다. 그리고 이 세 가지 정부는 지탱되기도 어렵고 쉽게 타락할 수 있는 병약한 정부이기 때문에 바람직하지 않다고 지적하고 있습니다. 이는 아리스토텔레스도 이미 지적한 바 있습니다. 마키아벨리는 로마 공화국이 바로 아리스토텔레스가 말한 혼합정체였다고 말합니다.

이제 로마로 가 보자. 로물루스와 여러 왕은 좋은 법률들을 많이 만들어 그것을 자유 사회에 적용하였다. 그러나 그들의 목적은 공화국이 아니라 왕국을 세우는 것이었다. 그러므로 그들의 법률에는 자유를 위해 제정되어야 할 것들이 부족하였다. 왕을 몰아낸 자들은 왕의 자리를 대신하는 두 명의 집정관을 두었다. 이렇게 그들은 로마에서 왕의 칭호는 제거하였지만 왕의 권력에 해당하는 제도는 남겨두었다. 그 결과 집정관과 원로원이 공존하면서 군주정과 귀족정의 혼합이 이루어졌다.

이제 정부에 민주정의 요소를 넣는 일이 남았다. 이 일은 로마 귀족의 횡포에 대항하는 인민 봉기가 일어나자 귀족들이 모든 것을 잃지 않기 위해 인민들에게 일정한 몫을 허용함으로써 달성되었다. 그리하여 호민관이라는 관직이 창설되었다. 이렇게 세 유형의 정부 형태가 모두 자기 몫을 가지게 됨으로써 공화국의 조건은 더욱 단단해졌다. 게다가 운명도 로마에게 호의를 베풀어 이런 경로를 따라 로마가 왕과 귀족의 정부에서 인민의 정부로 전환하였는데도 귀족에게 권위를 부여하기 위해 왕의 권위를 모두 빼앗거나 인민에게 권위를 부여하기 위해 귀족들의 권위를 모두 박탈하는 일은 일어나지 않았다.

로마는 혼합 정부를 지속함으로써 완벽한 국가를 유지하였다.(1권 2장)

로마인들은 공화국을 '레스 푸블리카res publica', 즉 공공의 재산이라는 개념으로 이해하였습니다. 그러므로 그것은 한 명의 군주, 몇몇 귀족의 것이 아님은 물론 다수인 인민의 것도 아니라야 하였습니다. 이는 군주, 귀족, 평민 그 누구도 국가를 좌지우지할 수 없도록 하면서 동시에 이들이 모두 국가 운영에 자기 영향력을 발휘할 수 있는 제도를 요구하였고, 로마인들은 이 세 계급이 서로 견제하면서 균형을 이루는 제도를 완성하고 이를 공화국이라 불렀습니다.

로마가 공화정을 수립한 시기는 대체로 기원전 509년에 왕정을 끝내고 이를 집정관으로 대체하면서부터라고 봅니다. 집정관은 왕과 비슷한 직위이지만, 그 임기가 1년에 불과하고, 선거를 통해 선출되며, 두 명의 집정관을 두되 한 명은 귀족, 한 명은 평민 중에서 선출하도록 하여 권력을 독점하지 못하도록 하였습니다. 또 중요한 국가사업은 귀족들의 협의체인 원로원의 재가를 받도록 하였기 때문에 집정관이 단독으로 권력을 휘두르기 어려웠습니다. 로마인은 원로원의 일부 귀족들이 권력을 독점하는 것을 방지하기 위해 평민의 대표인 호민관을 설치하였습니다. 모두 열 명으로 구성된 호민관은 집정관과 원로원의 결정에 거부권을 행사할 수 있었으며, 최고 의결 기구인 민회를 통해 입법은 할 수 있었지만, 집행권은 가지지 않았습니다. 이렇게 로마의 정치제도는 집정관의 집행권, 원로원의 의결권, 그리고 호민관의 입법권이 교묘하게 분배되어 있었으며, 이는 각각 군주정, 귀족정, 민주정의 요소들을 빌려 조합한 것이었습니다.

하지만 이렇게 빈틈없는 로마의 공화정도 결국 무너져 아우구스투스 이후 제정으로 바뀌고 마는데, 마키아벨리의 관심사는 바로 여기에 있습니다. 이토록 훌륭한 공화정이 어째서 제정으로 타락하고 말았는가? 여기서 우리는 잠깐 생각을 가다듬을 필요가 있습니다. 흔히 로마라고 하면 거대한 영토를 가진 대제국을 연상하지만, 마키아벨리를 비롯한 유럽의 지식인들은 카이사르 이전의 로마 공화국을 위대한 고전시대로 보고, 카이사르 시대 이후를 타락한 로마로 보고 있습니다. 이런 점들을 잘 유념하면서 다음의 글들을 읽어 봅시다.

로마에서 호민관을 세우게 된 경위

국가의 설립자, 입법자는 다음과 같은 점을 염두에 두어야 한다. 모든 인간은 사악하며 자유로운 기회가 주어지면 언제든지 사악하게 행동하려 한다.

로마의 경우 타르퀴니우스 왕가를 몰아낸 직후에는 인민과 원로원이 화합하였다. 귀족은 오만함을 버리고 민주적 정신을 따르고 있었으며, 제아무리 비천한 자라도 살 만하였다. 타르퀴니우스 왕가 사람들이 살아 있을 동안에는 이 위장이 유지되었다. 귀족들은 왕가를 두려워하였으며, 인민을 학대하면 그들이 다시 왕가를 지지할 우려가 있기 때문에 인민에게 정중하게 대하였던 것이다. 그러나 왕가가 끊어져서 귀족들의 걱정거리가 사라지자 그동안 참아 왔던 것들을 한꺼번에 터뜨리는 듯이 인민을 괴롭혔다.

타르퀴니우스 가문은 고대 로마의 왕가로 로마의 5~7대의 왕위에 올랐습니다. 7대 왕 타르퀴니우스 수페르부스는 6대왕 세르비우스 툴리우스의 사위였는데, 왕을 죽이고 왕위를 찬탈하였습니다. 그는 포악한 독재정치를 실시하다가 로마 인민들에 의해 추방되었습니다. 이로써 로마는 왕정을 폐지하고 공화정을 실시하게 되었습니다. 그래도 이 가문의 영향력은 남아 있어서 공화정 첫 집정관으로 타르퀴니우스 콜라티누스가 선출되었지만, 결국 그도 실각하고 망명하면서 이 가문은 로마 정계에서 자취를 감추었습니다.

사람들은 강제되지 않는 한 결코 좋은 일을 하려 하지 않으며, 선택의 여지가 많고 자유가 지나치게 많이 허용되면 순식간에 모든 것이 혼란과 무질서에 빠진다. 기아와 빈곤이 사람들을 근면하게 만들고, 법률이 사람을 선량하게 만든다. 만약 법률 없이도 사태가 제대로 수습된다면 애초부터 법률은 필요 없었을 것이다. 그러나 좋은 관습이 부족한 곳에서는 당장 법률이 필요하다. 따라서 귀족들에게 두려움을 주어 견제하던 왕가가 사라진 로마는 왕가가 건재하던 시절과 같은 결과를 가져올 새로운 제도가 필요하였다. 그래서 로마인들은 평민과 귀족 간의 불화에서 비롯된 수많은 혼란과 소동, 내전 등을 거친 후에 인민의 안전을 위해 호민관을 창설하게 되었다. 호민관은 높은 권위와 명예를 부여받았기 때문에 항상 평민과 원로원을 중재하고, 귀족들의 거만함을 억제할 수 있었다.(1권 3장)

● **생각해보기**

I. 가장 이상적인 정부 형태는 세 가지 좋은 정부의 형태가 결합된 것이라고 여러 번 강조하고 있습니다. 로마의 정부 형태가 이상적인 정부 형태 중 어디에 해당하는지 빈 칸을 채워 보세요.

이상적인 정부 형태	왕정적 요소	귀족정적 요소	인민정적 요소
로마의 공화정 형태			
권력의 분립			

O2 | 일사불란한 나라가
반드시 강한 나라일까?

 로마가 건국될 당시의 성격과 제도를 살펴보았으므로, 이제 로마의 발전상을 추적해 봅니다. 여기서 마키아벨리는 로마가 왕정에 비해 어수선하고 내부 분열이 심한 나라였지만, 오히려 그것이 발전의 원동력이었음을 역설하면서 공화주의자의 진면목을 보여 줍니다.

평민과 원로원의 대립이 로마 공화국을 자유롭고 강력하게 만들었다

나는 로마가 강성해진 원인에 군사제도와 행운이 포함된다는 것을 부정하지 않는다. 하지만 나의 반대자들은 좋은 정부가 있는 곳에 좋은 군대가 있게 마련이며, 그러한 도시는 반드시 행운을 누린다는 점을 깨닫지 못한다.

귀족과 평민 간의 내분을 비난하는 자들은 로마를 자유롭게 만든 근본 원인을 비난하고 그러한 내분이 불러온 좋은 결과보다는 분란과 소동만 보려는 것 같다. 그들은 모든 공화국에는 평민과 부자라는 대립된 파벌이 있고, 로마가 자유를 향유할 수 있도록 제정된 모든 법률이 그들의 불화에서 비롯된 것이라는 점을 깨닫지 못하고 있다.

우리는 로마의 경우 이것이 사실임을 쉽게 알 수 있다. 타르퀴니우스에서 그라쿠스 형제인민을 위해 귀족에 대항한 정치가에 이르는 300여 년 동안, 로마는 내분으로 인해 추방이나 유혈 사태가 일어나는 경우가 아주 드물었다. 그러므로 우리는 결코 이러한 내분이 유해하며 공화국이 분열되어 있었다고 볼 수 없다. 그 오랜 기간 동안 내분에 의해 추방당한 사람은 여덟 명 내지 열 명에 불과하였고, 사형을 당한 사람은 극소수였으며, 재산을 몰수당한 자도 많지 않았기 때문이다.

게다가 이렇게 명예로운 처신으로 가득 찬 공화국을 무질서하다고 말하는 것은 절대 납득할 수 없다. 이토록 훌륭한 처신은 좋은 교육에서 비롯되며, 좋은 교육은 좋은 법률에서, 좋은 법률은 바로 많은 사람들이 비난하는 바로 그 대립과 불화에서 비롯되기 때문이다. 누구나 그 대립의 결과가 공공선에 유해한 추방이나 폭력이 아니라 공공의 자유에 도움이 되는 법률과 제도의 생산이었음을 발견하게 될 것이다.

그렇다면 누군가가 이렇게 말하였다고 상상해 보자. '그러한 수단들은 불법적이고 야만적이다. 인민들이 원로원에게 고함을 지르고, 원로원이 인민들을 비난하고, 인민들이 거리에서 격렬하게 시위를 하거나 파업을 하고, 심지어 도시를 떠나 버리는 행위들 말이다. 이 모든 행위는 그것을 읽는 사람들마저도 경악하게 만들 것이다.' 그러나 나는 다음과 같이 대꾸할 것이다. 모든 도시는 인민에게 그들의 야심을 표출할 길을 터 주어야 한다. 더구나 그 도시에서 인민이 중요한 일들을 하고 있다면 더욱 그렇다.

로마는 이런 것을 갖추고 있었다. 인민들은 어떤 법률의 제정을 원할 경우 앞에서 언급한 방법들이나 군입대 거부 등의 방법을 사용하였기 때문에 원로원은 어떻게든 그들을 달래야만 하였다. 자유에 대한 인민의 열망이 자유에 해로운 경우란 거의 없다. 그 열망은 억압이나 억압의 조짐에 대한 두려움에서 비롯되기 때문이다.

게다가 그들이 잘못 생각할 경우에는 언제나 집회라는 치유책이 있다. 유력한 인물은 집회에 직접 나서서 인민들이 어떻게 잘못된 생각을 하고 있는지 깨우쳐 주고 그들을 설득할 수 있다. 키케로가 말하였듯이, 비록 인민들은 무지하지만 그

들의 신망을 받는 사람이 진리를 일러 주면 그것을 납득하며 거기에 쉽게 복종하는 법이다.(1권 4장)

가진 자와 못 가진 자 중 누가 자유를 위협하는가?

공화국의 현명한 설립자들이 고려해야 할 중요한 점들 중 하나는 자유의 수호자를 세우는 것이었다. 그들이 수호자를 얼마나 잘 배치하느냐에 따라 자유로운 정부의 수명이 연장되거나 단축되었다. 그런데 모든 공화국에는 부자와 평민이 있게 마련이니, 이들 중 어느 쪽에서 수호자가 나오는 것이 좋은가 하는 의문이 제기되었다. 사려 깊은 자라면 여기에 대한 답을 쉽게 찾기 어려울 것이다. 가진 것을 지키려는 인간의 성향과 갖지 않은 것을 얻고자 하는 인간의 성향 중 어느 것이 공화국에 더 해로운지 알 수 없기 때문이다.

그런데 대부분의 분쟁은 기득권자 때문에 일어난다. 이미 얻은 것을 잃을지 모른다는 두려움은 가지지 못한 것을 얻고자 하는 마음에서 일어나는 것과 같은 종류의 욕망을 불러일으키며, 대체로 사람들은 가진 것을 확실히 지키기 위해서는 더 많이 얻어야 한다고 믿기 때문이다. 게다가 기득권자들은 반란을 일으킬 때 더 많은 힘과 세력을 동원할 수 있다. 또 부자들의 무절제하고 야심 찬 처신은 가난한 자들의 마음에도 욕망을 일으킨다. 가난한 자들은 부자를 약탈함으로써 남용되고 있는 부나 명예를 차지하기를 원한다.(1권 5장)

마키아벨리는 추상적인 공동체나 공공의 이익을 말하는 대신 어떤 나라에나 기득권 집단과 가난한 집단, 즉 사회 계급이 나누어져 있고, 이들 간의 갈등이 있음을 말하고 있습니다. 이런 사회 갈등은 당연한 것이기 때문에 그것을 개탄하는 것은 잘못된 관점이라고 주장합니다. 그보다는 어떻게 이 계급들 산의 균형을 맞출 것인가를 고민해야 한다는 것입니다. 그가 살았던 시대가 중세가 끝날 무렵이었음을 감안하면 놀랍도록 근대적인 발상입니다.

공화국에서 탄핵권은 자유를 보호하기 위해 필수적이다

민회나 행정관 또는 위원회가 국가의 자유를 위협한 시민을 탄핵할 수 있는 권능을 가지는 것은 더할 바 없이 유용하다. 이런 조치는 공화국을 위해 매우 중요한 두 가지 효과를 가져온다. 우선 시민들은 고발이 두려워 반역을 꾀하지 않으며, 설사 하더라도 즉시 철저히 진압된다. 그리고 다양한 시민들 사이에 있는 잡다한 방식의 당파적 증오를 해소할 수 있는 배출구가 제공된다. 만약 합법적인 증오 배출구가 없다면 공화국 전체를 몰락시키는 불법적인 방식으로 표출될 것이다. 그러므로 나라를 휘젓는 당파적 증오가 배출될 합법적인 길을 열어 두는 것보다 나라를 견고하게 만드는 것은 없다.

공화국은 대중이 특정한 시민에게 품게 된 분노를 합법적으로 해소할 수 있는 출구를 마련해야 한다. 아무런 합법적인 방법이 없으면 불법적인 방법에 호소하게 된다. 후자가 전자보다 훨씬 나쁜 결과를 일으키는 것은 두말할 필요도 없다.(1권 7장)

로마는 공화정 시대는 물론 원칙적으로 제정 시대에까지도 탄핵 제도를 운영하고 있었습니다. 집정관이나 황제에 대해, 혹은 군사령관 등 고위직에 대해 원로원이나 민회에서 탄핵을 결정하여 그 직위에서 끌어내릴 수 있었던 것입니다. 그러나 훗날 이 탄핵 제도는 공화정을 압살하려는 권력자 안토니우스를 탄핵한 키케로가 도리어 그의 무력 앞에서 무너짐으로써 유명무실해집니다.

부패한 인민은 자유를 얻더라도 그것을 유지하지 못한다

로마는 타르퀴니우스 왕가를 축출할 무렵에는 자유를 회복하고 유지할 수 있었다. 그러나 카이사르는 물론 칼리굴라에 이어 네로까지 죽음으로써 카이사르의 혈통이 끊어졌는데도 로마는 자유를 유지하지도 소생시키지도 못하였다. 같은 도시에서 이렇게 정반대의 결과가 나온 것은 타르퀴니우스 시대에는 로마 인민이 타락하지 않았지만 카이사르 시대에는 매우 부패하였기 때문이다.

로마 초기에는 누구도 로마에서 왕이 되지 않을 것이라고 맹세하는 것만으로도 인민이 왕정 거부를 결의하기에 충분하였다. 그러나 후대에는 권위와 용기를 가진 브루투스가 오리엔트 군단 전체의 지지를 얻고서도 인민에게 자유를 유지하겠다는 확고한 결의를 심어 줄 수 없었다. 후대의 브루투스 역시 이전의 브루투스와 마찬가지로 그들에게 자유를 회복시켜 준 인물이었다. 이러한 사태는 마리우스 독재정치를 행한 군인 일파가 인민들에게 부패를 심어 놓으면서 시작되었고, 이 일파의 우두머리인 카이사르가 인민의 눈을 가림으로써 인민은 스스로의 목에 씌운 멍에를 인식하지 못하게 되었다.(1권 17장)

 로마가 왕정에서 공화정으로 넘어가던 시기와 거꾸로 공화정에서 제정으로 넘어가던 시기를 비교하고 있습니다. 공교롭게도 두 시기 모두 공화주의의 지도자는 브루투스였습니다. 그런데 전자의 경우에는 로마 시민들의 결의만으로도 왕을 몰아내고 공화정을 세울 수 있었는데, 후자의 경우에는 브루투스의 대군단 병력으로도 공화정을 회복할 수 없었습니다. 마키아벨리는 두 시기 로마 시민들의 상태가 달랐다는 점에서 그 까닭을 찾고 있습니다. 앞선 시기에서 로마 시민들은 자유라는 가치를 소중히 여겼지만, 다음 시기에서는 독재자들이 던져 주는 여러 가지 잇속에 눈이 멀어 타락하고 말았던 것입니다.

● **생각해보기**

I. 고대 그리스 아테네의 '도편추방제'와 로마 공화정의 '탄핵권'의 공통된 의미와 필요성을 설명해 보세요.

03 | 로마는 왜
스스로 무너졌을까?

 로마의 융성을 다루었으니, 이제 남은 것은 로마의 패망입니다. 마키아벨리는 권력의 집중과 인민의 타락이 로마가 패망한 원인이라고 봅니다. 이는 마키아벨리가 절대군주론자가 아니며, 오히려 근대 공화주의자임을 보여 줍니다.

부패한 도시에 자유로운 정부가 가능할까?

로마 인민은 집정관 및 다른 고위직에 지원한 사람을 선출하였다. 이 관습은 처음에는 좋았다. 지원하였다가 낙선하면 부끄러웠으므로 스스로 그만한 자격을 갖추었다고 판단한 시민들만 지원하였기 때문이다. 그 결과 모든 사람이 그만한 자격이 있다고 인정받기 위해 처신을 잘하였다. 그러나 훗날 로마가 부패한 뒤 이러한 방법은 해로운 것으로 판명되었다. 가장 훌륭한 자가 아니라 가장 권세 있는 자가 관직에 지원하였기 때문이다. 권세가 없는 자는 자격이 있어도 거부당할까 봐 두려워 섣불리 나서지 않았다.

이런 나쁜 상황은 다른 악습들처럼 점진적으로 일어났다. 로마인들은 자신들의 자유를 확신하고 더는 그들을 두렵게 할 적이 없다고 믿었다. 이런 자신감 때문에 로마 인민들은 지원자들의 능력이 아니라 자신들의 취향에 따라 집정관을 뽑았다. 즉, 적과 싸워 이기는 방법을 잘 아는 사람이 아니라 인기 얻는 법을 잘 알고 있는 사람을 뽑은 것이다. 곧이어 로마인은 인기가 가장 많은 사람 대신 권세가 가장 큰 사람을 선출할 정도로 타락하였으며, 선량한 자들은 관직에서 완전히 밀려나게 되었다.

최후에는 권세 있는 자들만 법률 제정권을 갖게 되었는데, 그들은 이를 공동의 자유가 아니라 자신들의 권력을 위해 사용하였다. 그리고 모두 이들을 두려워하였으므로 누구도 감히 그 법률에 반대하지 못하였다. 그리하여 인민은 속임수에 넘어가거나 강요에 못 이겨 자신들의 파멸을 초래하는 법안을 통과시키게 되었다.(1권 18장)

로마 시민들이 타락한 까닭을 지나친 자신감에서 찾고 있습니다. 압도적으로 강대해진 로마 시민들은 이제 외적의 침입 따위를 걱정하지 않게 되었으며, 이들에게 선심을 베푼 세력가들에 의해 타락하고 말았다는 것입니다. 처음에는 세력가들이 던져 주는 떡고물에 권력을 넘겨 준 타락한 시민들은 결국 그들의 세력이 두려워서 자유를 찾을 엄두도 내지 못하게 되었습니다. 로마 공화국의 타락이 시작된 이 시기는 포에니전쟁의 최종적인 승리로 이렇다 할 외적이 없는 상태에서 마리우스와 술라라는 두 독재자가 번갈아 가며 권력을 장악한 불행한 시기였습니다. 마리우스는 표면적으로는 인민을 기반으로 하고 있었고, 술라는 귀족이었습니다. 로마 인민은 마리우스에게는 그가 베풀겠다고 약속한 선심에 속아서, 술라에게는 겁을 먹어서 계속 자신들을 약화시키는 법안을 통과시켰던 것입니다.

| 로마 10인회는 왜 공화국의 자유에 해로운 존재가 되고 말았는가? |

지금까지 투표를 통하지 않고 폭력에 의해 장악된 권력은 공화국에 해롭다고 주장하였지만, 이것과 모순되는 사실이 있다. 그것은 로마인들이 시민 대표로 선출한

10인회가 시간이 지남에 따라 참주들로 변하여 아무런 거리낌 없이 로마의 자유를 유린하였다는 것이다. 이 점에 관해서는 권위가 부여된 방법과 아울러 권위가 주어진 기간도 고려해야 한다고 말할 수 있다. 무제한적인 권위가 1년 이상 주어지는 것은 언제나 위험하다. 10인회와 독재관의 권위를 비교해도 10인회의 권위가 훨씬 큰 것을 알 수 있다.

독재관은 로마의 독특한 제도로, 국가가 큰 변란이나 위급한 시기에 이르면 가장 유능하고 덕망 높은 사람에게 전권을 위임하고 독재를 허용하는 제도입니다. 그러나 이 독재관은 임기가 정해져 있지 않아서 위기가 끝나면 곧바로 해임되었습니다. 훗날 카이사르는 관례를 깨고 독재관을 오랫동안 역임하게 됩니다.

독재관이 창설되었을 때는 호민관과 집정관, 원로원이 그대로 남아 있어서 독재관이라 할지라도 그들의 권한을 박탈할 수 없었다. 그러나 10인회가 창설되었을 때는 집정관과 호민관 제도는 폐지되고 10인회는 마치 자신들이 로마 인민 전체를 대표하는 양 법률을 제정하고 집행할 수 있는 모든 권한을 위임받았다. 그리하여 10인회는 집정관과 호민관은 물론 인민의 심의권도 없이, 즉 아무런 감시와 견제 없이 무소불위의 권력을 휘둘렀으며, 이듬해에는 아피우스의 야욕에 휘말려 온갖 횡포를 일삼았다.

이는 자유로운 투표를 통해 주어진 권력은 위임되는 권력의 적용 범위와 기간을 제한해 두어야만 공화국에 유해하지 않다는 말이 정당함을 보여 준다. 아무런 제약이 없는 권력이 있다면 그 원료인민가 부패하지 않았다는 것도 아무런 소용이 없다. 절대적인 권력은 금세 원료를 타락시키고 자신의 지지자와 당파를 만들어내기 때문이다. 또한 절대 권력을 지닌 자는 가난하거나 친척이 없다고 해도 지장을 받지 않는다. 그런 것들은 권력만 있으면 금세 굴러 들어오는 것이기 때문이다.(1권 35장)

로마에 참주정을 세우려는 폐해도 다른 대부분의 도시에서와 같은 원인, 즉 자유에 대한 인민의 지나친 욕망과 귀족들의 과도한 지배욕에서 비롯되었다. 두

당파 중 어느 한 당파가 어느 한 인물을 성급하게 지지하면 재빨리 참주정이 출현하게 되는 것이다.

로마의 인민과 귀족들은 제각기 자신들의 욕망에 따라 무제한의 권력을 부여받는 10인회를 창설하기로 합의하였다. 이를 통해 인민은 집정관을, 귀족은 호민관을 폐지하고자 하였다. 10인회가 관직에 취임하자 평민들은 아피우스가 자기들 편이 되어 귀족들을 공격한다고 생각하여 그를 지지하였다. 이로써 인민은 자기들이 미워하는 자들을 공격하기 위해 한 인물에게 모든 권한을 위임하는 실수를 저질렀다. 하지만 그는 인민의 도움으로 귀족들을 제거한 뒤 인민도 탄압하였다. 인민이 예종 상태에 처하였음을 발견하는 시점에 이르면 이미 도움을 청할 자가 아무도 없음을 깨닫게 된다. 이것이 바로 공화국에 참주정을 수립한 자들이 흔히 사용해 온 수법이다.(1권 40장)

 여기서 마키아벨리는 무분별한 평등에 대한 인민의 열망, 즉 귀족이나 상류층에 대한 시기나 적대의 위험을 지적하고 있습니다. 인민이 이런 시기에 사로잡혀서 귀족이나 상류층에게 무자비한 보복을 가할 수 있는 강한 힘을 가진 사람들에게 지지를 몰아 줄 경우 공화정은 무너지며, 그 힘을 가진 사람은 권력을 잡는 즉시 참주로 돌변하여 귀족은 물론 인민까지 억압한다는 것입니다. 이는 앞에서 소개한 마리우스 일파를 통해 다시 확인할 수 있을 것입니다. 오늘날 포퓰리즘populism이라 부르는 정치가 바로 여기에 해당할 것입니다.

어떤 위원회나 관직도 국가 통치를 넘어선 권한을 가져서는 안 된다

호민관 제도는 평민들에 대한 귀족들의 횡포를 견제함은 물론이고, 귀족들 사이에 일어나는 횡포도 효과적으로 견제하며, 공화국을 유지하는 데 필요한 법률에 관한 결정이 몇몇 인물에 의해 합법적으로 차단되는 일을 막을 수 있는 주목할 만한 제도이다.

예컨대 만약 집정관에게 관직과 재산을 분배할 수 있는 권한을 부여하였거나 어떤 관리에게 어떤 안건을 처리할 권한을 부여하였다면 당신은 어떤 경우든 그가 반드시 그 일을 처리하도록 해야 하며, 만약 그가 이를 거부하면 다른 사람이 그 일을 수행할 권한과 의무를 갖도록 조치해야 한다. 그러지 않으면 이러한 정책은 결함 많고 위험한 것이 되고 만다. 만약 로마인들이 집정관의 완고함을 호민관의 권위로 억누르지 않았더라면, 로마에서 바로 그러한 사태가 일어나고 말았을 것이다.(1권 50장)

 집정관과 호민관과 원로원의 상호 견제는 오늘날 '삼권분립' 원리와 유사합니다. 집정관은 행정권을, 호민관은 입법권을, 원로원은 의결권을 나누어 갖는데, 오늘날의 삼권분립은 행정권, 입법권, 사법권을 각각 행정부, 의회, 법원의 권력으로 나누고, 특히 사법권의 독립을 중요하게 여긴다는 점이 다릅니다. 하지만 어느 한 권력의 독재를 예방한다는 목적은 같습니다.

인민이 타락하지 않은 도시에서 공공의 일은 쉽게 처리된다

카밀루스가 베이인들에게서 얻은 전리품의 10분의 1을 아폴론 신전에 바치도록 한다는 공약에 대해 원로원이 내린 결정은 우리 주제와 부합한다. 이미 시민들이 전리품을 나누어 가진 뒤라서 그 전체를 헤아릴 방도가 없었기 때문에, 원로원은 각자가 취한 것의 10분의 1을 정부에 납부하라는 명령을 내리기로 결정하였다.

그러나 원로원은 실제로 이 명을 집행하지 않고 평민들이 납부할 양을 자신들이 대신 납부함으로써 아폴론 신을 만족시켰다. 하지만 이 결정은 원로원이 누구라도 명령이 요구하는 바에 따라 정확히 납부하리라고 가정하였다는 점에서 인민의 선량함에 대해 얼마나 큰 신뢰를 가지고 있었는지 보여 준다. 그리고 평민들역시 규정보다 적게 납부함으로써 명령을 위반하려 하지 않았으며, 오히려 공개적으로 불만을 표출함으로써 세금에서 해방되고자 하였다. 이러한 사례는 로마 인민들이 얼마나 많은 선량함과 신앙심을 갖추고 있었는지, 또 얼마나 많은 선량함을 기대할 수 있었는지를 보여 준다.(1권 55장)

1. 로마의 10인회가 독재관보다 더 큰 권력을 가지게 된 제도적 이유를 쓰세요.

2. 집정관과 호민관과 원로원이 서로의 권력에 대해 견제하는 원리를 '삼권분립'과 비교하여, 오늘날 민주정치의 원리 중 견제와 균형의 원리를 설명해 보세요.

모든 도시는 원주민이나 이주민들에 의해 세워졌습니다. 아이네이아스를 최초의 건국자로 본다면 로마는 이방인들이 세운 도시지만, 로물루스를 건국자로 본다면 원주민들이 건설한 도시입니다. 어느 편이 사실이든 로마가 종속되지 않은 자유로운 도시에서 출발하였기 때문에 이후 수백 년 동안 넘치는 활력이 유지될 수 있었습니다.

국가에는 군주정과 귀족정, 그리고 민주정이라는 세 가지 정부 형태가 있으며, 건국 목적에 가장 적합한 하나를 택해야 합니다. 정부 형태는 올바른 형태 세 가지와 그로부터 변질된 세 가지 형태로 나눌 수 있습니다. 군주정은 참주정으로, 귀족정은 과두정으로, 민주정은 무정부 상태로 손쉽게 변질되는데, 그 변형은 사소한 우연에 의해 일어납니다. 따라서 신중하게 선택한다면 각각의 올바른 정부 형태 가운데 견실하고 안정적인 요소들을 혼합하여 공존시킬 수 있을 것입니다.

로마는 왕정에서 시작하였으나 왕의 자리를 대신하기 위해 두 명의 집정관을 두었고, 그결과 집정관과 원로원이 공존하면서 군주정과 귀족정의 혼합이 이루어졌습니다. 여기에 민주정적 요소를 넣을 필요가 생기자 인민을 대표하는 호민관이라는 관직이 만들어졌습니다. 이렇게 세 가지 정부 형태가 자기 몫을 가지게 됨에 따라 공화국의 조건은 더욱 견고해졌고, 로마는 혼합 정부를 지속함으로써 완벽한 국가를 유지하였습니다.

호민관의 창설은 평민과 원로원을 중재하고 귀족들의 횡포를 견제할 수 있도록 함으로써 국가를 더욱 완벽하게 만드는 계기가 되었습니다. 로마는 평민과 귀족의 대립과 불화를 완화하기 위해 법률 제정과 집회가 이루어지는 가운데 자유롭고 강력한 공화국을 이룰 수 있었습니다. 공화국에서 탄핵권은 대중이 특정한 시민에게 품게 된 분노를 법적으로 해소할 수 있

는 출구이므로 중요합니다.

　타락한 인민은 자유를 얻을 수도, 유지할 수도 없습니다. 왕정을 폐지한 로마는 자유로 웠지만, 이후 부패가 만연하면서 그 자유를 유지할 수 없게 되었습니다. 로마의 10인회는 인 민의 자유로운 보통선거에 의해 선출되었는데도 공화국의 자유에 해로운 존재가 되고 말았습 니다. 인민들이 투표를 통해 권한을 위임할 때 적용 범위와 기간을 제한하지 않았기 때문입니 다. 하지만 인민이 타락하지 않은 곳에서는 원로원이 인민을 믿고, 인민은 선량하여 명령을 위반하려는 생각보다는 공개적으로 불만을 표출하는 방법을 택함으로써 공공의 일이 쉽게 처 리됩니다.

2 장

국민의 동의로 세운
국가라야 비로소 자유롭다

홉스 《리바이어던》

Thomas Hobbes
The Leviathan

《리바이어던》을 읽기 전에

토머스 홉스Thomas Hobbes, 1588~1679는 영국의 철학자이자 정치 이론가입니다. 잉글랜드 윌트셔 웨스트포트에서 교구 목사의 아들로 태어난 그는 1603년 옥스퍼드 대학에 입학하여 스콜라철학을 공부하였습니다. 1608년 대학을 졸업한 뒤 데번셔 2대 백작이 된 윌리엄 캐번디시의 가정교사가 되었고, 이후 평생 캐번디시 가문의 후원을 받았습니다. 1610년 프랑스와 이탈리아를 여행하면서 스콜라철학이 갈릴레오와 케플러에 의해 붕괴되는 과정을 보았고, 이후 여러 차례 해외여행에서 유럽 대륙의 신사상가들과 교제하면서 과학과 철학에 큰 관심을 갖게 되었습니다.

1637년 영국으로 돌아간 홉스는 국내 정세가 내전 직전의 정치적 소요에 휩싸여 있음을 알게 되었고, 왕권이 주권과 불가분의 관계에 있음을 증명하는 일에 착수하였습니다. 당시 주권은 왕에 귀속되는 것으로 여겨지고 있었습니다. 이후 홉스는 개인 간의 사회적 계약에 의하여 형성된 민주적 주권이 개인이나 소수에 권력을 넘김으로써 군주정치와 전제정치가 대두된다는 점을 증명하여 나름대로 군주정을 합리화하는 데 공을 세웠다고 생각하였으나, 불행하게도 이런 입장은 왕당파와 의회파 모두의 반발을 샀습니다.

청교도혁명 이후 공화정 때에는 왕당파로 분류되어 파리로 망명하였으며, 왕
정복고기에는 귀국하여 찰스 2세의 절대적인 존경과 신임을 받으며 유복한 만년
을 보냈습니다. 그러나 철저한 유물론적 입장, 스콜라철학에 대한 멸시 등으로 인
해 옥스퍼드 대학 등의 기존 지식인 및 교회와는 늘 적대적인 관계에 있었습니다.

신의 권위가 무너지기 시작하다

홉스는 스콜라철학이 붕괴되던 시기, 즉 중세의 정신적 잔재가 완전히 무너지던
시절을 살았습니다. 스콜라철학의 붕괴는 기독교를 중심으로 짜여 있던 모든 권위
체계를 뒤흔들었습니다. 영국에서는 국왕과 의회의 대립이 시민혁명으로 번졌고,
독일에서는 비극적인 30년전쟁과 더불어 황제의 권위가 무너졌습니다. 또 이탈리
아에서는 갈릴레오가 종교재판을 받기도 하였지만 이미 《성서》의 권위에 도전하

찰스 1세의 처형 1649년 1월 30일, 찰스 1세는 군중 앞에서 처형당하였다. 이는 재판을 통해 신민들이 자신들
의 군주를 처형한 최초의 일이다. 이로써 영국은 공화국이 되었다. 왕이 재판을 받고 처형되는 상황은 이미 당
시 영국인들이 왕권에 대해 가지고 있던 생각이 바뀌었음을 보여 준다. 왕의 권력은 신이 아니라 인민에게서 나
오는 것이 되었다.

는 자연과학의 기세를 막을 수는 없었습니다. 이러한 사건들 때문에 신의 이름으로 정당화되던 모든 것이 의심을 받게 되었습니다. 왕권도 예외가 아니어서, 이제는 누구도 왕의 권력은 신이 부여한 것이라는 말만으로 선뜻히 복종하지 않게 되었습니다. 과학의 세기가 온 것입니다. 따라서 국가의 권위, 국왕의 권위는 신이 아닌 합리적인 과학적 추론에 의해 정당화되어야 하였습니다.

이런 혼란을 우려한 홉스는 흔들리는 왕권에 합리적인 정당성을 부여하기 위해 《리바이어던》을 썼습니다. 그러나 이 책이 발표된 후 홉스는 절대군주권을 정당화하였다는 이유로 자유주의자와 의회파로부터 비난받았으며, 국왕과 왕당파 귀족들에게도 정당화되는 왕권은 차라리 정당화되지 않는 것만 못하다는 불평을 들었습니다. 신이 아니라 철저히 유물론적이고 합리적인 추론에 의해 정당화되는 왕권은 이미 절대적인 권력이 아니라 제한적인 권력이기 때문입니다. 이 책은 왕권을 정당화하는 것이 목적이었지만, 사실상 왕권신수설을 철저히 무너뜨리고 신의 자리에 사회계약을 넣음으로써 근대 민주주의 사상으로 나아가는 토대를 마련하게 되었습니다.

인민들의 합의로 왕권을 위임하다

이 책은 크게 세 부분으로 이루어져 있습니다. 첫 번째 부분은 인간의 본성에 관해서 다룹니다. 신을 배제한 상태에서 왕권을 정당화하려면 그 근거를 천상이 아니라 지상, 즉 인간의 본성에서 찾아야 하기 때문입니다. 홉스는 누구나 동의할 수 있는 인간의 본성이 무엇인지 하나하나 제시하고, 이를 토대로 후천적인 제도나 법이 없는 자연 상태를 상정합니다. 자연 상태는 인공적인 법이나 제도 없이 인간이 오직 타고난 본성대로만 살아가는 상태이며, 이런 상태에서 자신의 안전을 도모하기 위해 지켜야 하는 원칙들이 바로 자연법입니다. 이 자연법을 근거로 인간의 합의에 의한 시민법이 만들어지며, 이렇게 하여 자연적인 공동체는 정치적인 공동체, 즉 국가가 됩니다. 두 번째 부분은 국가의 구조와 국가를 움직일 수 있는 권력, 즉 주권에 관해 설명합니다. 이 주권의 힘은 철저히 사람들의 합의에서 비롯되는 것이지 신의 명령에서 비롯되는 것이 아닙니다. 따라서 주권은 처음부터 군주에게 있는 것이 아니라 합의하는 사람들, 즉 인민에게 있으며, 이들 인민으로부터 군주에게 위임되는 것입니다. 이로써 홉스는 마지막 절대주의자이자 최초의 인민주권론자라는 모순된 위치에 서게 됩니다.

　홉스는 흔히 정치사상가로 알려졌지만, 정치학은 그의 방대한 철학의 일부분일 뿐입니다. 당시 혼란스러운 정치 상황 때문에 정치학을 먼저 발표하였던 것입니다. 그의 철학 체계 전반을 보여 주는 저작은 이른바《철학 원리》3부작으로 알려진 〈물체론〉, 〈인간론〉, 〈시민론〉입니다.

　여기에서는 소개하지 않았지만, 홉스와 비슷한 시대에 살며, 비슷한 관점을 가졌는데도 전혀 다른 국가론을 펼쳤던 사상가로 스피노자가 있습니다. 스피노자는 홉스와 마찬가지로 여러 사람의 힘이 합해져 권력자를 만든다는 논의를 전개하면서도 그 합침에 동참하지 않은 다중의 힘에 대해 관심을 가지고 있었습니다. 이 점에서 홉스는 국가를 중심으로 한 합일을 강조하고, 스피노자는 다중을 중심으로 한 자유를 강조하게 됩니다. 기회가 되면 스피노자의《국가론》을 읽고 홉스와 비교해 봅시다.

▣ 《리바이어던》 발췌 부분

일러두기

이 책의 3부는 근대 정치사상을 이해하는 데 필요하지 않기 때문에 생략하였습니다. 또 1, 2부에서도 사회계약론, 인민주권론과 관련된 부분을 주로 소개하고, 절대군주권을 정당화하기 위한 부분은 최소화하였습니다.

01 | 사람 나고 나라 났지, 나라 나고 사람 났나?

 홉스는 윤리학에서 출발한 그의 선배 정치사상가들과 달리 인간의 감각과 본능에서부터 시작합니다. 이제는 신 혹은 영원한 본질 같은 초월적인 것을 이용하여 국가와 권력의 발생을 설명할 수 없기 때문입니다. 홉스는 국가도 결국 인간이 만든 것이므로 '어떻게 해서 인간이 국가라는 관념을 만들어 낼 수 있었는가' 하는 문제를 오직 인간의 감각과 경험을 통해 설명하려는 것입니다.

감각에 대하여

나는 개별적인 사람의 생각을 먼저 고찰하고, 그 연속선으로 여러 생각의 상호작용을 살펴볼 것이다. 개별적으로 보면 사람의 생각은 외부의 어떤 대상이나 사건이 머릿속에 나타나는 현상이다. 다양한 외부의 대상이나 사건은 우리의 눈과 귀, 그리고 그 밖의 신체 기관을 자극하여 다양한 모습을 띤다. 이런 모든 모습의 근원이 감각이다. 감각기관에서 시작하지 않으면 우리 머릿속에는 어떤 개념도 형성되지 않는다.(1부 1장)

상상력에 대하여

모든 사물은 일단 움직이면 외부의 방해가 없는 한 영원히 움직인다. 심지어 바람이 멎어도 수면 위에서 오랫동안 물결이 흔들리듯이 사물은 방해를 받더라도 즉시 멈추지는 않는다. 사람의 내부에서 나타나는 운동의 경우도 그와 마찬가지다. 어떤 대상을 보고 나면 우리는 직접 볼 때보다 조금 흐릿하긴 해도 그 대상의 이미지를 계속 지닐 수 있다. 이런 이미지를 상상력이라 한다. 말하자면 상상력은 점점 희미해지는 감각이다.

상상력은 최소한 한 번 이상 감각기관을 통해 지각한 사물에 대해서만 존재한다. 예전에 본 사람이나 말을 떠올리는 것과 같이 감각되고 지각된 대상 전체를 떠올리는 것은 단순 상상력이다. 반면 복합 상상력은 반인반마의 켄타우로스 같은 피조물을 떠올리는 것이다.

꿈이나 다른 강한 환상을 통찰력 또는 감각과 구별하지 못할 때 술의 신이나 나무의 정령, 요정 등을 숭배하는 이교들이 탄생한다. 심지어 이는 오늘날에도 요정이나 유령, 도깨비나 마녀의 힘을 믿는 야만적인 사람들의 생각에서 잘 드러나고 있다. 이런 미신에 대한 공포, 꿈의 해석과 거짓된 예언, 교활한 야심가들이 순진한 인민들을 속이는 일이 사라진다면 인간은 지금보다 훨씬 더 훌륭한 시민으로서 복종하게 될 것이다.(1부 2장)

홉스는 철저하게 유물론자이자 경험론자입니다. 그래서 인간이 생각할 수 있는 모든 것은 감각기관을 통해 경험한 것을 조합한 것이라고 주장합니다. 상상력이라는 것도 없는 것을 만들어 내는 것이 아니라 예전에 감각하고 지각한 것의 이미지가 남아 있거나 변형된 것이라고 보고 있습니다. 홉스가 이렇게 감각과 상상력에서 시작하는 이유는 '인간이 그전에는 전혀 존재하지 않았던 정치사회, 즉 국가라는 구조물을 어떻게 생각해 낼 수 있었겠는가'라는 물음에 답하기 위해서입니다. 그는 인간이 이전에 경험한 것들을 복합함으로써, 즉 복합 상상력을 발휘함으로써 새로운 것을 생각해 낼 수 있다고 말하고 있습니다. 그럼으로써 신의 계시나 영감 따위에 의존하지 않고도 정치사회의 출현을 생각

| 상상력의 흐름과 순서 |

생각의 순서나 정신의 담론에는 두 종류가 있다. 첫째는 무계획적이고 순간적인 것들이다. 이런 생각이나 담론은 어떤 욕망이나 정념에 이끌리며, 바른 생각으로 통제하거나 이끌 수 없다. 둘째는 계획에 따라 조절되는 것들이다. 이것이 훨씬 더 지속적이다. 이런 생각은 강하고 오래 유지되며, 중단되어도 빠르게 회복된다. 이것은 다시 두 가지로 분류할 수 있다. 하나는 생각의 결과를 일으킨 대상을 찾는 것인데, 이는 인간과 동물 모두가 가진 본래의 능력이다. 다른 하나는 어떤 원인이 가져올 수 있는 모든 결과를 고려하는 것으로 호기심이라 하며, 인간에게만 있는 능력이다. 호기심은 배고픔과 갈증, 성욕, 노여움과 같은 감각적인 정념만 지닌 생명체의 본성과 다르다.

신중한 판단력은 과거의 경험에서 끌어낸 미래에 대한 짐작이다. 과거의 사물에 관한 짐작도 가능하다. 가령 번창하던 국가가 끝내 내전으로 멸망하는 과정과 단계를 목격한 사람이라면 또 다른 국가의 멸망을 보면서 그 나라도 비슷한 과정과 단계를 거쳤을 것이라고 추측할 수 있다. 그러나 과거와 미래에 대한 짐작은 경험에만 의존하기 때문에 모두 불확실하다.

우리의 상상에는 한계가 있다. 무한하다고 말할 수 있는 어떤 사물에 관한 관념이나 개념은 존재하지 않는다. 무한히 크거나 무한히 빠른 것, 무한한 시간, 무한한 힘이나 무한한 권력에 대한 구체적인 이미지를 마음에 품을 수 있는 사람은 아무도 없다. 물론 신의 이름이 사용되지만, 그것은 신을 인식하기 위해서가 아니라 신에게 경의를 표하기 위해서다. 앞서 말하였듯이, 우리가 인식하는 어떤 것이든 감각을 통해 지각되기 때문에 감각에 의존하지 않고 어떤 사물을 묘사히는 일이란 있을 수 없다.(1부 3장)

추리력과 과학

부분들을 합쳐서 전체를 인식하거나 전체에서 어떤 부분을 뺀 나머지를 인식하는 것을 추리라 한다. 추리력의 용도나 목적은 대의나 진리를 파악하기 위함이 아니라 하나의 결론에서 다른 결론으로 나아가기 위함이다. 인간은 대상을 인식할 때 그것이 가져올 결과와 영향을 다른 동물들보다 뛰어나게 판단한다. 또 인간은 언어를 사용하여 자신이 발견한 결과들을 일반 원리나 법칙으로 정리할 수 있다. 즉, 다른 형태로 합치거나 빼서 추리하고 계산하는 능력이 있다.

추리력은 신중한 판단력처럼 경험으로 얻어지는 것이 아니라 끊임없는 노력으로 얻는 것이다. 일단 단어가 적절히 정의되면 여러 단어를 결합하여 견해가 만들어지고, 그 견해들이 결합되어 논리로 발전한다. 이런 과정이 주제와 관련된 모든 결과가 인식될 때까지 진행된다면 그것이 바로 과학이다.

풍부한 경험은 인간에게 신중한 판단력을 주고, 과학은 명석함을 준다. 우리는 지혜라는 말로 이 둘을 다 표현하지만, 고대 로마인들은 이 둘을 구별하였다. 어떤 사람은 무예를 타고났지만, 다른 사람은 과학적으로 무예를 배웠다고 상상해 보자. 양쪽 모두 유용하지만 후자가 더 확실하다. 그런데 맹목적으로 책의 권위만 믿는 자는 검술 사범의 잘못된 가르침만 믿고 무모하게 도전하다가 죽거나 망신을 당하는 사람과 같다.(1부 5장)

정념이라는 자발적인 운동

동물의 운동에는 살아 있는 동안 계속되는 신체 활동과 생각에 따라 말하고 행동하는 자발적 운동이 있다. 자발적 운동은 어디에서 무엇을 어떻게 할 것인지를 생각에 의존하고 따른다. 그러므로 모든 자발적 운동을 최초로 자극하는 내적 동기가 상상력임은 분명하다. 행위로 드러나지 않은 동기는 의도라고 한다.

욕구, 욕망은 어떤 의도가 특정한 사물을 지향하는 것이다. 사랑은 인간이 욕망하는 것이며, 미움은 인간이 싫어하는 것이다. 욕망하지도 싫어하지도 않는 것은 경멸이다. 누군가의 욕구나 욕망의 대상이 되는 것은 모두 그에게 선이며, 싫어하고 경멸하는 대상은 악이다. 이렇게 선과 악, 경멸이라는 말은 그것을 사용하는 사람과 관련된다. 따라서 순수하고 절대적으로 선하고 악한 것이나 선악의 일반 법칙은 존재하지 않는다. 희망은 무엇인가를 획득하려는 생각이며, 절망은 그런 생각이 없는 것이다. 공포는 상대방으로부터 피해를 입을 것 같다는 생각이며, 용기는 거기에 저항하여 그 피해를 제거하고자 하는 것이다.

인간은 행복을 지속시키기 위해 원하는 대상을 계속 가지려 한다. 그런데 마음의 영원한 안정 같은 것은 인간의 삶에 존재하지 않는다. 삶 자체가 운동이며 욕망이나 공포가 없는 인간은 감각 없는 인간처럼 존재할 수 없기 때문이다.(1부 6장)

홉스가 정리한 일반적인 인간관에 따르면, 인간은 철저히 자연적인 존재이며 환경의 영향을 받습니다. 그리고 감각기관을 통해 전해진 환경의 영향은 인간의 내부에서 정념을 일으킵니다. 즉, 인간은 외적 자연의 조건과 내적 정념의 충동 속에서 자신의 생존과 안전을 추구하는 역동적인 존재이며, 이 과정이 바로 '경험'이고, 어떤 추론이나 상상력도 이 경험을 벗어나지 못합니다. 경험은 신체와 정념의 운동 이상의 것이 아니며, 어떤 영적이거나 신비로운 경험은 있을 수 없습니다. 결국 홉스가 생각하는 인간은 일종의 운동하는 기계입니다. 그 어떤 이론과 고귀한 감정과 도덕도 모두 이 운동을 통해 설명되어야 합니다.

권력과 가치, 위엄, 명예 및 훌륭한 인물

권력은 미래의 확실한 선을 얻어 내기 위한 수단으로 현재 동원할 수 있는 타고난 힘이나 도구적인 힘이다. 타고난 힘은 강한 체력이나 유창한 언변 같은 신체나 정신의 탁월함이며, 도구적 힘은 부와 명성, 친구처럼 다른 것을 더 많이 얻어 내기 위한 방법과 수단이 되는 것들이다. 여러 사람이 동의하여 그들의 힘을 하나로 모아 자연적이거나 사회적인 하나의 인격체가 될 때 가장 강력한 힘이 생긴다. 그것은 국가권력 같은 의지에 의존하거나 파벌의 권력처럼 모든 힘을 각각의 특수한 의지에 의존해 사용하는 것이다.(1부 10장)

우리말로 옮기기가 참으로 어려운 말이 권력power입니다. 우리는 권력을 당연히 정치와 연결시키고 있지만, 홉스는 그런 의미로 사용하고 있지 않습니다. 'power'를 '힘'으로 번역할 수도 있지만, 여기에서 홉스는 인간이 수단으로 동원할 수 있는 여러 가지 힘의 총체를 뜻하는 말로 사용하고 있기 때문에 오히려 혼란스러워집니다. 즉, 권력이란 어떤 목표를 달성하기 위해 그 사람이 동원할 수 있는 온갖 종류의 힘정신적, 육체적, 인맥, 금전 등을 통칭하는 것입니다. 따라서 한 개인의 권력이 아무리 막강하더라도 여러 사람이 뭉친 집단의 권력을 넘어설 수는 없습니다. 다만 그 집단은 구성원들이 자신들의 권력을 하나로 합쳐, 그 집단이 마치 한 사람처럼 활동하도록 동의해야만 합니다. 이렇게 뭉쳐진 권력을 국가권력정치권력이라고 합니다. 이렇게 정치권력의 기원을 '동의'에서 구함으로써 신이나 초월적 존재에 의지하지 않고도 개인을 넘어서는 집단의 권위를 정당화할 수 있게 된 것입니다.

● 생각해보기

1. 이 글에서 말하는 감각은 어떤 의미입니까?

2. 이 글에 따르면, 인간의 모든 자발적 동기의 내적 원인은 무엇입니까?

02 | 국가가 없다면 사람들은 어떻게 살았을까?

 앞에서 인간의 자연적인 본성을 논하였기 때문에 이제는 인간의 자연적 본성에서 비롯된 법, 즉 자연법을 논하게 됩니다. 자연법은 어떤 정치제도와도 무관하게 인간의 본성상 생겨날 수밖에 없는 법입니다. 자연법이 중요한 까닭은 어떤 법이나 제도가 자연법을 통해 정당화된다면 인간의 본성에 맞는 것이므로 그 정당성에 이론의 여지가 없기 때문입니다.

자신의 행복과 불행에 관심을 갖는 인간의 자연적인 조건

자연은 인간을 신체적으로나 정신적으로 평등하게 만들었다. 때로 다른 사람보다 더 강하거나 영리한 사람이 있을 수도 있지만, 전체적으로 평균해 본다면 사람들 간의 차이는 내가 주장할 수 없는 이익을 다른 사람이 주장할 수 있을 만큼은 아니다.

이렇게 능력이 평등하므로 목적을 달성하려는 희망도 평등하다. 두 사람이 같은 대상에 대한 욕구를 가졌지만 동시에 그것을 충족시킬 수 없다면 적이 된다.

그리고 사람들은 대개 자신의 생존이나 쾌락이라는 목적을 달성하는 과정에서 다른 사람을 죽이거나 굴복시키려 한다. 이렇게 서로 믿지 못할 때 가장 이성적인 자기 보호 방법은 먼저 공격하는 것이다.

우리는 사람의 본성에서 분쟁의 세 가지 주된 원인을 찾을 수 있다. 첫째, 경쟁심은 사람들이 다른 사람의 신체나 아내, 자녀와 가축을 지배하기 위해 그 사람을 공격하게 만든다. 둘째, 자기 확신이 부족하면 자신과 가족, 재물의 안전을 지키기 위해 다른 사람을 공격하게 된다. 셋째, 명예심은 사소한 말 한 마디나 웃음, 의견 차이 같은 것들로 다른 사람을 공격하게 만든다.

그러므로 모든 사람이 두려워할 만한 공동의 힘이 없다면 사람들은 만인의 만인에 대한 투쟁 상태에 빠진다. 게다가 전쟁은 전투가 벌어질 때는 물론이고 전쟁의 의지가 충분히 알려진 시기에도 벌어진다. 이런 전쟁이 가져오는 가장 나쁜 결과는 폭력에 의한 죽음의 공포가 언제나 존재한다는 점이며, 이때 인간의 삶은 고독하고 비참하며 괴롭고 잔인하고 짧다.

만인의 만인에 대한 투쟁 상태에서는 정의롭지 않은 것이 없다. 옳고 그름, 정의와 불의 같은 개념들이 전쟁 상태에서는 무용지물이다. 공통의 권력이 없으니 법도 없고, 법이 없으니 정의도 없다. 전쟁 상태에서는 소유권이나 지배권이 없으며, 내 것 네 것의 구분도 없다.

따라서 죽음의 공포, 안락한 생활에 필요한 물건들에 대한 욕망, 노력해서 그것을 얻고자 하는 희망은 인간으로 하여금 평화를 추구하게 만든다. 이성은 사람들이 동의할 수 있는 유용한 평화의 조항들을 제안하며, 이것들을 일컬어 '자연법'이라 한다.(1부 13장)

 이 부분이 바로 그 유명한 만인의 만인에 대한 투쟁 상태가 제시되는 부분입니다. 자연법을 밝히기 위해 먼저 자연 상태를 묘사한 것인데, 자연 상태란 어떤 제도도 문화도 법도 없는 상태입니다. 이런 상태를 상정하는 것은 인간이 먼저 있고, 그 후에 국가를 이루었기 때문입니다. 자연법은 국가나 사회가 없는 상태에서도 만들어질 수밖에 없는 법입니다. 따라서 이후 제정되는 모든 법의 자연적 기초가 됩니다. 자연 상태에서 사는 인간은 그야말로 자연적인 본성만 가지고 있습니다. 자연 상태는 평등의 상태입니다. 인간의 본성은 사람마다 별 차이가 없을 것이므로 서로 원하는 바도 비슷할 것입니다. 또한 그것을 달성하기 위한 권력에도 큰 차이가 없을 것입니다. 모두가 원하는 바가 같고, 어느 누구도 그것을 획득하기 위한 더 큰 능력을 가지지 않은 상태라면 결국 서로 그것을 가지기 위해 끝없는 투쟁 상태가 전개될 수밖에 없는 것입니다. 이런 상태에서는 누구나 자신의 생존을 장담할 수 없기 때문에 사람들은 모두 '평화'를 희망하게 되며, 여기서 자연법의 첫 번째 조항이 탄생하는 것입니다.

첫 번째 자연법과 두 번째 자연법, 계약

자연권은 사람들이 자기 본성, 즉 자신의 힘을 생명 보존을 위해 마음껏 사용할 자유이다. 그러므로 이것은 스스로의 판단에 의해 이성의 범위 안에서 가장 적합한 수단이라 여겨지는 일을 행할 수 있는 자유이다. 이때 자유란 외부의 방해가 없는 상태를 말한다.

자연 상태에서 사람들은 모든 것에 대해, 심지어 서로의 신체에 대해서도 권리를 가지므로 모든 사람에게 자연권이 허용된다면 누구도 생명을 보장받지 못한다. 그 결과 '평화를 추구하고 평화를 따르라.'는 첫 번째 자연법이 나타난다. 그리고 이 법에서 '평화와 자신의 방어를 위해 스스로 필요하다고 생각하는 한, 사람은 모든 것에 대한 자연권을 다른 사람들과 똑같이 기꺼이 포기해야 하며, 자신이 다른 사람에게 허락한 만큼의 자유만 갖는 것에 만족하라.'라는 두 번째 자연법이 만들어진다.

어떤 것에 관한 자신의 권리를 포기한다는 것은 다른 사람의 그것에 대한 권리를 방해하지 않는 것이다. 권리는 그것을 포기하거나 다른 사람에게 양도함으로써 버려진다. 권리를 양도한다는 것은 그 권리의 이익을 특정한 사람이 갖도록 허용하는 것이다. 그러나 모든 권리를 양도할 수 있는 것은 아니다. 자신의 생명을 빼앗으려고 폭력을 행사하는 자에게 저항할 수 있는 권리는 포기할 수 없다. 폭행, 감금, 투옥도 마찬가지다.

권리의 상호 양도는 '계약'을 맺음으로써 이루어진다. 계약 당사자 중 한쪽이

계약된 물건을 넘겨주고 일정한 시간이 흐른 뒤 상대방에게 그 약속을 이행하도록
하여 신뢰가 생기면 계약은 약속 또는 서약pledge이라 불린다.

　　만약 서약을 맺었다 하더라도 서로가 아무것도 이행하지 않고 그저 신뢰하기
만 하면 그것은 단순한 자연 상태다. 강제력을 갖지 못한 말의 구속력은 인간의 야
심과 탐욕, 분노 등의 정념을 억제하기에는 너무나 약하기 때문에 그것을 먼저 지
키는 사람은 상대방도 그럴 것이라고 믿지 못한다. 따라서 모든 사람이 동등하고
스스로 자신의 공포가 정당하다고 판단하는 자연 상태에서는 서약을 이행할 수 없
다. 그러나 만일 강제로 서약을 이행하게 할 충분한 권리와 힘을 가진 공통의 권력
이 존재한다면 그 서약은 무효가 되지 않는다.(1부 14장)

이제 홉스는 어떤 법도, 제도도, 신의 명령도 없는 상태에서 순전히 인간의 자
연적 본성만 이용해 사회가 발생하는 과정을 설명하려 합니다. 홉스는 만인의
만인에 대한 투쟁 상태인 자연 상태가 실제로 존재하였다고 주장하는 것이 아
닙니다. 그 상태에서는 결국 누구도 살아남기 어렵기 때문입니다. 그러므로 이
상태는 사람들 마음속에 일종의 공포로 존재합니다. 이 상태에 빠지는 것을 두
려워하기 때문에 사람들은 어떻게든 평화를 추구해야 한다는 이성의 명령을
듣게 되는데, 이것이 바로 자연법입니다. 평화를 추구하려면 모든 사람이 언제
든 타인을 공격할 수 있는 자연권을 포기해야 하며, 이를 함께 약속해야 하고,
이 약속을 보증할 공통의 권위가 있어야 하며, 이 권위는 그 어떤 사람보다도
압도적인 권력을 가지고 있어야 합니다. 이렇게 해서 홉스는 신의 권위를 빌리
지 않고 정치권력을 설명할 수 있게 됩니다.

│ 인격과 작가, 인격을 가진 사물 │

인격이란 자기 스스로 말하고 행동하는 사람이나 다른 사람, 다른 사물의 말을 대
표하는 사람을 가리킨다. 말이나 행위가 자신의 것으로 여겨지면 자연적 인격이
고, 다른 것의 말과 행위를 대표하면 인공적 인격이다.

　　인공적 인격 중 어떤 것은 그 사람이 대변하는 사람들의 말과 행위를 가리킨

다. 이때 인격은 배우 또는 대리인이고, 그 말과 행동을 소유한 사람은 작가 또는 본인이다. 이 경우 대리인은 권한을 가지고 행동한다.

대중은 한 사람 또는 하나의 인격에 의해 대표됨으로써, 단지 한 무리의 사람들이 아니라 하나의 인격이 된다. 그것은 대중을 구성하는 모든 사람의 동의로 이루어진다. 대표되는 사람의 통일성이 아니라 대표하는 사람의 통일성이 인격을 하나로 만들기 때문이다. 그 인격을 가지는 존재는 그것을 대표하는 사람이다. 그렇지 않고서는 대중은 통일성을 이해할 수 없다. 만일 대표하는 사람이 다수로 구성된다면 더 많은 수의 의견이 전체의 의견으로 여겨져야 한다.(1부 16장)

이제 해결해야 할 문제는 하필이면 왜 그 정치권력을 왕과 같은 통치자가 가지고 있어야 하느냐 하는 점입니다. 사람들이 각자의 자연권을 포기해서 공동체에 모아 주었다 하더라도, 공동체가 하나의 인격으로 나타나지 않으면 그 공동체의 존재를 이해하기 어렵기 때문이라는 것입니다. 따라서 사람들은 자연 상태의 공포에서 벗어나기 위해 어떤 인격에게 자신의 모든 권리를 양도하여 절대적인 정치권력을 만들기로 동의한 것입니다.

1. 이 글에서 말하는 인간의 자연적 조건이란 무엇입니까?

2. 이 글에 따르면, 인간의 본성에서 분쟁이 일어나는 세 가지 주된 요인은 무엇입니까?

3. '첫 번째 자연법'과 '두 번째 자연법'에 대해 설명해 보세요.

4. '만인의 만인에 대한 투쟁 상태'에서 벗어나기 위해서는 무엇이 필요합니까?

5. 이 글이 씌어진 시대로 거슬러 올라가 '자연법'에 의한 왕국을 세워 봅시다. 어떤 나라가 만들어질 수 있습니까?

03 '나'의 복종을 강요할 정도로 강력한 국가는 어떻게 만들어졌을까?

 인간의 본성에서부터 자연법까지 논의한 다음에 비로소 홉스는 자연법의 실질적인 준수를 위해 인위적인 정치권력, 즉 국가가 필요하다는 것을 논증합니다. 그의 논리는 인간의 자연적 본성상 만들어질 수밖에 없는 자연법이 있지만, 자연법이 지켜지기 위해서는 국가권력이 필요하며, 따라서 국가권력은 인간의 본성, 자연에 의해 정당화된다고 주장하고 있는 것입니다. 이렇게 홉스는 권력의 정당성을 신이나 신비로운 힘이 아니라 철저히 인간의 본성과 자연에서 찾는다는 점에서 비록 절대왕정을 지지하였지만 근대 계몽사상의 중요한 정치사상가로 분류됩니다.

여기서 '국가'는 영어 'commonwealth공공의 재산'를 옮긴 것입니다. 이 말은 로마의 'res publica공공의 것'의 영어식 표현으로 보입니다. 대체로 이 말은 공공선, 공공복리를 위해 법률에 의해 구성된 공동체라는 뜻을 가지고 있기 때문에 국가보다 더 포괄적인 말입니다. 때로는 공화국이라고 번역되기도 하는데, 홉스는 군주정을 옹호하고 있기 때문에 그냥 국가로 번역하였습니다.

│ 국가의 발생 원인과 의미 │

국가의 목적은 모든 사람의 안전이다. 사람의 궁극적인 행동 동기와 목적은 자신의 생존과 그로 인한 만족스런 삶이다. 그런데 자연법으로는 이를 보장하지 못한다. 자연법에 복종하도록 강요하는 힘의 위협과 공포가 없다면 편파성, 자만심, 복수심 등을 막지 못한다. 칼이 없는 계약은 다만 말에 지나지 않아 인간을 보호할 힘이 없다. 그러므로 인간의 인위적인 합의를 영원하고 지속적인 것으로 만들려면 서약 말고 요구되는 것이 더 있다. 그것은 바로 인간에게 두려움을 주고 그들의 행위가 공동의 이익을 따르도록 지도하는 공동의 권력이다.

외부의 침입과 내부의 분쟁을 막을 수 있는 공동의 권력을 세우는 단 하나의 방법은 그들 모두의 권력과 힘을 한 사람, 혹은 한 집단에 양도하여 다양한 의지를 하나의 의지로 만드는 것이다. 이것은 동의나 합의 이상의 것이며, 계약을 통해 하나의 인격으로 탄생한 만인의 통일이다. 그것은 마치 "만약 당신이 나와 마찬가지로 당신의 모든 권리를 이 사람이나 집단에 주고, 그가 하는 모든 행동에 권위를 실어 준다면 나도 내 권리를 이 사람이나 집단에 양도할 것이다."라고 말하는 것과 같다. 이렇게 하나의 인격으로 통일된 대중이 국가나 시민이다. 이것이 바로 위대한 '리바이어던'의 탄생, 경건하게 말하면 우리가 '불멸자 신'에 의지하는 것처럼 우리의 평화와 안전을 맡길 '인공적 신'의 탄생이다.

국가는 다수의 사람들 모두가 설립자가 되는 계약을 통해 세워지고, 공동의 평화와 안전을 위해 필요하다고 생각되는 모든 힘과 수단을 사용할 수 있는 하나의 인격이다. 이 인격을 가진 사람을 주권자라 하고, 나머지를 신민국민이라 부른다. 주권을 획득하는 방법은 두 가지다. 하나는 전쟁을 일으켜 적들을 자신의 의지에 복종시키고 복종할 때만 살려 두는 것이다. 다른 하나는 사람들이 다른 사람들로부터 보호해 준다는 약속을 받고서 어떤 사람이나 집단에 자발적으로 복종하기로 동의하는 것이다. 전자는 획득된 국가라 부르며, 후자는 정치 공동체 또는 제도로 설립된 국가라 부른다.(2부 1장)

 자연 상태에서 정치 상태로 넘어가는 과정은 이미 앞에서 충분히 근거를 확보하였습니다. 이 중 공동체의 모든 권력을 독점적으로 보유하는 국가에 대한 통제력을 주권이라 부릅니다. 이로써 국가는 주권자와 신민으로 구성됩니다. 다수 인민이 종속적 위치인 신민이 되는 것을 감수하는 까닭은 주권자와 신민을 포함한 공동체 전체의 안전을 확보할 수 있기 때문입니다. 그런데 이런 논리가 전개되는 과정 내내 홉스는 철두철미하게 국가와 통치자의 발생을 사람들의 동의에 근거한 것으로 설명하고 있음에 유념해야 합니다.

제도로 설립된 주권자의 권리

획득된 국가와 달리 제도로 설립된 주권과 국가는 국민의 동의에 의해 세워진다. 일단 제도가 수립되면 그 국가에서 주권자의 권리와 기능이 나온다.

첫째, 국민은 정부의 형태를 바꿀 수 없다. 국민은 이미 계약을 하였기 때문에 어떤 이유에서든 국가의 허락 없이 다른 사람에게 복종하는 새로운 계약을 합법적으로 맺을 수 없다.

둘째, 주권은 몰수될 수 없다. 국민은 군주와 계약을 한 것이 아니라 국민끼리 계약해서 주권을 그에게 준 것이기 때문에 주권자의 계약 위반은 있을 수 없다.

셋째, 어느 누구도 정의롭지 않은 행위를 저지르지 않고서는 다수가 선포한 주권자의 제도를 거스를 수 없다. 다수가 동의해서 주권자를 선포하였기 때문에 동의하지 않는 사람도 그것을 따라야 한다.

주권자의 권력은 그것이 없을 때만큼 나쁜 상황을 가져오지 않고, 나쁜 상황은 대부분 주권자에게 쉽사리 복종하지 않는 데서 생긴다. 사람의 삶이 아무 불편함 없이 유지될 수는 없다. 그리고 신민이 겪을 불편이 아무리 크다 해도 내전이나 다른 혼란스런 상황에 비하면 보잘것없었다

국가의 형태는 주권자 또는 대표자의 구성에 따라 다르다. 대표자가 한 사람이면 군주정이고, 일부 집단이면 귀족정이며, 대표자가 모임에 참석하는 모든 사람이면 민주정이다. 이 세 가지 형태 외에 다른 종류의 국가는 존재할 수 없다. 다만 군주정에 불만을 가진 사람들은 그것을 참주정이라 부르고, 귀족정을 싫어하는

사람은 그것을 과두정이라 부르며, 민주정에서 고통을 받는 사람들은 그것을 무정부 상태라 부를 뿐이다.

군주정이나 귀족정, 민주정 모두에서 주권은 인간이 상상할 수 있는 한 가장 강력해야 한다. 사람들은 무제한의 권력이 가져올 많은 나쁜 결과들을 생각할 수 있지만, 모든 사람이 자신의 이웃과 끊임없이 전쟁을 벌이는 상황, 즉 권력 없는 상황의 결과가 더 나쁘다. 오히려 신민의 불복종과 서약의 파기에서 생기는 일을 제외한다면 그 어떤 국가에서도 큰 불편은 생기지 않는다. 그리고 주권이 매우 막강하다고 생각하여 이를 약화시키려는 사람조차 그런 주권을 억제할 수 있는 더 큰 권력에 스스로 복종해야 한다.(2부 2장)

 이제 홉스는 전쟁 상태로 되돌아가는 것을 두려워하는 사람들의 동의에 의해 국가가 수립되고, 그 국가를 다스리는 주권은 주권자라는 구체적인 인격에게 위임되어야 한다는 논지까지 끌고 왔습니다. 여기서 주권자, 즉 통치자의 권력이 가능한 한 가장 강력해야 한다는 논의까지 끌어냅니다. 주권에 복종하지 않는 사람이 하나도 없을 때 비로소 자연 상태가 완전히 예방될 것이기 때문입니다. 비록 주권이 억압적으로 느껴질지라도 만인의 만인에 대한 전쟁 상태보다는 더 나을 것이기에 일단 동의해서 국가를 세우고, 주권자를 세웠으면 완전히 복종해야 합니다. 홉스는 이렇게 왕권신수설 대신 인민의 동의를 기반으로 절대군주정을 정당화하고 있습니다.

│ 국민의 자유 │

자유란 운동을 가로막는 외부의 장애물이 없는 상태다. 그러므로 자유란 사람이 하고자 하는 의지와 욕망, 성향을 드러내고서 방해받지 않는 것이다.

그런데 두려움과 자유가 일치하는 경우도 있다. 배가 침몰할 것이라는 두려움 때문에 물건을 자발적으로 바다에 던질 때가 그렇다. 물론 그 사람은 스스로 그렇게 하는 것이며, 재산을 버리지 않을 수도 있다. 그러므로 그것은 자유로운 사람의 행동이다. 때때로 사람들은 감옥에 갇힐지 모른다는 두려움 때문에 빚을 갚는

데, 이 역시 그의 자유로운 행위다. 보통 국가에서 법률에 대한 공포 때문에 하는 모든 행동은 행위자가 그렇게 하지 않아도 될 자유를 갖는 것들이다.

자유와 필연성도 일치한다. 인간이 자발적으로 하는 행동들은 자신의 의지에 따르기 때문에 자유롭다. 그리고 의지와 욕망, 취향을 따르는 행동은 연이은 또 다른 원인의 사슬에서 생기기 때문에 인간의 모든 행위는 필연성에서 나온다. 이 사슬의 첫 번째 고리는 최초 원인인 신의 손에 있다. 인간은 평화를 실현하고 자신을 지키기 위해 국가라는 인위적인 인격을 만든 것처럼 시민법이라는 인위적인 사슬을 만들었다. 국민은 서로의 서약을 통해 이 사슬의 한 끝은 주권자의 입에, 다른 한 끝은 자신의 귀에 연결시켰다.

국민의 자유는 서약을 따르는 자유에 있다. 인간의 모든 행동과 말을 완전히 규제할 수 있는 법을 제정한 국가는 존재하지 않기 때문에, 국민은 법이 미리 금지하지 않은 모든 종류의 행위에서 각자 계산에 따라 최대한의 이익을 거둘 자유를 갖는다.

국민의 자유는 주권자의 무제한적인 권력과 일치한다. 어떤 이유에서든 주권자가 국민에게 행한 행위를 불의나 가해라고 부를 수 없다는 사실은 이미 말한 바와 같다. 자신도 신의 국민이기 때문에 자연법을 준수해야 한다는 점을 제외하면 주권자는 다른 모든 것에 대한 권리를 갖는다.

한 국민이 가지고 있는 참된 자유의 구체적 내용, 즉 주권자의 명령을 따르는 국민이 주권자의 행위를 거부할 수 있는 권리가 무엇인지를 알려면 국가를 설립할 때 넘겨준 권리가 무엇인가를 고려해야 한다. 왜냐하면 우리의 의무와 자유는 모두 복종하는 행위에 있기 때문이다. 그러므로 거기에서 논증이 시작되어야 한다. 모든 사람은 자연 상태에서 평등하고 자유롭기 때문에 그 어떤 의무도 자신의 행위에서 나온다.

국민은 자신의 신체를 방어할 자유, 합법적으로 자신의 권리를 침해하는 사람들에게 저항할 자유를 갖는다. 만일 주권자가 어떤 사람에게 자살을 명하거나 해를 끼칠 경우 그 사람은 복종하지 않을 자유를 가진다. 어떤 사람도 자신의 말 때문에 스스로를 죽이거나 다른 사람을 죽일 의무는 없다. 마찬가지로 국민은 스스로 원하지 않는 한 전투에 참여할 의무가 없다. 적과 싸우라는 명령을 받을 경우

주권자가 사형에 처할 권리가 있다 하더라도 그는 자기를 대신할 수 있는 다른 병사로 그 자리를 대체해 병역을 거부할 수 있다. 이 경우 그가 국가에 대한 봉사의 의무를 저버린 것이 아니기 때문에 잘못된 일은 아니다.

그러나 그 사람이 죄를 저질렀건 저지르지 않았건 자신이 아닌 다른 사람을 지키기 위해 국가의 힘에 저항할 자유는 없다. 그런 자유는 주권자로부터 우리를 보호할 수단을 빼앗아 정부의 본질 자체를 파괴하기 때문이다.

국민이 갖는 최대한의 자유는 법의 침묵에 의존한다. 즉, 주권자가 법률로 정하지 않은 경우에 국민은 자신의 판단에 따라 무엇이든 하거나 하지 않을 자유를 갖는다.(2부 5장)

│ 시민법 │

나는 시민법을 국가 구성원이라면 반드시 지켜야 하는 여러 가지 법률로 이해한다. 법은 조언이 아니라 명령이며, 모든 사람에게 내려진 명령이 아니라 이미 복종을 맹세한 사람들에게 내려지는 명령이다. 따라서 시민법은 모든 국민이 옳고 그름을 구별할 때, 즉 무엇이 규칙 위반이고 무엇이 규칙 준수인지 구별하는 데 사용할 수 있도록 말이나 문서, 의지를 충분히 드러낼 수 있는 여러 가지 방식으로 국가가 명령하는 규칙이다.

그렇기에 국가를 제외하면 그 누구도 법을 제정할 수 없다. 우리는 국가에만 복종하기 때문이다. 그리고 명령은 충분히 공표되어야만 영향력을 발휘할 수 있다. 그렇지 않다면 사람들이 그 명령에 복종하는 법을 제대로 알 수 없기 때문이다.

나는 가장 영리한 지식인들까지도 시민법과 시민권, 즉 시민의 법과 시민의 권리를 혼동해서 사용하고 있음을 알게 되었다. 그것은 잘못이다. 권리는 자유, 즉 시민법이 우리에게 허용하는 자유를 뜻하지만, 시민법은 의무, 즉 자연법이 우리에게 제공한 자유를 빼앗는 것이기 때문이다. 자연은 모두에게 자신을 힘으로 보호할 권리, 예방 차원에서 의심스러운 이웃을 침략할 권리를 주었지만, 시민법은 법의 보호가 안전하게 이루어지는 곳에서 그러한 자유를 빼앗는다.(2부 10장)

홉스가 사회계약론자인 것은 분명하지만, 그의 사회계약은 어떻게 보면 일회용이라고 할 수 있습니다. 일단 국가를 만들고 복종을 서약하였으면 거기에 동의한 사람들의 자유는 국가의 법이 제한하지 않는 영역에 국한됩니다. 또한 일단 계약을 맺고 서약을 한 순간 주권자와 신민의 관계는 완전히 질적으로 달라지기 때문에 더는 양자 간에 동등한 자격의 계약은 있을 수 없습니다. 일단 왕이 되고 나면 그다음부터는 막강한 힘을 가지게 됩니다. 그리고 누구도 거역할 수 없게 됩니다. 다만 아무리 권력을 양도하였다 할지라도 자신의 생명에 대한 권리까지 양도한 것은 아니기 때문에 국가나 주권자가 생명과 안전을 위협할 경우에는 저항할 수 있습니다.

국가를 약하게 만들거나 해체시키는 원인

죽을 운명의 인간이 만든 것은 무엇이든 결코 불멸의 존재가 될 수 없다. 하지만 인간이 이성을 사용한다면 적어도 국가가 내부의 질병으로 쓰러지는 것을 막을 수는 있다. 국가 제도가 만들어진 이유를 고려해 볼 때 국가는 자신에게 생명을 준 자연의 여러 가지 법이나 정의가 존재하는 한 지속된다. 따라서 국가가 외부의 폭력보다 내부의 혼란으로 무너진다면, 그 잘못은 국가를 구성하는 국민이 아니라 국가를 만들고 명령하는 사람에게 있다.(2부 13장)

주권을 대표하는 사람의 임무

한 사람이건 한 집단이건 주권을 대표하는 사람의 임무는 주권을 위임받은 목적인 국민의 안전을 확보하는 데 있다. 여기서 안전이란 단순히 목숨을 지키는 것만이 아니라 모든 사람이 국가에 해를 끼치지 않고 합법적으로 일하면서 가질 수 있는 모든 생활상의 만족을 누리게 되는 것을 뜻한다.

주권의 본질적인 권리를 포기하는 것은 주권자의 임무를 지키지 않는 것이다. 그것이 포기된다면 모든 사람이 다른 자들과 투쟁하는 재앙이 다시 시작되기 때문이다. 따라서 주권자가 자신에게 위임된 권리를 다른 사람에게 양도하거나 그

중 어떤 것을 방치하는 일은 자신의 임무를 어기는 행동이다. 임무의 방치는 주권자가 시민법의 지배를 받지 않고 절대적인 재판권을 행사하며 전쟁을 일으키거나 평화를 유지할 권리, 국가의 필요에 따라 돈과 병사를 모을 권리, 관리와 교사를 임명할 권리를 버리는 것이다.

국가의 안전은 주권을 가진 사람이나 집단이 모든 계층의 국민을 공평하게 재판할 것을 요구한다. 즉, 부유하고 힘 있는 사람들과 가난하고 천한 신분의 사람들에게 평등한 재판을 받게 해서 부유하고 힘 있는 사람들이 자신들은 죄를 면할 수 있다는 희망을 갖게 되지 않기를 요구한다. 이들을 면죄하는 것은 오만을 낳고, 오만은 증오를 부르며, 증오는 설사 그것이 국가를 파괴하게 되더라도 억압적이고 오만한 힘 있는 세력 모두를 무너뜨리려는 시도, 즉 혁명을 불러온다. (2부 14장)

 3부에서는 자신의 인민주권론이 왕권신수설보다 오히려 《성서》의 교리에 더 충실하다는 주장을 수백 쪽에 걸쳐서 제시합니다. 이는 종교의 지도력이 여전히 막강하였고, 자칫 무신론자로 비처지면 거의 패가망신하였던 17세기에 이 책이 나왔기 때문입니다. 그러므로 21세기에 그 부분을 구태여 찾아 읽을 이유는 없습니다.

1. '리바이어던'의 의미와 탄생 과정을 설명해 보세요.

2. 이 글을 토대로 '국가'란 무엇인지 정의해 보세요.

3. 이 글에서 말하고 있는 국민의 자유란 어떤 것인지 설명해 보세요.

4. 여기서 말하는 '시민법'과 '자연법'의 차이는 무엇입니까?

5. 주권자의 임무는 국민의 안전을 확보하는 일이라고 했습니다. 그렇다면 여기에서 말하는 안전이란 어떤 것을 의미하는지 설명해 보세요.

6. 여기서 말하는 주권자의 본질적인 권리란 무엇입니까?

7. 이 글에 따르면, 어떠한 경우에 주권자가 물러나야 합니까?

8. 만약 국가가 외부의 폭력보다 내부의 혼란으로 무너지게 된다면 어떤 경우입니까?

국가의 탄생을 이해하기 위해 먼저 인간에 대해 알아봅니다. 인간이 지닌 감각은 외부의 대상이나 사건이 우리의 신체 기관에 영향을 주어 다양한 모습으로 형성되는 것입니다. 감각기관에서 시작하지 않으면 어떤 개념도 우리 머릿속에 형성되지 않습니다. 상상력이란 감각을 통해 적어도 한 번 이상 지각한 사물이 떠오르는 것입니다.

동물의 운동 가운데 상상력이 모든 자발적 운동을 최초로 자극하는 내적 동기임이 틀림없습니다. 욕구, 욕망은 어떤 의도가 특정한 사물을 향한 것이며, 인간은 행복을 지속시키기 위해 원하는 대상을 계속 가지려고 합니다. 권력이란 미래의 확실한 선을 획득하기 위해 현재 동원할 수 있는 타고난 힘이나 도구적 힘입니다.

자신의 행복과 불행에 대한 관심은 인간의 자연적인 조건입니다. 자연 상태에서는 모든 사람이 모든 것에 권리를 가지고 있기 때문에 누구도 생명을 보장받을 수 없습니다. 이런 만인의 만인에 대한 투쟁에서 벗어나기 위해 이성은 사람들이 동의할 수 있는 평화의 조항들을 제안하며, 이것을 자연법이라 일컫습니다. 이 자연법에 따라 사람들은 서로 권리를 양도하며 평화를 모색합니다.

권리의 상호 양도는 '계약'을 맺을 때 이루어지고, 계약 이후 일정한 시간이 흐른 뒤 상대방에게 그 약속을 이행하도록 하면 신뢰가 생기는데, 이것이 약속 또는 서약입니다. 서약을 이행시키려면 강제할 수 있는 공통의 힘이 필요합니다. 이러한 힘이 없으면 약속은 지켜지지 않으며, 사람들의 안전도 보장받을 수 없습니다.

외부의 침입과 내부의 분쟁을 막아 안전을 확보하는 공동의 권력을 세우기 위해 국가가 발생하였습니다. 국가는 다수의 사람들이 그들 모두가 설립자가 되는 계약을 맺어 건설하였습

니다. 국가는 모든 힘과 수단을 사용할 수 있는 하나의 인격입니다. 이것이 바로 위대한 '리바이어던'의 탄생, '필멸의 신'의 탄생 배경입니다.

주권과 국가가 제도로 설립될 경우에는 국민의 동의를 거쳐야 합니다. 일단 제도가 만들어지면 주권자의 권리와 기능이 나옵니다. 군주정이나 귀족정, 민주정 모두에서 주권은 인간이 상상할 수 있는 한 가장 강력한 권력입니다. 국민의 자유는 서약을 따르는 데 있습니다. 국민은 법이 정한 것을 제외하고 자신의 판단에 따라 무엇이든 하거나 하지 않을 자유가 있습니다. 시민법은 국가 구성원으로서 반드시 지켜야 하는 여러 가지 법률입니다.

국가가 약해지거나 내부의 혼란으로 무너진다면 국가를 만들고 명령하는 사람이 자연법이나 정의를 따르지 않기 때문입니다. 주권자의 임무는 국민의 안전을 확보하는 일입니다. 주권자가 국가의 안전을 위해 모든 계층의 국민을 공평하게 재판하지 않고 편파적인 재판을 하여 다른 사람의 증오심을 키우고 혁명을 불러오게 될 경우 물러나야 합니다.

3장

최고 권력인 입법권은
국민으로부터 나온다

로크 《통치론》

John Locke
Two Treatises
of Government

《통치론》을 읽기 전에

존 로크John Locke, 1632~1704는 영국의 철학자이자 정치사상가입니다. 1632년 잉글랜드 서머싯의 작은 마을 링턴에서 법조인의 아들로 태어났다는 것 외에는 어린 시절에 대해 알려진 것이 거의 없습니다. 1652년 옥스퍼드 대학의 크라이스트처치 칼리지에서 데카르트 철학을 처음으로 알게 되었고, 학위를 받은 이후 약 10여 년간 정치 무대에서 활동하였는데, 그 계기는 1666년에 정치가인 샤프츠버리 백작과의 만남이었습니다. 그는 정력적이고 과감한 정치가로 입헌군주제, 시민의 자유, 종교적 관용, 의회의 통치 등을 옹호하였습니다. 그러나 의회파를 대표하여 제임스 2세의 왕위 계승을 막으려다 실패하고 네덜란드로 망명하여 1683년에 사망합니다. 로크 역시 1683년 9월 네덜란드로 망명하였고, 1685년 영국 정부가 유럽에 지명수배를 내린 84명의 반역자 명단에 올랐습니다.

1688년 명예혁명이 일어나 제임스 2세가 퇴위하자 영국으로 돌아온 로크는 휘그당의 정신적 지도자로 영국에 의회민주주의가 정착하는 데 크게 기여하였습니다. 비록 보수적인 토리당의 반대로 그의 꿈이 완전히 이루어지지는 못하였지만 영국에서는 절대군주제 대신 입헌군주제가 수립되었습니다. 또한 시민의 자유, 종교적 관용, 사상과 표현의 자유 등이 크게 확대되었으며, 1695년에는 출판의 자유도 보장되었습니다. 이렇게 로크는 근대 민주주의의 시작인 영국 명예혁명의 정신적인 바탕을 마련한 인물이었으며, 그의 사상은 이후 프랑스와 아메리카 식민지로 전해져 프랑스혁명과 미국 독립의 원천이 되었습니다.

왕권신수설을 조목조목 반박하다

로크는 정치사상가에 그치지 않고 당대의 거의 모든 학문을 섭렵하였습니다. 당시 크게 발흥하고 있던 자연과학에 감명을 받아, 자신을 '아이작 뉴턴이 가는 길을 청소하는 자'라고 부르기도 하였습니다. 그는 과학을 통해 단순한 의견이 아닌 명

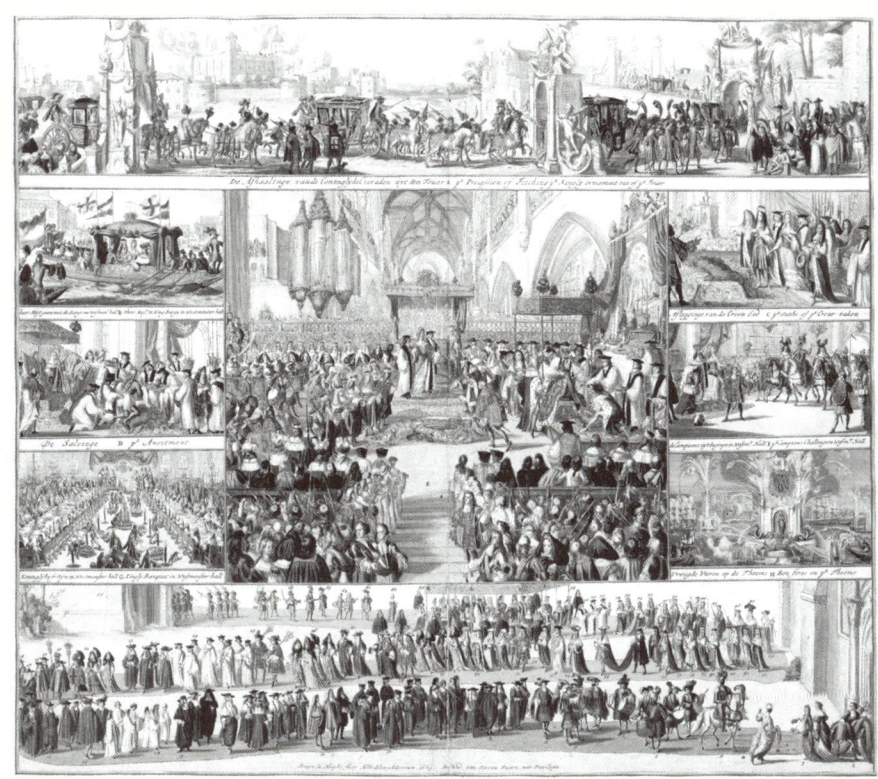

윌리엄 3세와 메리의 대관식 영국 인민을 대표하여 의회는 국왕 제임스 2세의 권한을 박탈하고 윌리엄 3세를 새 국왕으로 추대하되, 모든 권력은 왕이 아니라 의회가 가지는 권리장전을 발표하였다. 이로써 영국의 왕은 상징적 존재일 뿐 국민이 선출한 의회가 통치하는 근대 민주정치가 시작되었다. 제임스 2세의 박해로 망명하였던 로크도 이때 귀국할 수 있었다.

확한 지식을 얻을 수 있다고 생각하였으며, 이를 정당화하기 위한 철학적 인식론을 정초하는 데 많은 힘을 기울였습니다. 《인간 오성론》에는 그의 이런 노력이 체계적으로 정리되어 있습니다. 이로써 그는 베이컨의 뒤를 이어 경험론을 완성한 철학자로 자리를 잡습니다. 또한 그는 교육에도 관심이 많아 《교육에 대한 몇 가지 견해》라는 작은 책자를 남기기도 하였는데, 이 역시 오늘날 교육학에서 중요하게 다루는 책입니다. 여기에서 소개하는 《통치론》은 그의 대표작이라고 할 수 있습니다.

이 책이 발표되던 무렵은 영국의 명예혁명 이후 보수적인 왕당파인 토리당과 자유주의적인 휘그당 사이에 논쟁이 격렬하게 이루어지고 있던 시기입니다. 토리당은 비록 명예혁명 과정에서 휘그당과 공조함으로써 왕권신수설을 포기하였지만, 왕권에 기반을 둔 보수적인 정치 이념까지 포기한 것은 아니었습니다. 이 무렵 완고한 왕권신수설자인 로버트 필머 경이 왕권신수설을 옹호하기 위해 《가부장론》을 발표하였습니다. 필머 경은 아담에서부터 내려오는 부권을 근거로 왕권을 정당화하려 하였습니다. 당시에는 기독교의 영향력이 여전히 막강한 데다 가부장제가 자연적인 제도로 받아들여지고 있었기 때문에 《성서》와 가부장을 근거로 왕권을 정당화할 경우 반박하기가 쉽지 않았습니다. 휘그당의 정신적 지도자였던 로크는 왕권신수설을 완전히 분쇄하지 않고서는 민주정치가 자리 잡기 어렵다고 판단하여 《통치론》을 쓰게 됩니다. 이 책은 두 권으로 구성되는데, 첫째 권은 필머 경의 왕권신수설을 조목조목 반박하는 내용으로, 둘째 권은 왕권신수설을 대신하는 '시민 정부론'을 제시하는 내용으로 이루어져 있습니다. 로크가 이 책을 발표함으로써 왕권신수설은 완전히 분쇄되었으며, 이는 프랑스로도 전해져 몽테스키외나 볼테르 등에게 커다란 영향을 주었습니다.

자연 상태를 지키기 위해 정치 공동체를 결성하는 인간

이 책의 두 권 중 1권은 필머 경의 왕권신수설을 비판한 첫째 권은 오늘날 거의 읽히지 않기 때문에 로크의 《통치론》이라고 하면 주로 둘째 권을 지칭합니다. 로크는 홉스와 마찬가지로 정치 공동체가 만들어지기 이전의 자연 상태를 설정한 후, 인간은 자연 상태에서 사회계약을 통해 정치 상태로 들어서게 된 이유를 설명합니다. 그런데 홉스와 달리 로크는 인간은 자연 상태에서 신이 내린 정당함에 따라 공평하게 자유와 생명, 재산에 대한 권리를 가지고 있다고 주장합니다. 홉스는 자연 상태에서는 자신의 생존을 위해 무슨 짓이든 할 수 있는 무제한적인 자유를 가지고 있기 때문에 사실상 누구도 권리를 누릴 수 없다고 보지만, 로크는 자연 상태에서도 가장 기본적인 재산과 생명의 권리는 보장받을 수 있으며, 이는 모든 인간은 이성을 가진 존재이기 때문이라고 설명합니다. 그리고 이러한 권리가 침해되는 일을 막기 위해 서로의 동의 아래 정치 공동체를 결성한다고 주장합니다. 이후 정치 공동체를 구성하는 과정, 주권, 정치 공동체의 붕괴에 대한 견해를 펼쳐 나가는 점은 홉스와 흡사하지만, 그 귀결이 절대군주정이 아니라 시민사회의 통제를 받는 입헌군주정 내지 공화정이라는 점이 결정적으로 다릅니다.

여러분은 근대 민주정치의 신호탄이 된 시민혁명을 교과서를 통해 배웠을 것입니다. 혁명이 난동이나 폭동과 다른 것은 새롭고 올바른 세상에 대한 설계도나 청사진이 있어서 기존의 권력자를 몰아낸 다음 새로운 사회를 건설할 수 있다는 것입니다. 《통치론》은 여러 시민혁명의 지도자들에게 새로운 사회의 청사진을 제시하는 데 크게 기여하였습니다. 또한 이 책은 루소의 《사회계약론》과 함께 근대 민주주의의 경전과 같은 대접을 받았습니다.

이 책은 영국의 명예혁명은 물론이고 프랑스 계몽사상에도 큰 영향을 주었습니다. 특히 계몽사상의 아버지라 불리는 몽테스키외는 영국을 방문해서 로크의 사상을 접하고 큰 자극을 받아서 오늘날 삼권분립론의 원천이 되는 《법의 정신》을 썼습니다. 또 볼테르와 루소도 로크의 영향을 크게 받았습니다. 이 책과 프랑스혁명의 정신적 원천이 된 계몽사상가들의 책을 비교해 읽어 봅시다.

▨ 〈통치론〉 발췌 부분

01 자연 상태에서 어떻게 민주주의가 가능한가?　　　1~5장

02 평화롭게 잘 살고 있는 인간이 국가를 만들어 속박을 자처　7장, 9장
　　한 까닭은?

03 강력한 왕이 없이도 국가가 운영될 수 있을까?　　　11~15장, 18장, 19장

O1 | 자연 상태에서 어떻게 민주주의가 가능한가?

 로크는 왕권신수설을 반박하기 위해 이 책을 썼습니다. 원래부터 우월한 권력 자, 우월한 권력이 자연 상태에서 존재하는 것이 아니라 사회계약에 의해 생겼 다는 것을 입증하려 합니다. 이를 위해 어떤 정치권력도 존재하지 않는 자연 상태를 상정하게 되며, 홉스와 달리 이 자연 상태에서 민주정이 수립됨을 증명 하려는 것입니다.

서론

앞의 논문《통치론》1권의 내 주장을 제시하면 다음과 같다.

첫째, 아담은 아버지의 자연권으로서 자식에 대한 권위도, 신이 명시적으로 수여한 세계에 대한 지배권도 가지지 않았다. 둘째, 설사 아담에게 그러한 권위나 지배권이 있었다 할지라도, 그의 상속자들에게까지 그런 권리가 있다고 할 수 없 다. 셋째, 설사 그의 상속자들에게 그런 권리가 있었다 할지라도 정당한 상속자를 결정할 수 있는 자연법 또는 명시적인 신법이 없기 때문에 상속과 이에 따른 통치권을 결정할 방법이 없다. 넷째, 설사 그러한 것이 결정되었다 할지라도 누가 직계 장손인지 가려낼 수 있는 지식은 이미 오래전에 사라졌기 때문에 누구도 자기 가문이 상속권자라고 주장할 수 없다.

이제 이 모든 전제가 명백히 밝혀졌으므로, 지상의 통치자들이 지금까지 모든 권력의 원천으로 여겨 왔던 아담의 사적인 지배권과 아버지의 권한으로부터는 어떤 권위도 나올 수 없다.

그래서 나는 정치권력을 이렇게 규정한다. 정치권력은 사형 및 여타의 형벌을 가할 수 있는 법률의 제정권이며, 재산 보호라는 목적을 위해 법률을 집행하거나 국가를 외적의 침입으로부터 방어하기 위해 공동체의 무력을 사용하는 권리이며, 이 모든 것은 오직 공공선을 위해서만 행사하는 권리다.(1장)

 여기서 로크는 왕권신수설의 완전한 파탄을 선포합니다. 동서고금을 막론하고 왕권은 항상 신의 권위와 아버지의 권위를 통해 정당화되어 왔습니다. 그러나 로크는 신이 아담에게 준 권리, 즉 아버지의 자연권이란 보살피고 보호할 의무이지 지배하고 군림하는 권력이 아님을 역설하고, 이를 통해 왕권을 정당화할 수 없다고 단언합니다. 아버지의 권력으로 정치권력이 정당화될 수 없다면 현재 존재하는 정치권력은 무엇일까요? 로크는 정치권력을 지배권이 아닌 다른 의미로 규정함으로써 2권을 시작합니다.

자연 상태에 관하여

정치권력의 근원을 바르게 이해하려면 인간의 자연 상태를 고찰해야 한다. 자연 상태란 사람들이 타인의 허가나 의지에 구애받지 않고 자연법 테두리 안에서 개인들이 각자 적절하다고 생각하는 바에 따라 행동을 통제하고 재산과 인신을 처분할 수 있는 완전한 자유 상태다. 이는 평등의 상태이기도 한데, 모든 권력과 권한은 호혜적이며 누구도 다른 사람보다 더 많이 가지지 않는다.

 로크 역시 홉스와 마찬가지로 정치권력의 의미를 분명히 이해하기 위해 정치권력이 없는 상태, 즉 자연 상태로부터 고찰을 시작합니다. 그리고 홉스와 마찬가지로 자연 상태를 완전한 평등 상태이자 완전한 자유 상태로 봅니다.

그러나 자연 상태는 자유의 상태이지 방종의 상태가 아니다. 이 상태에서 인간은 자기 인신과 소유물을 처분할 수 있는 통제받지 않는 자유를 가지고 있지만, 자신을 파괴할 수 없고, 그것을 죽이는 편이 더 존엄한 결과를 가져오지 않는 한 그가 소유하고 있는 어떤 피조물도 살해할 수 없다. 자연 상태에서는 자연법이 있어서 모든 사람을 규율한다. 이 법, 즉 이성은 인류에게 '모든 인간은 평등하고 독립적인 존재이므로 누구도 다른 사람의 생명과 건강, 자유, 소유물에 해를 끼칠 수 없다.'고 가르쳐 준다.

모든 인간은 타인의 뜻이 아니라 자신의 뜻에 따라 살게 되어 있다. 따라서 인간들 사이에 상대에 대한 살해권까지 있는 복종 관계란 생각조차 할 수 없다. 마찬가지로 인간은 자신의 생존이 위협받지 않는 한 다른 사람을 최대한 보존해야 하며, 정당한 반격이 아니고서는 다른 사람의 생명과 그 보존에 필요한 자유, 건강, 신체, 재물을 빼앗거나 손상시켜서는 안 된다.

자연 상태에서 다른 사람의 권리 침해와 위해를 막고 인류 전체의 평화와 안전을 지향하는 자연법을 준수하도록 보장하기 위한 자연법 집행권은 모든 사람에게 위임되어 있다. 따라서 모든 사람은 자연법을 위반한 자를 적정하게 처벌할 권리를 가지고 있다.

자연 상태에서 모든 사람은 살인범을 죽일 권력을 가지고 있다. 이는 모든 사람이 가할 수 있는 본보기 처벌을 통해 인간을 범죄자의 공격에서 보호하기 위한 것이다. 범죄자는 이성, 즉 신이 제정한 인류 공통의 규칙과 기준을 포기하고 다른 사람에게 부당한 폭력과 살인을 행함으로써 인류에게 전쟁을 선포한 것과 마찬가지이기 때문에 해충처럼 살해되어 마땅하다.

'자연 상태에서는 자연법을 집행할 권력이 모든 사람에게 있다.'는 주장은 생소하기 때문에 당연히 반론이 제기된다. 예컨대 '사람들이 자기가 관련된 사건에서 재판관이 되는 것은 부당하다. 자신은 물론 친구들에게도 편파적이 될 것이다.

인간은 사악한 본성과 정념, 복수심으로 인해 타인을 지나치게 처벌할 것이다. 그 결과는 혼란과 무질서일 뿐이며, 인간의 편파성과 폭력을 억제하기 위해 정부가 만들어졌다.'는 등의 반론이 그것이다.

그러나 나는 이런 반론을 제기하는 사람들에게 절대군주 역시 한 인간에 불과하다고 말할 것이다. 만약 인간이 자신의 사건에서 재판관이 되면 필연적으로 나타나는 해악에 대한 치유책이 정부이며, 따라서 자연 상태가 지속되어서는 안 된다면 일개 개인이 다수를 좌지우지할 수 있고, 자신이 관련된 사건에서 재판관이 될 수 있으며, 자기 기분이 내키는 대로 무슨 일이나 할 수 있고, 거기에 대해 이의를 제기하거나 이를 견제할 최소한의 자유마저 없는 곳에 무슨 정부가 존재하며, 그게 자연 상태보다 더 나은 점이 무엇인지 반문하고 싶다.(2장)

로크도 홉스와 마찬가지로 자연 상태에서는 모든 사람이 스스로의 판단에 따라 다른 사람을 공격할 권리를 인정하고 있습니다. 그렇지만 자연 상태가 곧바로 전쟁 상태로 들어서는 것은 아니라고 주장합니다. 모든 사람은 '이성'을 따르기 때문에 다른 사람의 생명과 자유, 재산을 침해하지 않는 범위 안에서 자신의 자유를 누립니다. 이것이 바로 자연 상태의 법입니다. 그러나 타인의 생명과 재산, 자유를 침해하는 사람은 자연법을 위반하는 사람이며, 아직 어떤 정치 공동체도 만들어지지 않았기 때문에 자연법 위반자에 대한 처벌권은 모든 사람에게 주어진 것입니다. 마을에 피해를 주는 유해한 새와 짐승을 사냥할 권리가 모든 주민에게 있듯이, 타인의 권리를 침해하는 자를 처벌하는 권리는 그것을 목격한 모든 사람에게 있는 것입니다. 따라서 로크의 자연 상태에서는 홉스의 그것과 달리 모든 사람이 타인에 대한 무차별적인 공격권을 가지고 있는 것이 아니라 다만 자연법을 침해한 자에 한해서만 그런 권리, 즉 처벌권을 가지고 있습니다. 이런 논리의 연장선에서 로크는 어떤 사회적 합의의 절차 없이 한 사람의 군주가 모든 재판권을 행사하는 절대군주제와 자연 상태는 차이가 없다고 주장합니다. 즉, 절대군주제는 정치 상태가 아니며, 군주는 정치권력을 가진 것이 아니라는 것입니다.

| 전쟁 상태에 관하여 |

다른 사람을 절대적인 권력 아래 두려는 것은 그 사람과의 전쟁 상태 선언, 그 사람을 살해할 의도를 밝힌 것으로 이해되어야 한다. 만약 누군가가 내 동의 없이 나를 권력 아래 둘 수 있다면, 그는 나를 자기 멋대로 부릴 수 있고 마음 내키는 대로 죽일 수도 있을 것이기 때문이다. 자연 상태에서 누구에게나 있는 자유는 다른 모든 것의 기초이기 때문에 자유를 빼앗는 것은 모든 것을 빼앗는 것이다. 사회 상태에서 그 사회나 구성원들의 자유를 빼앗는다는 것은 모든 것을 빼앗는 것이며, 따라서 전쟁 상태에 들어가는 것이다.

우리는 자연 상태와 전쟁 상태를 확실히 구별할 수 있다. 평화, 선의, 상호 부조, 상호 보존의 상태가 적의, 악의, 폭력, 상호 파괴의 상태와 전혀 다른 것과 마찬가지로 두 상태는 전혀 다르다. 사람들의 분쟁을 심판할 권위를 가진 공통의 우월한 자가 없어서 사람들이 각자의 이성에 따라 판단하며 산다면 이는 당연히 자연 상태다. 판결의 권위를 가진 공통의 우월한 자가 지상에 없는 상태에서 다른 사람을 해치기 위해 힘을 사용하거나 그럴 뜻을 드러낸다면 전쟁 상태다. 권위 있는 공통의 재판관이 없다면 언제나 자연 상태이며, 공통의 재판관이 있더라도 정당한 이유 없이 다른 사람을 해치기 위해 힘을 사용하면 전쟁 상태다.

같은 사회 안에 살면서 법의 공정한 결정에 함께 복종하는 사람들 사이에서는 실제적인 힘의 사용이 끝나면 전쟁 상태도 끝난다. 법이 모든 사람에게 편견 없이 적용됨으로써 무고한 자를 보호하고 보상하기 때문이다. 그런 일이 제대로 이루어지지 않는 곳에서는 고통을 겪음과 동시에 전쟁 상태가 시작되며, 하늘에 호소하는 길 외에는 바로잡을 수 없다.

사람들이 사회를 결성하고 자연 상태를 떠나는 가장 중요한 이유는 바로 이러한 전쟁 상태를 피하기 위해서다. 구제를 기대하며 호소할 수 있는 공통된 권위, 즉 지상의 권력자가 있는 곳에서는 전쟁 상태가 지속되지 않는데, 이는 권력에 의해 분쟁이 해결되기 때문이다.(3장)

이 부분은 로크가 개념의 범주를 홉스와 다르게 사용하고 있기 때문에 유의하여 읽어야 합니다. 홉스는 자연 상태와 전쟁 상태를 거의 동의어로 사용합니다. 자연 상태에서는 모두가 자신의 힘을 무제한으로 사용하므로 즉시 전쟁 상태가 될 것이라는 것입니다. 전쟁 상태는 모두가 복종하는 정치권력에 의해 비로소 억제됩니다. 로크는 자연 상태와 정치 상태의 차이가 모두가 복종하는 정치권력이나 공통의 권위가 있느냐 없느냐에 따라 분류된다는 것은 받아들이지만, 그것이 전쟁 상태와 평화 상태를 구별하지는 않는다고 봅니다. 자연 상태든 정치 상태든 누군가가 정당한 이유 없이 타인을 해치고자 하든가 자유를 구속하고자 하는 것은 즉시 전쟁 상태가 되는 것입니다.

이때 타인의 자유를 침해하려는 시도를 생명을 포함한 모든 것을 침해하려는 시도로 여기고 있음에 유의해야 합니다. 로크의 입장은 일단 자유를 빼앗기면 나머지 것들은 언제든지 권력자가 임의로 빼앗을 수 있다는 것입니다. 따라서 자유를 빼앗고자 하는 시도는 그 나머지 것들도 모두 빼앗고자 하는 시도로 봅니다. 결국 평화 상태와 전쟁 상태의 차이는 타인의 자유를 존중하느냐, 침해하여 자신의 권력 아래 두고자 하느냐에 있는 것입니다.

그런데 자연 상태에서는 이런 전쟁 상태가 일어나면 둘을 중재할 공통의 권위자가 없기 때문에 말 그대로 끝장을 봐야 하지만, 사회 상태에서는 이들이 호소할 재판관이 있기 때문에 전쟁 상태를 끝낼 수 있습니다. 그러므로 자연 상태에서도 평화로울 수 있으며, 사회 상태에서도 전쟁이 일어날 수 있습니다. 특히 홉스의 리바이어던이 세워지고 주권자가 신민에게 무제한의 권력을 행사할 경우 이런 막강한 주권자를 압도할 권위자가 있을 수 없기 때문에 그와 신민 사이의 분쟁이 일어날 경우 사실상 전쟁 상태가 될 수밖에 없는 것입니다.

노예 상태에 관하여

인간의 자연적 자유는 지상의 권력으로부터 자유롭고 타인의 의지나 입법권에 구속되지 않으면서 오직 자연법만 그 준칙으로 삼는 것이다. 인간의 사회적 자유는 공동체의 동의를 통해 설정된 입법권이 아닌 다른 어떤 입법권 아래도 있지 않으며, 입법부가 신탁에 따라 제정한 법 이외에는 어떤 지배나 제약도 받지 않는 것이다.

이 자유는 '자기 하고 싶은 대로 행동하고, 멋대로 살면서 어떤 법에도 구속되지 않는 자유'가 아니다. 정부 아래 살고 있는 인간의 자유는, 그 사회의 입법권이 만들고 그 사회의 모든 사람에게 적용되는 공통의 법률이 규정하지 않는 사안들에서는 각자 자신의 의지를 따르며 다른 사람의 변덕스럽고 불확실하고 알려지지 않은 의지에 종속되지 않는다는 뜻의 자유이다.

절대적이고 자의적인 권력으로부터의 자유는 생존과 밀접하게 관련되기 때문에, 인간은 생명을 박탈당하지 않는 한 양도할 수 없다. 인간은 자신의 생명에 대한 권력을 가지고 있지 않기 때문에 협정이나 동의에 의해 다른 사람의 노예가 될 수 없으며, 다른 사람이 멋대로 그의 생명을 박탈할 수 있는 절대적이고 자의적인 권력에 자신을 내맡길 수 없다. 누구도 자신이 가진 것보다 더 많은 권력을 내줄 수 없다. 사람은 자신의 생명을 박탈할 권리가 없기 때문에 다른 사람에게 그러한 권력을 줄 수도 없다.

죽을죄를 지어 생명을 박탈당하게 된 경우에는 생명을 몰수할 권한을 가지는 자가 그것을 미루고 대신 노역을 부가할 수 있는데, 이는 그에게 어떤 해를 가하는 것이 아니다. 강제 노역의 고통이 생명의 가치보다 큰 경우에는 언제나 주인의 의지에 저항하여 자신이 원하는 죽음에 이를 수 있기 때문이다. 이것이 노예 상태의 전형적인 조건이다. 이는 합법적인 정복자와 포로 사이에 나타나는 전쟁 상태의 연장에 불과하다.(4장)

소유권에 관하여

이성은 인간에게 자기 보존의 권리, 즉 고기나 음료 등 자연이 제공하는 생필품에 대한 권리가 출생과 함께 주어짐을 일러 준다. 신은 인류에게 토지를 공유물로 준 것이 분명하다. 그런데 이렇게 되면 '특정한 사람이 특정한 사물에 대한 소유권을 어떻게 가지게 되었는가?' 하는 난감한 질문에 마주친다.

신은 세계를 사람들의 공유물로 주었고, 또 이를 자신들의 삶에 최대한 이롭게 이용할 이성을 주었다. 하지만 일단 세계가 공유물로 주어졌다 하더라도 특정한 사람이 그것을 특정한 용도로 사용하거나 거기에서 어떤 이득을 얻으려면 그것들을 획득할 수단이 있어야 한다.

비록 땅과 여타의 열등한 피조물은 모든 사람의 공유물이지만, 사람들은 각자 자신의 인신에 대해서는 소유권을 가지고 있다. 그러므로 그가 자연이 제공한 것에 자신의 노동이나 무언가 그 자신의 것을 보태면 그의 소유가 된다. 노동은 노동을 한 사람의 소유물임이 틀림없으므로, 그것을 제외하고도 다른 사람들의 공유물이 충분히 남아 있는 한 오직 그 사람만이 노동이 첨가된 것에 대해 권리를 가질 수 있다.

소유물과 공유물은 오직 노동을 통해 구별된다. 노동은 만물의 어머니인 자연에 그 이상의 무엇인가를 덧붙여 그것들을 사적 권리의 대상으로 만든다. 누가 주전자 속의 물이 그 물을 주전자에 담은 사람의 것임을 부정하겠는가? 그의 노동이 모든 인간에게 똑같이 공유물로 속해 있던 물을 자연에서 꺼내어 그의 것으로 만든 것이다.

이른바 문명사회의 사람들, 즉 소유권을 결정하는 법을 만들고 확대시킨 사람들에게도 이러한 소유권을 발생시키는 자연법이 유효하다. 그리고 이 자연법에 따르면, 어떤 물건은 그것을 얻기 위한 노동을 한 사람의 소유이다.

토지의 소유는 한 사람이 개간하고, 파종하고, 개량하고, 재배하고, 그 산물을 사용할 수 있는 정도까지다. 그는 그 땅을 자신의 노동을 통해 공유지에서 떼어 내어 울타리를 친 셈이다. 모든 사람이 토지에 대해 평등한 권리를 가지고 있기 때문에 모든 사람의 동의가 없다면 어느 누구도 토지를 획득하거나 울타리를 칠 수 없다는 반론도 있지만, 그 반론이 그의 권리를 무효로 하지는 않을 것이다.

인간은 궁핍을 벗어나려면 노동을 해야만 하였다. 신과 이성은 인간에게 대지를 정복할 것, 즉 생존에 유익하도록 그것에 그의 노동을 첨가하고 개량할 것을 명령하였다. 이 명령에 복종하여 토지의 일부를 경작하고 씨를 뿌린 사람은 그 토지에 자신이 소유한 것 중 일부를 첨가한 셈이다. 그러므로 다른 사람은 그것에 대해 어떤 권리도 주장할 수 없으며, 만약 그것을 빼앗으려 한다면 그의 권리를 침해하는 것이 된다. 이런 식으로 토지 개량을 통해 토지의 일부를 자기 소유로 획득하더라도 세상에는 아직 토지를 가지지 못한 자가 사용하기에 충분할 정도보다 더 많은 토지가 남아 있기 때문에 문제될 것이 없다.

신은 근면하고 합리적인 자들의 쓸모를 위해 세계를 준 것이지, 싸움과 언쟁을 좋아하는 자들의 변덕과 탐욕을 위해 준 것이 아니다. 자연은 소유권의 한도를 인간 노동의 정도와 삶의 편의에 따라 적절하게 규정한다. 누구의 노동도 세상 모든 것을 정복하고 획득할 수는 없다. 따라서 다른 사람의 권리를 침해하거나 피해를 입힐 정도로 소유권을 취득하는 것은 불가능하다.

 지금 여러분은 유명한 노동가치설을 읽었습니다. 노동가치설이란 어떤 상품이 다른 상품과 교환되기 위해서는 서로 비교할 수 있는 가치를 가지고 있어야 하는데, 그건 결국 인간의 노동이 얼마나 들어갔느냐에 따라 결정된다는 학설입니다. 로크는 자연물에 인간의 노동이 첨가됨으로써 소유물이 된다고 주장하여 노동가치설로 나아가는 길을 열었으며, 로크의 학설을 계승한 애덤 스미스와 데이비드 리카도는 이를 정립하였습니다.

사람들은 필요 이상의 것을 가지려는 욕망이 삶의 필요에 따라 정해진 사물의 본질적 가치를 변질시키기 전까지는 자연이 제공한 것들을 자기 노동을 통해 필요한 만큼 획득할 권리를 가졌다. 그러나 그가 소유한 것들이 제대로 쓰이지도 못한 채 상해 버리면, 즉 다 먹지도 못하고 과일이나 고기를 썩힌다면, 공통의 자연법을 위반한 것이므로 처벌 대상이 된다. 그에게는 삶의 편리를 제공하고 사용 가능한 만큼의 것만 가질 권리가 있을 뿐이기 때문에 이는 이웃의 몫을 강탈한 것으로 간주된다.

토지의 소유에도 같은 기준이 적용되었다. 세계가 전체 인류의 공유물이라고 가정함으로써 우리는 어떻게 노동이 인간에게 토지를 구획하여 사적으로 이용할 수 있는 독자적인 권리를 주는지 이해할 수 있다. 여기서 권리에 대한 의심과 분쟁의 여지란 결코 존재하지 않는다.

화폐는 상하지 않게 보관할 수 있다. 인간은 합의를 통해 유용하지만 상하기 쉬운 생필품을 화폐와 교환하였다. 근면함의 차이가 재산의 차이를 가져오는 것처럼 화폐의 발명은 사람들에게 재산을 지속적으로 확장할 기회를 제공하였다.

금과 은은 의식주나 운송 수단에 비해 삶에 직접적인 쓸모는 거의 없기 때문에, 오직 사람들의 동의에 의해서만 가치를 가진다. 사유재산제와 같은 불평등한 사물의 분배가 가능한 것은 인간이 사회의 경계 밖에서 아무 협정도 없이 오직 금과 은에만 가치를 부여하고 화폐를 사용하기로 암묵적으로 동의하였기 때문이다. 일정한 정부 아래에서는 법률이 소유권을 규정하고, 토지의 소유권은 법규에 의해 결정되기 때문이다.(5장)

● **생각해보기**

1. 로크가 말하는 '자연 상태'에서 인간은 어떠한 권리를 가집니까?

2. 이 글을 토대로 사람들이 자연 상태에서 벗어나 사회를 구성하게 되는 이유를 써 보세요.

3. 사회 안에서 살고 있는 인간의 자유는 자연 상태의 자유와 비교하여 어떤 차이가 있습니까?

4. 소유권의 범위는 어떻게 결정됩니까?

5. 불평등한 사유재산제가 등장한 까닭은 무엇입니까?

02 평화롭게 잘 살고 있는 인간이 국가를 만들어 속박을 자처한 까닭은?

 자연 상태의 자연법에 관해 논의하였기 때문에 다음 주제는 이렇게 평화롭고 자유로운 자연 상태에서 왜 정치사회시민사회를 구성하였는가 하는 문제로 넘어가게 됩니다. 로크 역시 자유로운 인간들이 안전하고 재산을 보호하고자 사회계약을 통해 정치사회를 결성하였다고 보지만, 그 과정과 결과는 상당히 다릅니다.

정치사회 또는 시민사회의 기원에 관하여

모든 인간은 자유와 자연법이 주는 모든 권리 및 특권을 간섭받지 않고 누릴 자격을 세계의 다른 사람들과 함께 평등하게 가지고 태어났다. 그리고 인간은 타인의 침해와 공격으로부터 자신의 소유생명, 자유, 재산를 지킬 뿐만 아니라 다른 사람들의 자연법 위반을 심판하여 적정하다고 생각되는 정도만큼 처벌할 권력도 가지고 있다. 심지어 그 위반의 가증스러움에 사형이 합당하다고 생각한다면 사형으로 처벌할 수도 있다.

그러니 공동체가 재산을 지키고, 이를 위해 그 사회의 모든 범죄를 처벌할 수 있는 권력을 가지지 않는다면 어떤 정치사회도 있을 수 없다. 각각의 구성원이 자연법이 주는 권력을 포기하고, 공동체가 제정한 법에 따라 모든 경우에 보호를 요청할 수 있는 공동체에게 권력을 양도할 때 비로소 정치사회가 존재한다. 이리하여 개인의 사적 재판권은 완전히 배제되고 공동체가 일정하고 지속적인 법에 따라 무사 공평한 재판관이 된다. 또한 공동체는 법을 집행하기 위해 몇몇 사람들에게 자신의 권위를 위임하여 사회 구성원들 사이에 일어나는 모든 권리 다툼을 재결하고, 구성원이 저지른 범죄를 법이 규정한 벌칙에 따라 처벌하도록 한다.

일정한 수의 사람들이 결합하여 하나의 사회를 형성하고, 개인들이 자연법의 집행권을 포기하여 그것을 공공에 양도하는 곳에서만 정치사회political society 또는 시민사회civil society가 존재한다. 이는 자연 상태에 있는 사람들이 최고 통치 권력 아래서 하나의 인민, 하나의 정치체를 결성하기 위해 사회에 가입하는 곳이라면 어디서나 일어나는 일이며, 어떤 사람이 이미 결성된 정부에 가담하는 경우에도 일어난다. 이렇게 모든 분쟁을 해결하고 사회 구성원들이 받을 침해를 보상할 수 있는 권위 있는 재판관을 지상에 세움으로써 인간은 자연 상태에서 벗어나 국가 상태로 들어가게 된다.

그러므로 일부 사람들이 마치 세계에서 유일하게 가능한 지배 형태인 것처럼 떠들어 대는 절대군주제는 명백히 시민사회와 양립할 수 없으며, 결코 시민적 지배 형태가 될 수 없다. 시민사회의 목적은 자연 상태에서 모든 사람이 자신의 사건에 관해 재판관이 될 때 나타나는 폐단을 막으려는 것이다. 이 목적은 그 사회의 모든 사람이 침해나 분쟁이 발생하면 호소할 수 있는 권위를 확립하고 모든 사회 구성원이 그 권위에 복종함으로써 달성된다. 그들 사이에 발생하는 분쟁을 해소하기 위해 호소할 공통의 권위를 가지지 못한 자들은 어디에 있든지 여전히 자연 상태에 있다. 그러므로 모든 절대군주는 그의 지배 아래 있는 사람들에 대해 자연 상태에 있다.

절대군주는 혼자 입법권과 집행권을 모두 가지고 있는 것으로 상정된다. 따라서 군주가 직접 저지르거나 그의 명령 때문에 발생한 침해나 피해에 대해 무사 공평한 재결을 내리고 그에 따른 구제와 보상을 명하는 권위 있는 재판관이 있을 수 없다. 결국 여기에 대해서는 누구도 호소할 방법이 없다.(7장)

로크는 지금까지 시종일관 홉스를 염두에 두고 있습니다. 사실 홉스와 로크는 철학적 기반이 같습니다. 그들은 모두 유물론적 입장에 서 있으며 경험론자입니다. 그러므로 국가와 권력을 설명하기 위해 신이나 어떤 초월적인 것을 끌어들이지 않습니다. 그 대신 자연 상태에서 생기는 문제를 해결하기 위해 인간들이 합의를 통해 하나의 정치 공동체를 결성한다는 기본 논리도 공유하고 있습니다. 그런데도 홉스는 군주정을, 로크는 공화정을 옹호하고 있습니다. 어디에서 이런 차이가 나게 되었는지를 찾아낼 수 있다면, 여러분은 고전 정치학을 제대로 이해하고 있는 것입니다.

정치사회와 정부의 목적에 관하여

만약 자연 상태의 인간이 앞서 말한 것처럼 그토록 자유롭다면 그는 왜 그 자유와 결별할까? 왜 지배권을 포기하고 자신을 다른 사람의 지배와 통제에 복종시킬까? 이에 대해서는 자연 상태에서는 비록 그러한 권리가 있기는 하지만 그 향유가 매우 불확실하며, 다른 사람이 침해할 위험이 끊임없이 생기기 때문이라고 분명히 대답할 수 있다. 자연 상태에서는 모든 사람이 그와 마찬가지로 왕이며 평등하지만, 그들이 대체로 공정하고 정의로울 것이라고 믿기는 어렵기 때문에 재산의 향유가 매우 불안하고 불확실하다. 그러므로 그는 자유롭지만 불안하고 위험한 상황을 기꺼이 포기한다. 그가 그들의 생명과 자유, 재산의 상호 보존을 위해 이미 결합된 사회에 가입하거나 그럴 생각이 있는 다른 사람들과 함께 사회를 결성하려는 것은 오히려 당연하다.

　사람들은 사회에 들어갈 때 그들이 자연 상태에서 가졌던 평등, 자유 및 집행권을 공공선의 요구에 따라 입법부가 처리할 수 있도록 사회에 양도한다. 그러나 그것은 오직 그의 소유를 더 잘 보존하기 위해서다. 사회의 물리력은 오직 국내에서는 그런 법의 집행을 위해, 대외적으로는 외국에 의한 침해를 막거나 바로잡고 공동체의 안보를 보장하기 위해 사용해야지, 다른 목적을 위해 행사되어서는 안 된다.(9장)

● **생각해보기**

1. 인간이 태어나면서 가지는 권리는 무엇입니까?

2. 개인이 자신의 자연권을 포기하고 정치사회를 만든 이유는 무엇입니까?

3. 절대군주제와 시민사회가 양립할 수 없는 이유는 무엇입니까?

4. 정치사회 공동체의 물리력이 사회 구성원에게 사용되는 것은 어떤 목적을 위한 경우입니까?

5. 정치사회가 추구하는 공공선이란 구체적으로 무엇입니까?

03 | 강력한 왕이 없이도 국가가 운영될 수 있을까?

 정치사회의 기원과 책무에 대해 충분히 논의하였기 때문에 이제 남은 과제는 이를 바탕으로 구체적인 정부의 모습을 그려 보는 것입니다. 여기서 로크는 오늘날까지도 남아 있는 근대적인 의회민주주의의 원형과 앞으로 닥쳐올 시민혁명을 정당화할 논리를 제시하게 됩니다.

| 입법권의 범위에 관하여 |

사람들이 사회에 들어가는 큰 목적은 소유를 평화롭고 안전하게 누리는 것이며, 그 사회의 법률은 이를 달성하기 위한 주요 수단이다. 그러므로 모든 국가의 기본이 되는 최초의 실정법은 입법권을 세우는 것이다. 입법권마저 지배하는 사연법의 기본적인 첫째 조항은 사회와 그 안에 있는 모든 사람의 보존이다.

 이 책에서 자주 등장하는 소유라는 말은 영어 'property'를 옮긴 것입니다. 이용어는 책에 따라서는 '재산'이라고 번역하기도 합니다. 하지만 여기서 '재산'

이라고 번역할 경우 혼란이 올 수 있는데, 로크는 생명과 자유, 그리고 흔히 말하는 재산possession까지 포괄한 의미로 이 말을 쓰기 때문입니다. 따라서 이 책에서는 재산에는 생명과 자유, 재산이 포함된다는 식의 엉뚱한 번역이 되지 않도록 하기 위해 다소 어색하지만 소유라는 말로 옮기고 소유에 생명, 자유, 재산이 포함되는 것으로 사용합니다.

입법부는 국가 최고 권력일 뿐 아니라 공동체로부터 권력을 위임받은 사람들의 수중에 있는 변경할 수 없고 성스러운 권력이다. 그 밖의 다른 사람이 내린 어떤 명령도 그 형태야 어찌 되었건, 그 발표자가 어떤 권력기관이건 간에 공공이 선출하고 임명한 입법부의 승인을 받지 않으면 법률이 되기 위해 반드시 필요한 사회의 동의를 얻지 못한 셈이므로 아무런 효력도 의무도 없다. 누구도 사회 그 자체의 혹은 사회가 권위를 위임한 자의 동의를 받지 않고서는 그 사회의 법률을 제정할 수 없다.

입법권은, 그것을 한 사람이 행사하건 많은 사람들이 행사하건, 상설로 있건 수시로 있건 간에 모든 국가에서 최고의 권력이다. 그러나 입법권에는 다음과 같은 제한이 있다. 이들은 사회가 입법부에 위임한 신탁의 한계이자 그 정부의 형태와 상관없이 모든 신법과 자연법이 모든 국가의 입법권에 부과한 한계이기도 하다.

첫째, 입법권은 인민의 생명과 재산을 절대적, 자의적으로 다룰 수 있는 권력이 아니며, 그렇게 되어서도 안 된다. 입법권은 사회의 모든 구성원이 함께 결합시킨 권력을 입법자인 개인이나 집단에게 양도한 것이기 때문이다.

둘째, 입법권 또는 최고의 권위는 즉흥적이고 자의적인 명령을 통해 통치권을 행사할 수 없다. 절대적이고 자의적인 권력, 상설적인 법률을 설립하지 않은 통치는 결코 사회 및 정부의 목적과 양립할 수 없다. 사람들은 생명, 자유, 재산을 보존하기 위해서가 아니었다면, 그리고 명시적인 규칙을 통해 권리와 소유에 대한 평화와 안전을 확보하기 위해서가 아니었다면 자연 상태의 자유를 포기하거나 자신을 사회에 구속시키고자 하지 않았을 것이기 때문이다.

셋째, 최고의 권력은 누구에게서도 당사자의 동의 없이 그의 소유의 일부를 취할 수 없다. 정부의 목적은 소유의 보존이며, 오직 그 목적을 위해서만 인간이 사회에 들어간다는 사실은 인민에게 소유가 있다는 것을 상정하고 또 당연히 요구하기 때문이다.

넷째, 입법부는 법률 제정권을 다른 사람들에게 이전할 수 없다. 그것은 단지 인민들이 위임한 권력일 뿐이며, 그것을 보유한 사람이 타인에게 양도할 수 없기 때문이다. 오직 인민들만이 국가형태를 지정할 수 있으며, 그 지정은 입법부를 구성함으로써, 그리고 그 권력을 행사할 자를 임명함으로써 수행된다.

이것들이 사회가 입법부에게 위임한 신탁의 한계이며, 정부의 형태가 무엇이건 간에 신법과 자연법이 모든 국가의 입법권에 부여한 한계이기도 하다.(11장)

국가의 입법권, 집행권 및 연합권에 관하여

입법권이란 공동체와 그 구성원들의 보존을 위해 국가의 힘을 어떻게 사용할 것인지를 지도할 권리가 있는 권력이다. 그런데 그 위력과 집행이 항상 지속되어야 하는 법률들은 단기간에 만들 수 있다. 입법부는 일상적인 업무가 있지는 않기 때문에 상설적으로 열릴 필요가 없다.

입법권은 공공의 선이 적절히 고려되는 잘 정비된 국가에서는 적법하게 소집된 다양한 사람들에게 맡겨지며, 그들은 독자적으로 혹은 다른 사람들과 더불어 법률을 제정할 권능을 가진다. 그 일을 완수하면 다시 흩어져서 자신이 제정한 법률에 복종하는 신민으로 되돌아간다.

법률은 비록 즉각적이고 단기간에 만들어지지만, 지속적으로 효력을 가지기 위해 계속해서 집행되고 관리되어야 한다. 따라서 제정된 유효한 법의 집행을 담당하는 상설적인 권력이 필요하며, 입법권과 집행권은 종종 분리된다.(12장)

국가권력의 종속에 관하여

독자적인 기반 위에서 공동체의 보존이라는 본연의 목적을 위해 활동하는 잘 조직된 국가에는 입법권이 단일한 최고 권력이며, 여기에 여타의 모든 권력이 종속되고, 또 종속되어야 한다. 그러나 입법권은 일정한 목적을 위해서만 활동할 수 있는 신탁된 권력일 뿐이다. 따라서 인민은 입법부가 맡겨진 신탁과 반대로 행동하는 것을 발견하면 이를 폐지 혹은 변경할 최고의 권력을 여전히 가지고 있다. 통치자가 그 목적을 소홀히 하거나 위반하면 신탁은 마땅히 철회되며, 권력은 인민의 수중으로 되돌아간다. 권력을 회수한 인민은 자신들의 안전을 위해 최선이라고 생각하는 다른 곳에 그 권력을 맡길 수 있다.

입법부는 정부가 존속하는 한 언제나 최고 권력이다. 다른 사람을 상대로 법률을 만드는 자가 그 다른 사람보다 우월한 것은 당연하기 때문이다. 입법부가 상설기관이 아닌 상황에서 행정부가 한 사람에게 맡겨져 있고 그 사람이 입법부에 관여하는 경우가 있는데, 이때는 그 사람을 넓은 의미에서 최고 권력자라고 부를 수 있다. 그러나 그 사람에게 충성 선서를 한다 할지라도 그것은 최고의 입법자가 아니라 그와 다른 사람들이 함께 만든 법률의 최고 집행자에게 하는 것이다. 하지만 충성은 법률에 따른 복종과 같기 때문에 그가 법률을 위반하면 복종을 받을 권리가 없으며, 그 역시 법률의 힘에 의해 위임받은 공인의 자격이 아니면 복종을 요구할 수 없다.

행정권이 한 사람에게 부여되어 있지만 그가 입법권에는 전혀 관여하지 못하는 경우 그 행정권은 입법권에 분명히 종속되고 책임을 져야 하며, 입법부의 뜻에 따라 변경되고 해임된다.

오늘날에는 입법부인 의회가 당연히 상설기구이지만, 당시에는 필요할 때만 소집되었다가 해산하는 경우가 많았다고 합니다. 그래서 로크는 입법부가 최고 권력기관이라는 점은 분명히 하면서도 입법부가 소집되지 않는 시기의 권력 문제를 다루고 있는 것입니다. 당시에는 국왕이 의회를 소집하는 경우가 많았기 때문에 아무리 의회가 최고 권력기구라 하더라도 국왕이 소집하지 않으면 개회할 수 없었습니다. 심지어 국왕이 의회가 열리는 것을 방해하기까지 하였습니다.

여기서 다음과 같은 질문이 제기될 수 있다. 만약 입법부가 소집되어야 할 공공의 사태에 직면하였는데도 국가권력을 장악하고 있는 행정권이 무력으로 이를 방해하면 어떻게 될까? 내 대답은 이렇다. 아무 권한 없이 맡겨진 신탁에 반해 인민들에게 무력을 사용하는 것은 인민과 전쟁 상태에 들어가는 것이며, 이때 인민은 입법부를 회복시킬 권리를 가지고 있다.

행정부가 입법부를 소집하고 해산시킬 권력을 가졌다고 해서 우위에 서는 것은 아니다. 그러한 권력은 고정되고 경직된 법규가 변화무쌍한 인간사에 대처하지 못할 경우 인민의 안전을 위해 행정부에 위임된 권력이다. 꼭 필요한 경우가 아닌데도 입법부가 자주 회의를 소집하거나 오랫동안 회의를 하는 것은 인민에게 부담이 되며, 조만간에 좀 더 위험한 폐해를 불러오게 마련이다. 다만 나는 행정권에 입법부의 회의를 소집하고 해산할 특권이 있더라도 행정권이 입법권에 비해 우월하지 않음을 확실히 하고자 할 따름이다.

대권大權이라는 것은 예측할 수 없는 사태가 발생하였는데 확정되고 변경할 수 없는 법률이 인민의 복지를 위해 무엇을 해야 할 것인가를 분명하고 안전하게 지시할 수 없는 경우 군주가 공공선을 제공하고 정부를 올바른 토대 위에 세우기 위해 가진 권력이며, 그 경우에만 정당하고 앞으로도 항상 그럴 것이다.(13장)

기존의 주권 이론은 주권이 최고권이기 때문에 분할될 수 없다고 하였습니다. 로크 역시 이것을 비판하거나 부정하지 않았습니다. 그런데 홉스가 주권의 분할 불가능성 때문에 군주정이 반드시 필요하다고 말한 반면, 로크는 인민주권을 말하고 있습니다. 로크는 그 문제를 입법부에 위임된 권력으로 해결하고 있습니다. 입법부는 단지 인민의 주권을 위임받았을 뿐이며, 주권은 여전히 인민에게 남아 있는 것입니다. 또한 국왕대통령의 경우는 주권의 위임자가 제정한 법률에 의해 집행만 할 뿐이지 주권의 주체로 간주되지 않으며, 의회에 대해 책임을 져야 하는 것으로 보고 있습니다. 바로 여기에서 의원내각제의 기본 골격이 니다나고 있습니다.

대권에 관하여

 대권이란 특정한 개인이나 집단에게 주어지는 배타적인 특권으로 여기에서는 특별히 국왕의 권력을 지칭하고 있습니다. 물론 절대군주국이 사라진 오늘날에는 대권이 그렇게 심각하게 취급할 만한 주제가 아닙니다. 그러나 로크는 아직까지 국왕의 권력이 강하고 왕당파들이 여전히 활동하던 시절에 이 글을 썼습니다. 그러므로 국왕의 특권인 대권의 남용을 제한할 수 있는 근거를 마련하고자 하였습니다. 사실 오늘날에도 대통령제를 채택한 나라에는 대권의 흔적이 남아 있는 경우가 많습니다. 이런 까닭에 이 대목은 여전히 귀담아들을 만한 내용이 많습니다.

입법권과 행정권이 분리되어 있는 경우, 사회의 복지를 위해 몇몇 사항이 행정권의 재량에 맡겨질 필요가 있다. 입법자들이 공동체에 유용한 모든 것을 미리 법률로 규정할 수는 없으므로, 집행권자는 국내법에 아무 지침이 없고 입법부가 그 지침을 마련하기 위해 소집되기 전일 때 공통의 자연법에 따라 그 법을 활용할 권리가 있기 때문이다. 법률로 규정할 수 없는 것들도 많으며, 그런 것들은 공공선과 공익이 요구하는 바에 따라 명령할 수 있도록 행정권자의 재량에 맡겨야 한다.

대권은 법률의 지시 없이, 때로는 법률을 위반하면서까지 공공선을 위해 재량에 따라 행동할 수 있는 권력이다. 어떤 정부에서는 입법부가 상설적이지 않거나 너무 수가 많아서 신속하게 집행되지 않는 경우가 매우 많다. 게다가 공공에 영향을 미치는 모든 사태와 필요를 예측하고 여기 대처하기 위한 법률을 제정한다거나, 모든 경우에 관련된 모든 당사자에게 엄격하게 집행되어도 아무 피해를 입히지 않는 법률은 제정할 수 없기 때문에, 법률이 규정하지 않은 많은 사안에 대해 취할 수 있는 재량이 집행권자에게 주어지게 마련이다.

대권이 공동체의 이익을 위해, 그리고 정부의 신탁과 목적에 적합하게 행사되는 동안에는 의문의 대상이 될 수 없다. 그러나 만일 행정권과 인민 사이에 대권이라고 주장되는 사안을 둘러싸고 의문이 제기된다면, 그러한 대권의 행사가 인민의 복지를 지향하는가 아니면 침해하는가에 따라 그 문제를 쉽게 해결할 수 있을 것이다.

그런데 어리석은 군주가 실수로 혹은 아첨에 넘어가서 대권을 공공선이 아니라 사사로운 목적에 자꾸 사용하였기 때문에 인민은 부득이 그들에게 불리하다고 밝혀진 사항들에 대해 대권의 내용을 명확하게 명시적인 법률로 규정하지 않을 수 없었다. 그러므로 인민이 대권의 어떤 부분을 실정법으로 제한하는 것이 대권에 대한 침해라고 말하는 사람들은 통치에 대한 매우 그릇된 견해를 가지고 있는 셈이다.

대권과 관련하여 다음과 같은 오래된 질문이 제기될 수 있다. 누가 이 권력이 정당하게 사용되었는지 판단할 수 있는가? 대권을 가진 행정권과 행정권의 뜻에 따라 소집되는 입법권 사이에는 어떠한 지상의 재판관도 있을 수 없다. 인민은 그 사회의 기본법에 따라 우월한 권력을 가지고 그 사건에 유효한 판결을 내리는 재판관이 될 수는 없지만, 인간의 모든 실정법에 우선하고 더 우월한 자연법에 따라 지상에 호소할 곳이 없는 경우, 인류 전체에 속하는 궁극적인 결정권, 즉 하늘에 호소할 정당한 명분이 있는가를 판단하는 권리를 가지고 있다. 그리고 그들은 이 판단권을 양보할 수 없는데, 인간이 다른 사람에게 그를 자유로이 파괴할 수 있을 정도로 복종하라고 요구하는 것은 인간의 권한 밖에 있는 일이기 때문이다. 신과 자연은 인간에게 그 자신의 보존을 포기할 정도로 자신을 저버리는 것을 결코 허용하지 않는다.(14장)

부권, 정치권력, 전제권력에 대한 총괄

최근 정부에 관한 커다란 오해는 이처럼 서로 다른 권력들을 혼동한 데서 비롯되었다고 여겨지기 때문에 여기서 이들을 함께 고찰해도 될 것이다.

첫째, 부권 또는 친권은 부모가 자식들을 다스리기 위해 가진 권력으로, 사식들의 복지가 그 목적이다. 이는 자식들이 이성을 사용할 수 있고 그들의 지식이 자연법이든 국내법이든 스스로를 다스릴 규칙을 이해할 수 있을 때까지만 가지는 권력이다. 부모의 가슴속에 생생하게 남아 있는 자식들에 대한 본능적인 애정과 자비심은 친권의 의도가 가혹하고 자의적인 통치가 아니라 자녀들의 지원과 훈육,

보존에 있음을 분명히 해 준다. 그 권력이 그들에 대한 생사여탈권으로 확대된다고 생각할 이유는 그 어떤 경우에도 전혀 없다. 또 자녀는 부모에게서 생명과 교육을 받았기 때문에 그들을 평생 존중하고 존경, 보은, 부양할 의무를 갖지만, 그렇다고 해서 자녀가 성인이 된 이후에도 그 의무 이상으로 부모의 의지에 종속될 명분은 전혀 없다.

둘째, 정치권력은 모든 사람이 자연 상태에서 가지고 있던 것을 사회에 넘긴 뒤, 그 구성원들의 소유의 보존과 복지를 위해 사용되어야 한다는 명시적이거나 암묵적인 신탁과 함께 사회가 통치자에게 넘긴 권력이다. 이 권력은 이제 소유를 보존하기 위해 그가 생각하기에 적당하고 자연이 허용한 수단을 사용하며, 그의 이성이 내린 최선의 판단에 따라 그 자신과 나머지 인류를 보존하는 데 가장 적합한 방식으로 자연법의 위반 행위를 처벌한다. 이 권력은 자연 상태에서 모든 사람에게 있거나 정치사회에서 위정자의 손에 있거나 간에 사회 구성원들의 생명과 자유, 재산의 보존 이외에는 다른 목적이나 준거를 가질 수 없다. 이 권력은 공동체 구성원의 협정과 합의, 상호 동의에 그 기원을 두고 있다.

셋째, 전제권력은 한 인간이 다른 사람에 대해 가지는 절대적이고 자의적인 권력이며, 그가 원하면 언제든지 다른 사람의 생명을 박탈할 수 있는 권력이다. 이것은 자연이 인간에게 준 권력이 아니다. 자연은 인간들을 서로 구분하지 않기 때문이다. 또 협정으로 양도할 수 있는 성질의 것도 아니다. 인간은 자신의 생명에 대해 자의적인 권력을 가지고 있지 못하므로 다른 사람에게 그런 권력을 양도할 수 없기 때문이다. 그것은 단지 공격자가 다른 사람과 전쟁 상태에 들어섬으로써 자신의 생명에 대한 권리가 몰수되는 경우에만 가능하다. 그러한 공격자는 하느님이 인간 상호 간의 규칙으로 부여한 이성과 인류가 동료와 사회로 결합될 수 있는 공통의 유대를 포기한 사람이다. 그는 짐승들이나 사용하는 폭력을 옳고 그름의 준거로 삼았기 때문에 인간이 아니라 짐승의 지위로 전락한다. 인류는 그런 짐승과 함께 사회를 이룰 수 없고 그의 안전을 보장할 수도 없다. 따라서 정의롭고 합법적인 전쟁에서 잡힌 포로들만이 전제권력에 종속된다. 그 권력은 협정에서 비롯되지 않으며, 그럴 수도 없고, 다만 전쟁 상태의 지속일 뿐이다.

자연은 이 권력들 중 첫 번째 것, 즉 친권을 부모에게 주었는데, 이는 부모가 미성년 자녀들의 부족한 재산 관리 능력과 이해력을 보완함으로써 그들에게 이득을 주기 위해서다. 두 번째의 권력, 즉 정치권력은 자발적 합의를 통해 통치자에게 수여된다. 그것은 신민들에게 재산의 소유와 사용을 안전하게 보장함으로써 그들에게 이익을 주기 위한 것이다. 그리고 세 번째, 즉 전제권력은 권리의 몰수에 의해 주인에게 주어진다. 그것은 주인이 재산을 모두 몰수당한 사람들에게 자신의 이익을 위해 행사할 수 있는 것이다.

　이 권력들의 독특한 기원과 범위 및 목적들을 고찰하면 친권은 통치자의 권력에 훨씬 못 미치고, 전제권력은 그것을 훨씬 넘어서며, 절대적 지배자는 그 유래가 무엇이건 시민사회와는 상극으로, 노예제가 재산과 양립할 수 없듯이 시민사회와도 양립할 수 없음을 분명하게 이해할 수 있다. 친권은 자녀가 아직 어려서 자기 소유를 관리할 수 없을 경우에, 정치권력은 인간이 스스로 처분할 수 있는 소유가 있는 경우에, 전제권력은 재산을 전혀 가지지 못한 사람에 대해 발생하는 권력이다.(15장)

전제專制에 대하여

전제는 정당한 권리를 넘어 누구에게도 속할 수 없는 권력을 행사하는 것이다. 또 전제는 지배받는 사람이 아니라 지배자의 사적인 이득을 위해 행사하는 권력이다. 전제적 통치자의 준칙은 그 칭호가 무엇이든 법이 아니라 자신의 의지다. 그리고 그의 명령과 행위는 인민의 소유를 보존하는 대신 자신의 야심과 복수, 탐욕, 그밖의 다른 일시적인 정념의 만족을 지향한다.

　만약 내 말이 무명의 일개 신민의 글이기 때문에 진리일 수 없고 이성에 합당할 수도 없을 거라 의심하는 사람이 있다면, 나는 왕의 권위를 빌려 그를 납득시키고자 한다. 국왕 제임스 1세는 1603년 의회의 연설에서 다음과 같이 말하였다.

　"나는 좋은 법과 헌법을 제정할 때 나 자신의 특별하고 사적인 목적보다 공공의 복지와 국가의 복지를 선호할 것이다. 나는 항상 국가의 부와 복지의 증진이 나의 최대의 복지이자 세상의 행복이라고 생각할 것이다."

　그는 1609년 의회 연설에서 다시 다음과 같이 말하였다.

"건실한 왕국의 왕은 법률로써 통치하는 것을 그만두는 순간 왕이기를 멈추고 폭군으로 전락한다. 그러므로 폭군이 아니며 서약을 준수하는 모든 왕은 기꺼이 스스로를 자신이 만든 법률의 한도 안에 묶어 둘 것이다."

이렇게 사물의 이치에 통달한 학식 높은 국왕은 왕과 폭군의 차이점을 통찰하고 있었다. 왕은 법률을 그의 한계로, 인민의 복지를 정부의 목적으로 삼는데, 폭군은 모든 사람을 그의 의지와 욕망에 복종시킨다. 하지만 이러한 과오가 오직 군주제에만 있는 것이라는 생각은 잘못이다. 다른 형태의 정부도 그러한 과오를 범하기 쉽다는 점에서는 군주제와 다르지 않다.

법률이 끝나는 곳에서 전제정이 시작된다. 권위를 가진 사람이 누구건 간에 법률이 부여한 권력을 넘어서고 그가 가진 무력을 사용하여 신민들에게 법이 허용하지 않는 것을 강요하는 자는 위정자의 자격을 잃는다.(18장)

│ 정부의 해체에 대하여 │

정부가 외부 침략자의 정복이 아니라 내부에서 해체되는 경우는 다음과 같다.

입법부가 변질되는 경우이다. 국가 구성원들은 입법부를 통해 서로 단결하고 결합함으로써 살아 있고 일관성 있는 단체가 된다. 구성원들은 이것을 통해 서로 영향력을 행사하고 공감하며 결속한다. 따라서 입법부가 파괴되거나 해체되면 곧이어 사회도 해체되고 죽는다.

이러한 사태는 국가의 권력자들이 권력을 남용해서 일어난다. 하지만 이러한 사태가 일어난 정부 형태를 모른다면 문제를 제대로 고찰할 수 없고, 누구에게 책임을 물어야 하는지도 알지 못한다. 그래서 입법권이 서로 다른 세 당사자의 협의 아래 있는 것으로 가정해 보자.

하나는 일인의 세습 권력자이다. 그는 항구적인 최고 집행권을 가지고 있으며, 그것과 더불어 일정한 기간 안에 다음의 두 회의를 소집하고 해산할 수 있는 권력을 가지고 있다. 하나는 세습 귀족의 집회다. 또 하나는 인민이 일시적으로 선출한 대표자들의 집회다.

이러한 정부 형태를 가정하면 다음의 사실들이 명백해진다.

첫째, 한 사람 혹은 군주가 입법부가 제정한 사회의 의지인 법률을 자의적 의지로 대체할 때 입법부는 변질된다.

둘째, 군주가 입법부의 정기적인 집회를 방해하거나 그것이 설립된 목적에 의거하여 활동하는 것을 방해한다면 입법부는 변질된다.

셋째, 군주가 자의적 권력을 통해 인민의 동의 없이, 또 인민의 공통된 이익에 반대되게 선거인단이나 선거 방법을 변경하면 입법부는 변질된다.

넷째, 만약 군주나 입법부가 인민을 외국 세력에 넘겨서 예속시킨다면, 그것은 분명히 입법부의 변질이자 정부의 해체다.

이런 경우 정부가 해체되면, 인민은 자신들의 안전과 복지를 위해 최선이라고 판단한 바에 따라 입법부의 인원이나 형태 중 하나 혹은 둘 다를 변경시킴으로써 이전과 다른 새로운 입법부를 자유로이 설립하여 자신들을 위해 대비할 수 있다.

인간이 사회에 가입하는 이유는 자신들의 소유를 보존하기 위해서다. 그들이 입법부를 선출하여 권한을 부여하는 목적은 사회의 모든 구성원이 가진 소유의 보호 수단이자 울타리로서 각각의 구성원이 행사하는 권력과 지배력을 제한하고 억제하는 법률과 규칙을 만드는 것이다. 입법자들이 인민의 재산의 탈취나 파괴를 꾀하고 인민을 노예처럼 자의적 권력 아래에 두려 한다면 자신들을 인민과의 전쟁 상태로 몰아넣는 것이다. 이로 인해 인민은 이제 복종할 의무가 없어지며, 무력과 폭력에 대비하여 신이 모든 인간을 위해 마련해 둔 공통의 피신처_{자연} 상태로 돌아감로 대피할 수밖에 없게 된다.

따라서 입법부가 야심, 공포, 어리석음, 부패로 인해 인민의 생명과 자유 및 자산에 대한 절대적인 권력을 장악하거나 그것을 다른 자들에게 넘겨줌으로써 사회의 기본적인 규칙을 침해한다면, 신탁을 위반한 것이므로 인민이 그 반대의 목적을 위해 그들에게 맡긴 권력을 잃는다. 인민은 그 권력을 회수하며, 원래의 자유를 회복할 권리와 새 입법부를 설립함으로써 그들이 사회에 가입한 목적인 안전과 안보를 강구할 권리를 가지게 된다. 내가 여기서 입법부에 관해 말한 것은 일반적으로 최고 행정권자_王에게도 적용된다.

입법부가 변질되거나 입법자들이 임명된 목적과 반대로 행동한다면 반역죄를 범한 것이다. 무력으로 사회에서 확립된 입법부와 신탁에 근거해 제정된 법률을 제거하려는 자는 심판권, 즉 그들 상호 간에 전쟁 상태가 일어나는 것을 막고 모든 분쟁을 평화적으로 해결하기 위해 모든 사람이 동의한 권한을 빼앗는 셈이기 때문이다. 입법부를 제거하거나 변질시키는 자는 인민의 임명과 동의 없이는 어느 누구도 가질 수 없는 재결권을 빼앗는 것이다.

정부의 목적은 인민의 복지다. 그렇다면 인민이 항상 제한이 없는 폭군의 의지에 신음하는 것과 통치자가 권력을 멋대로 행사하고 인민의 재산 보존이 아니라 파괴를 위해 사용할 때 저항을 하는 것 중 어느 것이 인류에게 최선인가?

누구든 정당한 권리 없이 무력을 사용하는 자는 법의 근거 없이 무력을 행사하는 사회의 모든 성원과 마찬가지로, 무력을 사용하는 상대방과의 전쟁 상태를 일으킨다. 그 상태에서 이전의 모든 유대는 취소되고, 모든 권리가 중지되며, 모든 사람은 스스로를 방어하고 침략자에게 저항할 권리가 있다. 따라서 인민이 저항할 수 있는 경우가 있으며, 군주에 대한 모든 저항이 반란이 아니라는 점은 명백하다.(19장)

여기에서 로크는 시민혁명을 정당화하고 있습니다. 왕이 인민을 억압하고 자유를 빼앗으려 할 때 여기에 저항하고 왕을 몰아내는 것은 반란이 아니라는 것입니다. 애초에 주권은 인민에게 있기 때문에 이때 반란을 일으킨 것은 오히려 왕이며, 정당한 주권자인 인민이 폭군을 토벌하는 것이 된다는 것입니다. 이것이 로크의 유명한 폭군 토벌론인데, 특히 미국 독립선언문에 이 폭군 토벌론이 잘 반영되어 있습니다.

1. 이 글을 읽고 여기에 나타난 입법권과 행정권의 관계에 대해 정리해 보세요.

2. 그림의 번호 순서대로 정부의 생성과 해체 및 재탄생의 과정을 설명해 보세요.

①자연 상태 ⟶ ③계약 ⟶ ④국가(주권, 정부)의 구성 ⟶ ⑤정부의 폐지

②자연권

3. 인민의 저항권은 어떻게 정당화될 수 있는지 로크의 입장에서 서술해 보세요.

정치권력은 법률을 제정하고, 법률의 집행과 공공의 국가를 외적의 침입으로부터 방어하기 위해 공동체의 무력을 사용하는 권리이며, 이 모든 것을 오직 공공선을 위해 행사하는 권리입니다. 정치권력은 자연 상태의 사람들이 서로 계약을 맺으면서 만들어졌습니다.

자연 상태란 사람들이 자연법의 테두리 안에서 자신이 적절하다고 생각하는 바에 따라 행동을 통제하고 재산과 인신을 처분할 수 있는 완전한 자유와 평등이 이루어진 상태입니다. 전쟁 상태란 분쟁을 판결할 권위를 가진 공통의 우월한 자가 없는 상태에서 다른 사람의 인신을 해칠 의도로 힘을 사용하거나 그 의도를 드러내는 것입니다. 사람들이 사회를 만들고 자연 상태를 떠나는 가장 중요한 이유는 바로 이러한 전쟁 상태를 피하기 위해서입니다.

사람들은 자신들의 생명과 자유, 재산의 상호 보존을 위해 사회를 만들거나 가입하며, 이로써 정치사회가 만들어집니다. 정부의 목적은 사회 구성원의 안전과 평화를 위하는 것입니다. 사회의 물리력은 오직 국내에서는 그런 법의 집행을 위해, 대외적으로는 외국에 의한 침해를 막거나 바로잡고 공동체의 안보를 보장하기 위해 사용해야 합니다. 이 힘은 다른 목적을 위해 행사되어서는 안 됩니다.

사회의 안전과 평화를 지키기 위해 가장 필요한 도구와 수단은 법률입니다. 따라서 입법부는 국가의 최고 권력일 뿐만 아니라 공동체의 위임을 받은 성스럽고 변경이 불가능한 것입니다. 입법권은 일정한 목적을 위해서만 활동할 수 있는 신탁된 권력이므로 인민은 여전히 이를 없애거나 바꿀 수 있는 최고의 권력을 가지고 있습니다.

정부는 외부의 침입이나 내부에서 발생한 문제에 의해 해체됩니다. 정부가 인민의 권리를 제대로 보호하지 못하거나, 이를 보호하기는커녕 사사로운 이익을 위해 인민의 권리와 재

산을 침해하고자 하면 즉시 계약은 파기되며 권력은 인민에게 되돌아갑니다. 그러면 인민은

기존의 정부를 해체하고 자신들의 안전과 복지를 위해 가장 최선이라고 판단한 새 정부를 세

울 권리가 있습니다. 따라서 인민이 정부에 대항한다고 해서 반란이라고 부를 수는 없습니다.

4장

자발적인 사회계약으로
더 큰 자유와 평등을 얻다

루소《사회계약론》

Jean Jacques Rousseau

*Du contrat social, ou
Principes du droit politique*

《사회계약론》을 읽기 전에

장 자크 루소Jean Jacques Rousseau, 1712~1778는 1712년 스위스에서 시계 수리공의 아들로 태어났습니다. 1724년부터 법원 서기가 되기 위해 직업 교육을 받았지만, 1728년 제네바가 그를 거부하였기 때문에 이탈리아 토리노로 가서 드 베르셀리 부인의 시종과 구봉 백작의 서기를 겸직하였고, 바랑 부인의 후원으로 신학교에 들어갔습니다. 그러나 곧 신학 공부를 포기하고 르 메트르의 지도 아래 음악을 공부합니다. 1730년 로잔으로 이주하여 악사 생활을 하였고, 1732년부터 1740년까지 바랑 부인 곁에 살면서 음악에 몰두하고, 많은 책을 읽으며 여러 면에 걸쳐 교양을 쌓았습니다.

이후 그는 여러 귀족 부인과 사귀고, 바쇠르라는 하녀와 결혼하고서는 그녀가 낳은 아이들을 고아원에 맡기는 등 다소 복잡하고 이해하기 어려운 사생활을 보이다가 1749년 디드로의 권유로 프랑스 아카데미의 학술 공모전에 원고를 제출하여 입상함으로써 전환기를 맞이합니다. 이후 디드로와 달랑베르의 《백과전서》 편찬에 참여해 음악 부문을 쓰고, 다음 해에 《과학과 예술론》을 출판합니다.

계몽사상가이자 반계몽사상가로서 논쟁의 한복판에 서다

1755년에는 그를 논쟁의 한복판에 서게 한 《인간 불평등 기원론》을 발표함으로써 그때까지 유대를 맺고 있던 계몽사상가들과 논쟁적인 관계가 됩니다. 그는 절대왕정론자들은 물론 계몽사상가들과도 내내 불편한 관계였는데, 그나마 가까운 사이였던 디드로와도 1757년 이후 절교합니다. 1762년에 발표한 《사회계약론》은 사회계약을 통한 국가 상태에서 자유와 평등의 자연권이 확정된다는 인민주권론을 개진하여 훗날 프랑스혁명에 큰 영향을 주었습니다. 또한 아직도 많은 영향을 주고 있는 교육학의 고전인 《에밀》을 발표하여 일대 선풍을 일으켰지만, 그 내용이 반종교적이라는 이유로 파리에서 유죄를 선고받고 체포령이 내려졌습니다. 1766년 프랑스를 탈출하여 영국의 유명한 철학자 흄의 도움으로 정착하려 하였으나 얼마 지나지 않아 흄과의 사이도 나빠져서 결국 1767년 프랑스로 돌아오고 맙니다. 이렇게 철저한 아웃사이더로 살았던 루소는 1777년 자전적인 저작이자 자기 성찰이 담긴 《고독한 산책자의 몽상》을 쓰기 시작하였지만 완성하지 못하고 1778년에 숨

바스티유 습격 프랑스혁명은 민주주의가 전 유럽, 나아가 세계로 확산되게 될 결정적인 사건이다. 그리고 당시 프랑스혁명의 지도자들에게 가장 큰 영향을 준 사상가가 바로 루소다. 그의 《인간 불평등의 기원》과 《사회계약론》은 프랑스혁명뿐 아니라 전 세계 시민혁명의 교과서가 되었다.

을 거두었습니다.

　루소를 유명하게 만든 첫 책은 단연 《인간 불평등 기원론》입니다. 여기에서 처음으로 루소 하면 떠오르는 '자연으로 돌아가라.'라는 그의 핵심 사상이 구체적으로 등장합니다. 루소는 그의 반문명적인 관점을 인간의 불평등화와 연결해서 설명합니다. 인간은 날 때부터 평등하지만, 사적 소유가 발생하고 여기에 근거한 여러 가지 문명이 발생하면서 불평등해지고 나약해졌다는 것입니다. 그런데 주의할 것은 이것이 '원시인이 되자.'라는 주장은 아니라는 점입니다. 루소가 비판하고 있는 문명은 궁정 예절, 각종 의례, 신분제, 교회 등과 같은 것들입니다. 루소는 이런 부자연스러운 것들을 타파하고 인간의 자연스러운 감정과 이성에 기반을 둔 사회를 꿈꾸었습니다. 루소의 또 다른 유명한 작품으로는 이 책과 거의 동시에 발표된 《에밀》이 있습니다. 여기에서도 그의 자연 회귀 사상이 잘 드러나는데, 그는 기존의 교육이 자연스럽게 태어난 어린이의 소질을 도리어 부자연스럽고 억압적인 외적 기준에 끼워 맞추는 것이라고 비판하면서, 어린이가 스스로 타고난 소질을 자연스럽게 발현하고 그 과정에서 부자연스러운 외적 영향을 받지 않도록 도와주는 소극적인 교육을 주장하였습니다.

스스로 복종할 수 있는 정당한 국가

만약 루소의 젊은 시절 저작인 《인간 불평등 기원론》을 읽었다면, 또는 《사회계약론》과 비슷한 시기에 발표된 《에밀》을 읽었다면 이 책이 다른 책들과 모순된다고 느껴질 수도 있습니다. 《인간 불평등 기원론》에서는 자연 상태에서 평화롭게 살던 인간이 사회계약을 맺고 정치 상태가 되면서 쇠사슬에 매이고 불평등해진 것으로 묘사하고 있습니다. 《에밀》에서도 되도록 어린이가 사회나 문화의 영향을 덜 받도록 가르쳐야 한다고 주장하고 있습니다. 루소가 바라보는 근대 문명사회는 기본적으로 타락하였으며, 자연스럽고 소박한 힘과 미덕, 그리고 자유와 평등이 사라져가는 세상입니다. 그런데 현재의 타락한 세상에 대한 해법으로 '사회계약'을 제시한다는 것은 역설적으로 보이기 때문입니다.

　이를 제대로 이해하기 위해서는 루소가 살았던 시대를 살펴볼 필요가 있습니다. 18세기 유럽은 근대화가 본격적인 궤도에 오른 시대로, 각종 근대 산업화의 부작용이 나타나기 시작할 무렵입니다. 물론 그 부작용은 미미하였지만 루소의 예민한 눈에는 결코 그렇지 않았습니다. 반면 절대왕정과 신분제 같은 각종 봉건적 잔재도 여전히 남아서 사람들에게 고통을 주고 있었습니다. 따라서 근대 문명을 비판하자면 시민과 대립한 왕정과 봉건제의 편에 서게 되고, 왕정과 봉건제를 비판하자면 근대산업에 기반을 둔 시민의 편에 서야 하였는데, 이는 기본적으로 '자연으로 돌아가라.'고 외친 루소에게 매우 당혹스러운 상황이었습니다.

여기에서 루소가 생각한 탈출구는 자연 상태가 가장 바람직하기는 하지만 현실적으로 가능한 상태가 아니므로 하나의 기준이나 전범으로 삼아야 하며, 국가 상태는 피할 수 없다는 것입니다. 국가 상태가 인간의 자연적인 자유를 어느 정도 억압하는 것은 어쩔 수 없는 사실이지만, 그 억압이 정당한 경우와 그렇지 않은 경우는 구별할 수 있다는 것입니다. 이리하여 루소는 국가를 해체하고 원시인처럼 살자는 주장 대신 부자연스럽고 정당하지 못한 국가를 해체하고 정당하고 스스로 복종할 만한 국가로 대체하자는 주장을 내세울 수 있게 되었습니다.

루소는 매우 많은 글을 남긴 복잡한 사상가입니다. 그는 자연으로 돌아가자고 외쳤던 최초의 근대 비판자로 불리지만 계몽주의자로도 불립니다. 또 자유주의자인 칸트와 극도의 공동체주의자인 헤겔이 모두 그의 사상에서 큰 영향을 받았다고 자처하였습니다. 따라서 이 책 《사회계약론》의 일부만 읽어서는 그의 사상을 제대로 이해하기가 어렵습니다. 우선 이 책의 기반이 되는 생각이 처음으로 펼쳐진 《인간 불평등 기원론》부터 살펴보고, 그 책에서 무엇이 계승되었고 무엇이 바뀌었는지 따져 보아야 합니다. 루소는 이렇게 자유와 평등, 권리와 공동체가 서로 모순적 위치에 있음을 감지하였던 최초의 근대 정치사상가임을 염두에 둡시다. 루소는 시민혁명 이후의 세계가 결코 낙원이 아닐 것이며, 새로운 모순에 둘러싸일 것임을 예감하게 하면서 19세기 정치사상의 화두를 던져 둡니다.

※ 〈사회계약론〉 발췌 부분

01 날 때부터 자유로운 인간은 왜 스스로를 제약하는가?   1권 1~7장

02 사회 상태에서 개인의 삶은 어떠한 모습일까?   1권 8장
2권 1~4장, 6장, 7장, 11장

03 현실적으로 가능한 정치 공동체는 어떠한 모습일까?   3권 1장, 11장, 15장, 18장

O1 | 날 때부터 자유로운 인간은 왜 스스로를 제약하는가?

 루소는 역사적으로 가장 유명한 역설 하나를 던지면서 이 책을 시작합니다. 인간은 날 때부터 자유로운데, 자유의지에 의해 사회^{공동체}라는 굴레를 스스로 만들어서 거기에 복종한다는 것입니다. 대체 무엇 때문에, 어떤 과정을 통해 이렇게 되는 것일까요?

사회라는 약속

인간은 자유롭게 태어났지만 곳곳에서 사슬에 묶여 있다. 다른 사람의 주인을 자처하는 자도 사실은 그들보다 더한 노예다. 어떻게 이런 변화가 생겼는지는 나도 모른다. 하지만 나는 이것이 어떻게 정당화되는가 하는 문제는 해결할 수 있다고 생각한다.

만약 힘과 힘에서 비롯되는 결과만 고려한다면 "인민이 복종을 강요당하며 또 복종하고 있다면 잘되고 있는 일이다. 그런데 인민이 그 멍에를 뿌리칠 능력이 있고 그것을 뿌리친다면 더 잘된 일이다. 이는 인민이 자유를 빼앗아 간 자의 권리와 똑같은 권리로써 자유를 되찾는 것이기 때문에, 인민이 자유를 되찾는 것이 정당하지 않다면 애초에 인민의 자유를 빼앗는 것도 정당하지 않아야 하기 때문이다."라고 말해야 할 것이다.

사회적 질서란 다른 모든 권리의 근본이 되는 신성한 권리다. 하지만 이 권리는 자연에서 생기는 것이 아니다. 그것은 약속에 근거하는 것이다. 그렇다면 문제는 이러한 약속이 무엇인지 아는 것이다.(1권 1장)

 이 첫 번째 문장은 의미심장합니다. 그런데 주의해야 할 것은 루소가 여기서 자유롭게 태어난 인간이 쇠사슬에 묶여 있는 현실을 개탄하고 있는 게 아니라는 점입니다. 여기에서의 쇠사슬은 사실 '인간은 사회적 동물'이라는 말과 동의어입니다. 인간은 자유롭게 태어나지만 어떤 형태의 사회든 사회 구성원이 되는 한 그의 자연적인 자유를 모두 발휘할 수 없음은 분명합니다. 어떤 사회든 일정한 제약이 있을 수밖에 없고, 사회질서가 강제될 수 있기 때문입니다. 사회가 왜 생겼느냐는 알 수 없지만 사회가 개인의 자유를 제약할 수 있는 정당성이 무엇인지는 따져 볼 수 있다는 것, 그리고 그것은 사회 구성원들의 약속이라는 것이 바로 루소의 생각입니다. 즉, 인간은 자기가 매이기로 약속한 쇠사슬에 매인다는 것입니다.

| 최초의 사회 |

가족은 모든 사회 중 가장 오래되었으며 유일한 자연적 사회다. 그런데도 가족에서 부모와 자식 간의 자연적인 유대는 자식의 생존에 부모가 필요한 기간에 한정된다. 이 필요성이 사라지면 자연적인 유대는 즉시 사라진다. 자식은 부모에 대한 복종의 의무에서, 부모는 자식에 대한 부양의 의무에서 해방되어 서로 평등하게 독립적이 된다. 만약 그들이 계속 함께 산다면 자연적이라기보다는 의도적인 것이며, 이때부터는 가족도 약속에 의해서만 유지된다.

이 공통의 자유는 인간의 본성에서 비롯되었다. 인간의 첫 번째 규칙은 자기 보존을 꾀하는 것이며, 그 첫 번째 배려는 자신에 대한 염려다. 인간은 분별력이

생기는 나이가 되면 자기 보존의 정당한 방법을 선택할 유일한 판단자, 즉 자신의 주인이 된다.(1권 2장)

가장 강한 자의 권리

가장 강한 자라도 자신의 힘을 권리로, 타인의 복종을 의무로 바꾸어 놓지 않으면 언제나 주인 노릇을 보장받을 만큼 압도적인 강자는 아니다. 여기에서 가장 강한 자의 권리라는 것이 나온다. 하지만 이 말을 대체 어떻게 설명해야 하는가? 힘이란 단지 하나의 물리적 강제력일 뿐인데, 그것이 어떻게 도덕적인 결과를 만들어 낼 수 있을지 의문이다. 힘에 굴복하는 것은 어쩔 수 없어서이지 스스로의 의지가 아니다. 그것은 기껏해야 신중한 행위일 뿐이다. 그런데 어떻게 복종이 의무로 바뀔 수 있겠는가?

그래도 이것을 권리라고 가정이나 해 보자. 그렇다면 거기에서 나오는 결과는 헛소리에 불과하다고 말할 수 있게 된다. 강한 힘이 권리의 원천이라고 말하게 되면 결과가 원인인 동시에 바뀐다는 말을 하는 꼴이다. 만약 누군가 그 힘을 누를 수 있는 더 강한 힘을 가지게 된다면 권리도 함께 물려받게 되기 때문이다. 그렇다면 사람들의 불복종도 불법이 아니다. 가장 강한 자가 언제나 정당한 자가 되는 이상 각자 자신이 가장 강한 자가 되고자 노력할 뿐이다.

그런데 힘이 없으면 사라지는 그따위 권리란 대체 무엇이란 말인가? 만일 힘때문에 복종해야 한다면 의무 때문에 복종할 필요는 없다. 그러니 여기서 권리란 말은 다만 힘을 뜻할 뿐이다. 그렇다면 '권력자에게 복종하라.'는 말은 아무 가치가 없다. 만일 이것이 힘에 굴복하라는 뜻이라면 이 교훈은 맞는 말이긴 해도 쓸모가 없다. 어차피 여기서 어긋나는 일은 결코 일어나지 않을 것이기 때문이다. 만일 네가 숲에서 강도를 만난다면 그의 힘 때문에 지갑을 내주어야 할 것이다. 그렇다고 지갑을 내줄 의무가 있는 것일까? 힘은 권력을 낳지 않는다는 것, 그리고 사람은 정당한 권력 이외에는 따를 의무가 없다는 것을 인정하자.(1권 3장)

여기서 권력과 권리라는 두 용어를 구별할 필요가 있습니다. 권력은 문자 그대로 상대방에게 나의 뜻을 관철할 힘입니다. 그런데 권리는 힘이 아니라 도덕이나 윤리적인 이유로 내가 가지는 권능입니다. 즉, 다른 사람을 힘으로 복종시키는 것이 아니라 다른 사람에게 어떤 의무를 부과할 수 있는 것이 권리입니다. 따라서 권리는 도덕적인 권능입니다.

노예제도

누구도 자연적으로 다른 사람을 지배할 힘을 가지지 않는다. 또 힘이 어떤 권리도 낳지 않는 이상 인간 사이의 모든 정당한 권위가 나오는 기초는 약속밖에 없다.

그로티우스는 한 개인이 자기 자유를 양도해서 주인의 노예가 될 수 있다면 인민 전체가 그들의 자유를 양도해서 국왕의 백성이 되지 못할 이유가 무엇이냐고 말하였다. 여기에는 설명이 필요한 모호한 표현들이 많다. 양도라는 말부터 살펴보자.

양도란 주거나 판다는 뜻이다. 그러니 남의 노예가 된다는 것은 자신을 내주거나 몸을 판다는 뜻이다. 즉, 생계를 위해 몸을 파는 것이다. 하지만 인민이 자신을 팔 까닭이 있을까? 왕은 자신의 생계를 위해 인민을 착취하는 존재다. 그렇다면 인민은 자기 소유를 내준다는 조건으로 몸을 판단 말인가?

왕이 인민에게 사회적 평화를 확보해 준다고 말하는 사람도 있다. 그렇다면 만약 왕의 야심 때문에 일어난 전쟁이, 왕의 끝없는 탐욕과 신하들의 가렴주구가 인민 간의 분쟁보다도 더욱 그들을 괴롭힌다면 이 평화가 대체 무슨 이득을 준단 말인가? 도리어 이 평화가 인민의 비참함 중 하나라면 그들은 대체 무슨 득을 본단 말인가? 감옥 안에도 평화는 있을 수 있다. 키클롭스의 동굴에 갇힌 그리스인들도 잡아먹힐 차례가 올 때까지는 평화로웠다.

그로티우스는 홉스, 로크, 루소가 모두 근거하고 있는 자연법사상의 주창자입니다. 다만 그로티우스는 자연법을 철저하게 절대군주의 권력을 정당화하는 데 사용해서 루소의 비판을 많이 받게 됩니다.

또한 키클롭스는 호메로스의 《오디세이아》에 나오는 괴물입니다. 오디세우스와 그 일행은 키클롭스의 동굴에 갇혀서 하루에 한 명씩 잡아먹힐 순서만 기다리는 처지가 되었습니다. 하루에 한 번씩 키클롭스가 나타나지 않는 시간 동안에는 별일이 없었고요.

사람이 자기 몸을 거저 준다는 것은 너무도 터무니가 없어 상상도 못할 일이다. 만약 그런 말을 인민 전체를 대상으로 한다면 이는 인민들을 미치광이로 보는 것이다. 설사 자신을 남에게 양도할 수 있다고 치자. 그렇다고 자식들까지 양도할 수는 없다. 자식들은 인간으로, 그리고 자유인으로 태어난다. 그들의 자유는 그들의 것이므로 그들 이외의 누구에게도 그것을 마음대로 처분할 권리가 없다. 그러므로 하나의 전제 정부가 정당하려면 한 세대가 지날 때마다 인민이 자주적으로 그것을 인정하거나 거부할 수 있어야 한다. 하지만 그런 정부는 이미 전제 정부가 아니다.

개인이 자유를 포기하는 것은 인간의 자격, 인류의 권리, 심지어는 인류의 의무를 포기하는 것이다. 모든 것을 포기한 사람은 어떤 주체성도 가질 수 없다. 이건 인간의 본성과도 배치되는 일이다. 인간의 의지로부터 모든 자유를 박탈하는 것은 인간의 행동으로부터 모든 도덕성을 빼앗는 것이다. 한쪽에는 절대적 권위를, 다른 쪽에는 무제한의 복종을 부과하는 약속은 허황되고 모순된 것이다. 만약 어떤 사람의 모든 것을 요구할 권리를 가지고 있다면, 그 사람에게 아무런 책임도 지지 않아도 되는 것은 분명하지 않은가? 더구나 아무런 보상도 교환도 없는 이런 일방적인 조건만으로도 그 약속은 무효가 아닐까?

내 노예가 나한테 무슨 권리를 가지겠는가? 어차피 그의 모든 것이 내 것이고, 그의 모든 권리가 내 권리니 그건 아무 의미 없는 것이다.

그로디우스 등은 노예권이라고 부르는 것의 또 하나의 기원을 전쟁에서 찾는다. 그들에 따르면, 승자는 패자를 죽일 권리를 가지고 있고, 패자는 자유를 대가로 생명을 다시 살 수 있으니, 양쪽이 모두 이득이 되는 정당한 약속이라는 것이다.

그러나 전쟁 상태에서 패자를 죽일 수 있는 권리가 나오는 것은 결코 아님은 분명하다. 사람들은 원시적인 독립을 유지하고 사는 동안에는 평화 상태나 전쟁 상태를 만들 만큼의 지속적인 관계를 갖지 않았기 때문에 자연 상태에서는 적이 될 수 없다. 전쟁은 사람과 사람의 관계가 아니라 국가와 국가의 관계에서 일어나며, 그 속에서 개인은 사람으로서도 시민으로서도 아닌 그저 병사로서 우연히 적이 된다. 조국의 구성원이 아니라 수호자로서 말이다.

즉, 국가가 적으로 삼을 수 있는 것은 다른 국가들뿐이지 사람들이 아니다. 서로 성질이 다른 것들 사이에서는 어떤 참된 관계도 성립될 수 없다. 전쟁의 목적은 적국의 격파이므로 그 수호자가 무기를 쥐고 있는 동안에는 그를 죽일 권리가 있다. 그러나 무기를 버리고 항복하는 순간 그는 적국의 수호자가 아니라 단순한 인간으로 돌아간 것이므로 그의 생명을 빼앗을 권리도 사라진다. 따라서 전쟁은 목적 달성에 필요한 권리 외에는 아무것도 주지 않는다. 정복의 권리는 가장 강한 자의 법칙 외에는 아무런 근거도 가지고 있지 않다. 승전국에게 패전국 국민을 도살할 권리를 주는 것이 아니라면, 정복의 권리가 패전국 국민을 노예로 만들 권리의 근거가 될 수 없다. 따라서 승자는 패자에게 오직 힘이라는 권위만 얻었을 뿐이며, 이는 전쟁 상태가 계속되고 있다는 뜻이다. 전쟁이 권리를 행사하고 있는 한 그 어떤 평화조약도 이루어졌다고 볼 수 없다.(1권 4장)

루소는 자유롭게 태어난 인간이 사회적 제약에 복종하는 것을 정당화한 기존의 논리들을 비판적으로 검토하고, 기존의 논리들을 통해 정당화되었던 절대군주에 대한 복종을 거부합니다. 기존 논리들의 공통점은 어떤 사람이나 집단에 대한 복종을 정당화하는 자연적인 권리가 있다는 주장입니다. 예를 들면 아버지에게 아들이 복종하는 것, 강자에게 약자가 복종하는 것, 혹은 날 때부터 천한 자가 자유민에게 복종하는 것이 자연적이듯이 자연적인 군주의 권리가 있다는 것입니다. 그러나 루소는 이러한 권리들도 사실은 약속에 기반을 두지 않는다면 정당화될 수 없으며, 군주의 권력도 인민의 약속에 의해서만 정당화된다고 주장합니다. 군주에 대한 복종은 그 대가로 자신의 모든 것을 빼앗기기로 하는 불합리한 약속이며, 따라서 절대왕정은 정당화될 수 없다는 것입니다. 즉, 정당화할 수 없는 사슬이 되는 것입니다.

항상 최초의 약속으로 돌아가야 한다

각각 흩어진 사람들이 차례차례 노예가 된다면, 그 수가 아무리 많더라도 그것은 주인과 노예의 관계이지 절대 인민과 지도자의 관계가 아니다. 그것은 단지 집합일 뿐 결합이 아니다. 거기에는 국가도 정치체제도 없다.

주인은 설사 인류의 절반을 노예로 삼는다 할지라도 한 사람의 개인에 지나지 않으며, 그의 이익도 다른 사람들과 분리되어 있으므로 사사로운 이익일 뿐이다. 그의 죽음과 함께 제국은 흩어져서 아무런 연결도 남지 않을 것이다.

그로티우스는 인민이 자신을 왕에게 줄 수 있다고 말한다. 그런데 자신을 왕에게 주기 전에 먼저 인민이 있어야 한다. 이 증여 행위는 이미 공공의 의결을 전제로 하고 있기 때문에 이 결의에 의해 인민이 왕을 선택하는 행위보다 먼저 인민이 인민으로 되는 행위를 살펴보아야 한다. 이 행위는 반드시 왕의 선택보다 앞서 이루어지며 참된 사회의 기초이기 때문이다. 만약 미리 약속이 되어 있지 않다면, 선거 결과가 만장일치가 아닌 이상 소수자가 다수자를 따라야 한다는 의무가 어떻게 나올 수 있겠는가? 주인을 갖기 원하는 100명이 그걸 원하지 않는 열 명을 대신하여 결정할 권리가 대체 어디서 오겠는가? 다수결 법칙은 그 자체가 약속으로 확립된 것이며, 적어도 한 번은 만장일치가 있었다는 것을 전제로 한다.(1권 5장)

 그로티우스는 절대군주를 정당화할 자연적인 근거 대신 인민이 보호를 대가로 군주에게 자신을 내준 것이라고 주장하였습니다. 하지만 루소는 이것도 철저히 거부합니다. 인민이 자신을 내주려면 먼저 개개인들이 뭉쳐서 인민이 성립되어야 하며, 이 연합과 결합은 개개인들이 하나의 사회를 이루기로 한 약속을 전제하기 때문입니다. 따라서 사회의 기초는 군주에게 있는 것이 아니라 자연적인 개개인들이 하나의 인민이 되기로 결의한 사회계약에 있다는 결론이 나오는 것입니다. 이 사회에서 다수결에 의해 군주를 인정해야 그때부터 군주권이 발동되는 것입니다.

| 사회계약 |

사람이 각자 자연 상태에 머무르기 위해 쓸 수 있는 힘보다 그의 생존을 방해하는 장애물의 힘이 더 커질 지경이 되면 자연 상태는 더 지속되지 못하며, 인류는 생존 양식을 바꾸지 않으면 멸망하고 말 것이다. 그런데 인간은 새로운 힘을 생산할 수 없고, 다만 가지고 있는 힘을 결합하고 통제할 수 있을 뿐이다. 따라서 인간은 스스로 생존을 위해 힘들을 하나로 모아 그 방해물의 힘을 이길 수 있는 단결된 힘을 만들어야 하며, 그것을 단 하나의 원동력에 따라 함께 움직이게 해야 한다.

결합된 힘은 많은 사람의 협력으로만 생길 수 있다. 그런데 각자가 가진 힘과 자유는 가장 중요한 생존 수단이다. 그렇다면 사람들은 어떻게 손해 보지 않고 자기 배려도 소홀하지 않으면서 각자의 그것들을 구속시킬 수 있을까? 이 난제를 내 주제와 관련지어 다음과 같은 말로 표현할 수 있다.

"개인 각자의 소유를 공동으로 방어하고 보호하는 하나의 결합 형태를 발견하고, 이 결합 형태를 통해 전체에 결합하면서도 자신에게만 복종하고, 전과 같이 자유로울 것."

이것이 바로 '사회계약'이 해결해야 하는 근본적 문제다.

이 계약의 조항들은 행위의 성질에 따라서 매우 분명하게 규정되어 있기 때문에 약간만 고쳐도 효력을 잃는다. 그 조항들은 정식으로 명문화된 적은 없다 할지라도 어디서나 동일하며 묵인되어 온 것들이다.

이 조항들을 명확히 파악하면 결국 단 하나의 조항, 즉 각 구성원은 모두 자신과 그의 권리를 공동체에 전적으로 양도한다는 결말에 이르게 된다. 모두가 자신을 전적으로 내주면 모두의 조건이 평등해지며, 모두의 조건이 평등하다면 누구도 타인의 조건을 더 무겁게 하는 일에 관심을 갖지 않는다.

더구나 이 양도가 전면적으로 이루어진다면 결합은 최대한으로 완전해지며, 어느 구성원도 더 요구할 것이 없게 된다. 만약 개인에게 약간의 권리라도 남아 있다면 개인과 공중에 대해 판결을 내릴 수 있는 공통의 상급자가 있을 수 없으며, 모든 개인은 어떤 점에서는 자신의 재판관이므로, 곧 모든 일에서 자신의 재판관이 되고자 할 것이다. 이렇게 되면 자연 상태의 존속이며, 결합은 반드시 전제적이거나 헛일이 될 것이다.

결국 개인들 각자는 공동체 전체에 자신을 주는 것이지, 어느 개인에게 주는 것이 아니다. 그리고 자기가 양도하는 것과 같은 권리를 다른 사람들에게서 받게 되므로, 사람들은 자신이 잃는 것과 같은 가치를 손에 넣고, 또 자신이 소유한 것을 보존하기 위해 좀 더 많은 힘을 키울 수 있다.

사회계약에서 부수적인 것들을 빼고 나면 다음과 같은 말로 요약된다.

"우리는 모두 각자의 신체와 힘을 공동의 것으로 삼아 일반의지의 지도 아래 두며, 우리는 구성원 하나하나를 전체와 분리할 수 없는 부분으로서 받아들인다."

이 결합 행위는 즉각 각 계약자 개개인들을 대신하는 하나의 정신적이고 집합적인 단체를 만들어 낸다. 이 단체는 집회에서 투표하는 사람과 같은 수의 구성원으로 이루어진다. 또 이 단체는 이러한 행위를 통해 통일된 공동체의 정체성과 생명, 의지를 부여받는다.

모든 사람의 결합으로 형성되는 이 공적인 인격은 옛날에는 '도시국가'라고 불렸으나 지금은 '공화국' 또는 '정치체'라고 불린다. 이 정치체는 수동적으로는 '국가'로, 능동적으로는 '주권자'라 불리며, 다른 정치체와 비교될 때는 '나라'라 불린다. 구성원의 경우 집합적으로는 '인민'이라 불리고, 개별적으로는 주권에 참여한다는 의미에서 '시민'이라 불리며, 국가의 법률에 복종할 때는 '신민'이라고 불린다.(1권 6장)

루소는 앞에서 오직 사회계약으로 이루어진 공동체를 통해서만 인민이 성립되며, 그 이후 모든 통치자의 권리 등이 나온다고 말하였습니다. 그렇다면 개인은 왜 자연 상태의 권리들에 대한 제약을 감수하면서까지 사회를 구성하는 것일까요? 루소는 자연 상태로는 생존하기 어려울 정도의 장애물이 발생하였기 때문이라고 답합니다. 인간은 자연석으로 타고난 힘보다 더 강한 집합적인 힘을 발휘할 수 있습니다. 인간이 단결하였을 때, 또 그 단결이 단순한 무리가 아니라 체계를 갖춘 사회를 이루었을 때 발휘하는 힘은 거기 참가한 사람들의 단순한 합을 뛰어넘는 것입니다. 그리하여 사람은 혼자서는 엄두도 내지 못하였던 장애물을 극복할 수 있는 것입니다. 여기서 우리는 루소가 현대 사회학, 특히 뒤르켐의 학설에 큰 영향을 주었음을 확인할 수 있습니다.

개인들이 공동체를 만들어 그 부분이 되면서도 이전과 마찬가지로 자유로워야 한다는 요구는 역설입니다. 이 역설을 해결할 수 있는 사회계약의 조건을 찾는 것이 루소의 목표입니다. 그런데 이 역설의 해법 또한 아주 역설적입니다. 개개인이 자신의 모든 권리를 공동체에 양도하고, 이 공동체에 완전히 복종하기로 합의한다고 말하고 있는 것입니다. 그렇다면 이게 홉스의 리바이어던과 뭐가 다를까요?

여기서 루소와 선배 사상가들의 차이가 나타나는데, 홉스나 로크는 개인이 자신의 권리를 특정한 사람군주 혹은 집단입법부에게 양도 혹은 위임한다고 봅니다. 그런데 루소는 개인이 자신의 권리를 어떤 사람에게 내주는 것이 아니라 공동체 그 자체에 내주는 것이라고 봅니다. 이렇게 모든 권리를 받은 '공동체 그 자체'는 군주나 입법부처럼 실제 현실에 존재하는 것이 아니라 구성원들의 정신, 마음에 공유되고 있는 것입니다. 이 공동체는 구성원들이 자신들이 같은 공동체의 구성원이라고 생각하고 있는 한 모든 권리를 가지게 됩니다. 그런데 이 공동체는 구성원의 마음에 공유되고 있는 것이기 때문에 이 공동체에 복종한다는 것은 자기 마음에 복종한다는 의미가 됩니다. 이 마음을 일반의지라고 부릅니다.

따라서 일반의지가 생성되려면 사회 구성원들의 만장일치, 즉 일반의지에 복종하겠다는 만장일치가 필요합니다. 일단 만장일치로 사회가 구성되면 그다음부터 그 사회의 일반의지는 다수의 의견으로 나타납니다. 다수결에 복종하는 것은 일반의지에 복종하는 것이며, 이는 일반의지에 복종하기로 결의한 자기 자신에게 복종하는 것이기도 합니다. 이렇게 함으로써 루소는 개인이 사회를 이루어서 자신의 권리를 제약받으면서 동시에 자유로울 수 있는 문제, 지배하면서 복종하는 역설을 해결할 수 있게 되었습니다.

| 주권자 |

결합 행위는 공동체와 개개인 사이의 상호 약속을 포함하며, 개인들은 자기 자신과 계약하는 것이기 때문에 주권자의 일원으로서는 개개인들에 대해, 그리고 국가의 일원으로서는 주권자에 대해 이중으로 약속하고 있다. 그런데 여기서는 자신과 맺은 약속에는 구애받지 않는다는 민법의 원칙을 적용할 수 없다. 자기 자신에 대해 의무를 진다는 것과 자기가 그 일부분인 전체에 대해 책임을 진다는 것은 상당히 다르기 때문이다.

이 부분은 좀 까다롭습니다. 자기가 자기와 한 약속은 사실상 법적으로는 아무 의미가 없습니다. 지키거나 말거나 각자 소관이니까요. 그러므로 이 사회계약도 하나 마나가 되지 않으려면 자기가 자기와 한 약속이지만 동시에 그렇지 않아야 합니다. 이 역설을 루소는 각각의 사회 구성원이 가진 신민의 지위와 주권자의 지위라는 이중적인 지위로 해결합니다. 즉, 신민인 내가 주권자인 나와 약속하는 것입니다. 따라서 이 약속은 나와 한 것이지만 나는 나를 포함한 전체 사회의 주권자 중 하나인 것입니다. 바로 여기에서 사회계약의 효력이 발생합니다. 사회계약은 전체 사회와 약속한 것으로서 의무를 발생시키지만, 동시에 나 역시 그 사회의 주권자 중 하나인 것입니다.

그런데 여기서 주의하자. 개별적인 시민 각자는 앞의 두 가지 다른 관계로 고찰되고, 공공의 의결사회계약이 그 관계를 기반으로 모든 신민에게 주권자에 대한 의무를 지우지만, 그 반대의 이유로 주권자가 주권자 자신에 대한 의무를 지울 수 없고, 따라서 주권자가 어길 수 없는 법률을 자기 자신에게 스스로 부과한다는 것은 정체의 본성에 어긋난다는 것이다.

주권자는 단 하나의 관계에 의해서만 자신을 생각할 수 있으므로, 주권자가 자기 자신과 계약하는 경우는 자기 자신과 계약하는 개인의 경우와 같게 된다. 그러므로 헌법이나 사회계약이라 하더라도 전체 인민이라는 단체에게 의무를 부과할 수 없다.

일단 다수자가 이렇게 하나의 단체로 결합하면 이 단체를 공격하지 않고서는 단체의 단 한 사람도 해칠 수 없으며, 단체의 구성원이 고통을 느끼는 일 없이 그 단체를 해칠 수 없다. 이렇게 의무와 이익은 계약자 쌍방에게 평등한 상호 협조를 요구한다. 그리고 그들은 이 이중 관계에서 생기는 일체의 편익을 결집하려고 노력해야 한다.

 신민인 내가 주권자인 나와 약속을 하고 의무를 지게 되는 것은 설명할 수 있지만, 그 반대의 설명은 곤란합니다. 나는 신민이지만 동시에 주권자이기 때문에 주권자로서 주권자와 약속하는 것이기도 합니다. 이렇게 될 경우에는 앞에서 본 자기와의 약속이 되어 사회계약은 하나 마나 한 것이 됩니다. 이런 일이 일어나지 않으려면 의무를 지우는 쪽은 반드시 전체 인민이지만 의무를 받는 쪽은 전체 인민 중 규정된 일부가 되어야 합니다.

그런데 주권자는 그것을 구성하는 개인들에 의해서만 성립되므로, 그들의 이익에 반하는 어떤 이익도 갖지 않으며, 그럴 수도 없다. 그러므로 주권자의 권력은 신민에게 어떤 보장도 할 필요가 없다. 정치체제 자체가 구성원에게 해를 끼치는 일을 바라지 않기 때문이다. 그러나 주권자에 대한 신민의 경우는 사정이 다르다. 그때는 주권자가 신민의 충성을 확보할 방법을 찾지 않는 한, 신민은 설사 약속을 지키는 것이 공공의 이익이 될지라도 그렇게 하겠다고 주권자에게 보장하지 않는다.

개개인은 인간으로서 하나의 특수의지를 갖는다. 그것은 그가 시민으로서 가지고 있는 일반의지와 상반되거나 다른 성질의 것이다. 즉, 개인의 특수 이익이 공동 이익과 다른 방식으로 개인을 충동질할 수 있다. 그의 절대적이고 당연한 독립성은 그로 하여금 공공에 대한 의무는 무상의 기부이며, 그것을 감당하지 않음으로써 타인이 입는 손실은 그것을 감당하느라 자신이 지는 부담에 비해 별것 아니라는 생각을 가지도록 부추긴다. 그리고 국가를 구성하는 정신적 인격은 인간이 아니라 다만 지적 구상물일 뿐이라고 생각해서 신민의 의무는 수행하지 않고 시민의 권리만 즐기려 할 것이다. 이러한 부정이 발전되면 결국 정치체의 파멸을 부를 것이다.

따라서 사회계약이 헛된 문구가 되지 않으려면 일반의지에 복종하는 것을 거부하는 사람은 전체 공동체가 복종을 강제한다는 약속을 암묵적으로 포함해야 한다. 이 약속만이 다른 약속에 대해 효력을 발휘할 수 있다.

이것은 시민들에게 자유를 강요한다는 뜻이다. 이것은 시민 각자를 조국에 내줌으로써 모든 개인적 종속에서 보호한다는 조건이며, 정치기관의 장치와 운동을 가능하게 하는 조건이며, 시민의 약속을 합법화하는 조건이다. 만약 이게 없다면 시민의 계약은 불합리하고 압제적인 것이 되어, 가장 무서운 남용으로 전락하기 쉽다.(1권 7장)

앞에서 무에서는 아무것도 나오지 않는다고 한 말을 기억합시다. 일반의지는 결국 그 공동체를 이루는 개개인들의 의지입니다. 그러므로 일반의지는 개개인들의 이해관계와 상반되는 결정을 내릴 수 없습니다. 그러나 개개인들의 경우는 꼭 그렇지 않습니다. 개개인은 일반의지에 복종하는 신민이며, 일반의지의 혜택을 누리는 시민이며, 또한 자유로운 충동을 가진 인간입니다. 시민이 되려면 신민의 의무를 져야 마땅하지만, 개별 인간으로서 가지고 있는 특수의지는 이기심을 발동하여 다른 사람들이 신민으로서 행한 의무의 과실만 취하려는 충동을 일으킵니다. 만약 모든 시민이 이런 식으로 행동한다면 공동체는 파괴되고 말 것입니다. 일반의지는 개인에게 해로운 결정을 내리지 않지만, 특수의지는 공동체에 파괴적인 영향을 줄 수 있다는 이 사실에서 루소는 일반의지가 특수의지를 제한하는 것을 정당화합니다.

따라서 사회계약에는 이런 일을 막기 위해 일단 결정된 일반의지를 개인들에게 강제할 수 있도록 하는 조항이 들어가게 됩니다. 이것은 억압이며 자유의 제한으로 보일 수도 있습니다. 하지만 루소는 공동체의 구성원이 됨으로써 누릴 수 있는 더 큰 자유를 획득하는 것으로 보아야 한다고 주장합니다. 공동체 구성원이 됨으로써 여러 장애물로부터 자유로워지고, 포악한 개인의 횡포로부터 자유로워지는 것입니다. 그리고 이 자유를 누리려면 사회 구성원으로서 의무 수행이라는 제약은 감수해야 하는 것입니다.

이제 사회계약이 완료되었고, 개인들은 사회 구성원이 되었으며, 자연 상태는 사회 상태가 되었습니다. 그렇다면 루소가 앞에서 강조한 '더 큰 자유'는 어떤 것일까요?

1. 최초의 사회에서 인간은 어떤 존재입니까?

2. 노예제도에 대한 루소의 입장을 아리스토텔레스의 입장과 비교해 보세요.

3. 인간이 사회계약을 맺게 된 이유는 무엇입니까?

4. 사회계약에 의해 해결되는 근본적인 문제는 무엇입니까?

5. 사회계약을 통해 맺어진 단체와 구성원을 부르는 명칭들을 정리해 보세요.

단체의 옛날 명칭	
단체의 명칭	
구성원에 의해 수동적으로 불리는 명칭	
구성원에 의해 능동적으로 부르는 명칭	
구성원을 집합적으로 부를 때	
구성원을 개별적으로 부를 때	
구성원이 국가의 법률에 복종할 때의 명칭	

6. 일반의지와 특수의지의 차이가 무엇인지 설명해 보세요.

02 | 사회 상태에서 개인의 삶은 어떠한 모습일까?

 이제 인간들은 사회계약을 통해 사회공동체라는 굴레를 스스로에게 부과하였지만, 이는 더 큰 자유를 얻기 위해서입니다. 그렇다면 공동체에서의 삶은 어떠할까요? 혹은 어떠해야 할까요?

사회 상태

자연 상태에서 사회 상태로 옮겨 가면서 사람은 눈에 띄게 달라진다. 사람은 본능 대신 정의에 따라 행동하며 전에 없던 도덕성을 얻는다. 이때 비로소 의무가 충동을 대체하고 권리가 욕망을 대체하며, 그동안 자신만 생각하던 인간은 다른 원칙에 의거하여 행동해야 하며 욕구에 따르기 전에 이성과 의논해야 함을 깨닫는다.

이 상태에서 인간은 자연 상태에서 누리던 많은 이점을 잃어버리지만, 그 대신 얻게 되는 이득도 엄청나다. 그의 능력은 훈련을 받아 발전하고, 사상은 확대되며, 감정에는 기품이 생기고, 영혼은 고상해진다. 만약 이 새로운 상태를 남용하여 그가 빠져나온 자연 상태 이하로 몰락하지만 않는다면, 그는 편협하고 어리석은 동물에서 지성적 존재인 인간으로 바뀐 이 행복한 순간을 영원히 축복해야 할 것이다.

이 수지 타산을 몇 가지 간단한 비교로 요약해 보자. 사회계약에 의해 잃는 것은 자연적 자유이며, 마음이 끌리면서 가질 수 있는 것 모두에 대한 무제한의 권리다. 사회계약에 의해 얻는 것은 사회적 자유이며, 소유하는 것 일체에 대한 소유권이다. 이 득실을 오해하지 않으려면 개인의 힘으로만 제한할 수 있는 자연적 자유와 일반의지에 의해 제한받는 사회적 자유를, 그리고 선수 친 사람의 폭력이나 권리의 결과일 뿐인 점유와 명확한 권한 위에서만 수립될 수 있는 소유권을 구별해야 한다.

사회 상태에서 얻는 것에는 도덕적 자유도 있다. 이 도덕적 자유만이 인간을 진정한 자신의 주인으로 만든다. 단순한 욕망의 충동을 따르는 것은 노예 상태이며, 스스로 제정한 법률에 복종하는 것이 자유이기 때문이다.

모든 사회 조직의 기초로서 도움이 될 말로 마무리하자. 이 기본 계약은 자연적 평등을 파괴하는 것이 아니라 오히려 자연적으로 사람들 사이에 있을 수 있는 육체적 불평등 같은 것을 도덕적·법률적 평등으로 바꾸어 놓는 것이다. 또 사람은 체력이나 정신력에서 불평등할 수 있지만 약속이나 권리에 의해 모두 평등해진다.(1권 8장)

이 부분은 아주 명료하게 제시되고 있어서 달리 덧붙일 말이 없을 정도입니다. 여기서 루소가 일체의 권리, 정의, 도덕을 모두 사회 상태의 결과로 보고 있음에 유념하기 바랍니다. 사회계약 이전에는 다만 한 마리의 동물일 뿐이었지만, 사회계약을 이루고 사회 상태에 들어선 다음에야 사람답게 되었다는 것입니다. 따라서 사회계약으로 잃는 것은 한 마리의 야수와 같은 충동적인 자유이지만 얻는 것은 이성적 존재로서 인간성인 것입니다. 야수로서의 자유는 힘이 있는 한 원하는 것을 얻고 힘이 약하면 빼앗기지만, 사회 상태에서 인간은 힘이 아니라 사회적 권리로서 원하는 것을 얻고, 더 힘센 자 앞에서도 그것을 빼앗기지 않는 것입니다. 사회 상태가 인간에게 주는 축복은 동물에게서는 찾을 수 없는 것, 즉 '평등'입니다. 그런데 이런 주장은 인간의 문명, 문화가 발전할수록 자연 상태와 멀어지면서 인간을 타락시켰다고 한 이전의 주장, 심지어 문화와의 접촉을 막고 자연스럽게 성장시키는 것이 교육이라고 한 《에밀》의 주장과도 어긋납니다. 이 점에 끝까지 문제 제기를 하면서 나머지 부분을 읽어 보기 바랍니다.

주권은 양도할 수 없다

사회의 여러 힘은 국가 설립의 목적인 공공의 복지에 따라 오직 일반의지에 의해서만 이끌어진다. 개인적 이해관계들의 대립 때문에 사회를 설립해야 했다면, 이 이해관계들의 일치가 사회의 설립을 가능하게 하였기 때문이다. 이 이해관계들 중 공통적인 것이 사회적 유대를 형성하는 것이다. 이렇게 일치하는 공통의 이해관계가 없다면 어떤 사회도 존재할 수 없다. 사회는 오로지 이 공동 이해에 의거하여 다스려져야 한다.

그러므로 나는 주권은 일반의지의 행사이므로 절대 양도될 수 없고, 주권자는 집합적 존재이므로 오직 자체에 의해서만 대표된다고 주장한다. 권력의 이전은 가능해도 일반의지는 절대 옮겨지지 않는다.

어떤 특수의지가 우연히 어떤 점에서는 일반의지와 일치할 수 있다고 해도, 이 일치는 지속적일 수 없다. 특수의지는 그 성질상 차별로 향하고, 일반의지는 평등으로 향하기 때문이다. 그러한 일치가 언제나 존재한다 하더라도 그 일치에 대한 보증은 있을 수 없다. 그것은 우연한 결과이지 사람이 고안한 것이 아니기 때문이다.

그러므로 만일 인민이 손쉽게 복종을 약속한다면 이 행위에 의해 주권자인 인민은 사라지며 인민의 자격을 잃는다. 지배자가 나오는 순간 주권자는 사라지며 정치체는 파괴된다. 이것은 지배자의 명령이 일반의지로 통용될 수 없다는 의미가 아니다. 그 명령은 자유로이 그 명령에 반대할 수 있는 주권자인 인민이 반대하지 않는 한에서만 통용될 수 있는 것이다. 이런 경우에는 전체의 침묵에서 인민의 동의를 추측해야 마땅하다.(2권 1장)

앞에서 이미 언급하였지만 이해를 위해 다시 한 번 개념들을 정리해 봅시다. 권력이란 어떤 목적을 달성할 수 있는 능력 일반을 의미합니다. 정치권력은 이 중에서 공동체의 무력이나 강제력을 사용할 수 있는 권력입니다. 그리고 주권은 이런 정치권력을 배타적이고 독점적으로 차지할 수 있는 최고 권력입니다. 루소의 학설에서는 사회 공동체 자체가 구성원들의 합의에 의해 형성되는 일반의지에 의해 성립되므로, 이 주권은 오직 일반의지만이 행사할 수 있습니다. 그런데 일반의지는 구성원 모두의 공통된 의지이므로, 즉 전체의 것이므로 양도될 수 없습니다. 전체가 부분에게 양도한다는 것은 논리적으로도 불가능한 것입니다. 게다가 부분, 즉 특수의지는 사적인 이해관계에 이끌리며, 이는 앞에서 본 것처럼 공동체를 분열시킵니다. 따라서 주권은 행사될 때마다 그것이 일반의지의 것인지 확인해야 하며, 적어도 인민들 중 저항하는 부분이 없어야 행사될 수 있는 것입니다. 인민이 주권에 아주 쉽게 복종하는 것은 정치체를 위태롭게 하며, 인민은 인민의 자격을 상실한다는 이 말의 뜻을 매우 깊게 새겨야 합니다.

주권은 분할할 수 없다

주권은 양도할 수 없는 것과 같은 이유로 분할할 수도 없다. 의지는 일반적이거나 일반적이 아니거나 둘 중 하나이기 때문이다. 즉, 그것은 인민 전체의 의지거나 일부분의 의지거나 둘 중 하나이다. 전자의 경우는 표명된 의지가 주권의 행위이며 법률이 된다. 후자의 경우는 특수의지거나 일개 행정 행위에 불과하다. 이것은 기껏해야 법령에 불과하다.

그러나 정치학자들은 주권을 원리에 따라 분할할 수 없으므로 그 대상에 따라 분할한다. 그들은 주권을 힘과 의지로, 입법권과 집행권으로, 과세권과 사법권과 전쟁 선포권으로, 국내 행정권과 대외 조약 체결권으로 분할한다.

그들은 주권자를 여러 가지 부분을 모아서 만든 가공의 존재로 보고 있다. 그것은 눈, 팔 혹은 다리 같은 몸의 부분들을 모아서 인간을 만드는 것과 같다. 그들은 장터에 내놓아도 부끄럽지 않을 신기한 힘으로 사회라는 몸을 조각낸 다음, 어찌 된 까닭인지 그 조각들을 다시 주워 모은다.

　이러한 오류는 주권에 대한 정확한 개념이 없고, 주권의 발동에 지나지 않는 것을 주권의 한 부분으로 오인하였기 때문에 생긴다. 그래서 선전포고나 강화 같은 행위가 주권 행위로 간주되기도 하였다. 그러나 그것은 옳지 않다. 그런 행위는 모두 법률이 아니라 법률의 한 적용에 지나지 않으며, 법률을 어떻게 적용해야 할 것인지를 결정하는 특수한 행위이기 때문이다.

　마찬가지로 주권이 분할되어 있는 다른 경우를 살펴보면, 주권이 분할되어 있다고 생각되는 경우, 우리가 주권의 일부라고 잘못 알고 있는 여러 가지 권리^{행정, 집행권}는 모두 주권에 종속되어 있는 것이며, 최고 의지를 예상하고 그 의지를 집행하는 것에 불과함을 알게 될 것이다.(2권 2장)

주권이 일반의지의 행사이므로 분할할 수 없음은 당연합니다. 그렇게 되면 각각의 부분, 즉 특수의지가 되기 때문입니다. 루소는 특수의지들이 서로 공통성을 찾아 합의함으로써 일반의지가 가능하다고 보았지, 특수의지들의 총합이 일반의지가 된다고 보지 않았습니다. 그렇다면 그의 선배 학자인 몽테스키외의 삼권분립론 같은 것은 어떻게 봐야 할까요? 루소는 그것은 주권의 분할이 아니라 주권의 기능들이라고 주장합니다. 즉, 입법부, 행정부, 사법부 중 그 어느 곳도 주권을 가지고 있지 않은 것입니다. 주권은 전체로서의 인민이 가지고 있습니다. 정부 기구들은 다만 주권의 기관에 불과한 것입니다. 루소는 홉스와 로크보다 훨씬 급진적인 주장으로 나아갑니다. 홉스는 인민이 사회계약을 통해 정부에 주권을 이양한다고 주장하였습니다. 로크는 그중 일부를 위탁한다고 주장하였습니다. 그러나 루소는 여전히 주권이 인민에게 있으며, 정부는 다만 그 기능의 일부를 행사하는 것이라고 주장하는 것입니다. 홉스와 로크의 사회계약은 어떤 사람이나 기관에 권력의 전부 혹은 일부를 내주거나 맡기는 것을 결의하는 것이었지만, 루소의 사회계약은 하나의 일반의지 아래 단합하기로, 즉 주권자가 되기로 결의하는 것입니다. 이 차이가 매우 크다는 점은 어렵지 않게 추론할 수 있을 것입니다.

│ 일반의지가 오류를 범할 수 있는가 │

지금까지 논의를 통해 일반의지는 언제나 정당하며 공공의 이익을 지향한다는 결론이 나온다. 그러나 여기서 인민의 의결이 언제나 올바르다는 결론은 나오지 않는다. 사람은 항상 자기 이익을 원하지만, 그 이익을 가려낼 만한 분별력이 항상 있는 것은 아니다. 인민은 부패하지는 않지만 잘 속는다. 인민이 나쁜 일을 바라는 것같이 보이는 것은 이 경우이다.

전체의지와 일반의지 사이에는 때로 상당한 차이가 있다. 일반의지는 공동의 이익에만 주목한다. 반대로 전자는 사적 이익에 주목하는 특수의지의 합계에 불과하다. 그러나 이러한 특수의지에서 상쇄되는 부분을 빼면 차이의 합계로서 일반의지가 남게 된다.

인민이 충분한 정보를 가지고 심의하고 도당을 만드는 일 따위가 없다면 사소한 차이들이 모여 언제나 일반의지를 만들어 낼 것이며, 토론의 결과는 언제나 좋은 것이 될 것이다. 그러나 도당이나 부분적인 단체가 큰 단체를 희생시키면서 만들어진다면 이 단체들의 의지는 그 구성원에 대해서는 일반적이지만 국가에 대해서는 특수한 것이 된다. 그런 경우에는 사람들과 같은 수의 투표자가 있는 것이 아니라 단체 수만큼의 투표자가 있을 뿐이다. 차이의 수는 더 적어지고, 더욱 덜 일반적인 결과를 가져온다. 이런 단체 중 하나가 매우 커져서 다른 모든 단체를 압도하게 되면, 그 결과는 여러 가지 사소한 차이가 아니라 단 하나의 차이만 존재하는 것이다. 그렇게 되면 일반의지는 존재하지 않으며 우세한 특수의지만 존재하게 된다.

따라서 일반의지가 충분히 표명되기 위해서는 국가 안에 부분적인 사회가 존재하지 않고, 각각의 시민이 자기 자신의 입장에서만 의견을 말하는 것이 중요하다. 이것이 위대한 리쿠르고스스파르타의 입법자의 숭고한 제도였다. 만약 부분적 사회가 있다면 솔론아테네의 입법자, 누마, 세르비우스로마의 입법자가 한 것처럼 그 수를 늘림으로써 그 사이에서 생기는 불평등을 막아야 한다. 이런 조심성만이 일반의지를 언제나 분명히 하고 인민이 스스로를 속이지 않게 할 수 있다.(2권 3장)

여기서 루소는 특수의지, 일반의지 외에 제3의 것인 전체의지라는 것을 설정하면서 논의를 혼란스럽게 만들고 있습니다. 인민 전체의 뜻이 바로 일반의지는 아니라는 것입니다. 그 까닭을 루소는 인민은 잘 속기 때문에 자신의 진짜 이익이 무엇인지 알지 못할 수 있기 때문이라고 주장합니다. 이는 플라톤의 주장을 연상시키지만, 그렇다고 진정한 공동체의 이익을 알 수 있는 현명한 군주를 주장하는 것은 아닙니다. 루소는 인민이 잘 속는 까닭을 인민의 어리석음에서 찾는 것이 아니라 각종 파당이나 도당, 단체에서 찾습니다. 이 단체들은 개인에 대해서는 일반적이지만 사회 전체에 대해서는 특수적입니다. 그런데 이 특수한 단체들의 힘이 커져서 소수의 단체가 사회를 압도할 경우, 겉으로는 다수결로 보이는 것이 실제로는 이 단체의 특수 이익만 반영한다는 것입니다. 이는 마치 훗날 마르크스가 민주주의가 실제로는 계급 지배의 도구로 전락하였음을 비판하는 것처럼 보입니다.

루소는 그 해법으로 이런 부분적인 단체들을 모두 없애고 모든 시민이 개인 자격으로 공동체의 논의에 참석할 수 있도록 해야 한다고 주장합니다. 이는 직접 민주주의, 인민주권에 대한 강렬한 열망일 수 있지만, 그 결과는 루소의 희망과 다르게 나타났습니다. 도당, 파벌이라는 중간 단체에 대한 부정적인 견해는 훗날 엉뚱하게도 자유주의자가 아니라 전체주의자들에 의해 받아들여졌습니다. 이런 중간 단체들은 루소의 희망과 달리 계속 등장하며, 개별 인민들이 동등한 자격으로 하나의 공동체를 만들고 일반의지를 형성하는 일은 현실에서 거의 찾아보기 어려워졌습니다. 대개의 개인들은 정치 공동체나 국가 이전에 개인 사이의 중간 집단과 마주칩니다. 다음 편에서 살펴볼 토크빌과 마르크스는 바로 그 중간 집단의 존재를 예리하게 분석하였으며, 아렌트는 그런 중간 단체가 없을 때 일어나게 될 끔찍한 결과를 경고하였습니다.

| 주권의 한계 |

만약 국가가 그 구성원의 결합에 의해 생명을 가지게 되는 정신적인 인격에 불과하며, 국가는 다른 무엇보다도 자기 보존을 중요하게 여긴다면, 국가는 전체에게 가장 유익한 방법으로 부분들을 동원하고 조정하기 위한 보편적이고 강제적인 힘이 있어야 한다. 마치 자연이 사람에게 자기 신체를 구성하는 부분들에 대한 절대적 권력을 부여하듯, 사회계약도 정치체에게 그 구성원들에 대한 절대적 권력을 부여한다. 그리고 이미 논한 것처럼 이러한 권력이 일반의지에 의해 지휘되면 주권이라 불린다.

그러나 우리는 국가적인 인격 이외에 이것을 구성하고 있는 개인들을 생각하지 않으면 안 된다. 개인의 생명과 자유란 국가적 인격과는 독립된 것이다. 그러므로 시민의 권리와 주권자의 권리를 구별하고, 시민들이 신민으로서 다해야 할 의무와 사람으로서 받아야 할 자연권을 구별하는 것이 문제가 된다.

사회계약에 의해 개개인이 양도하는 능력과 자유, 재산은 모두 공동체 전체에게 반드시 필요한 부분에 한정하여 그 쓰임을 인정하고 있다. 그러나 무엇이 꼭 필요하며 그 필요한 부분이 어느 정도인지를 결정하는 것은 주권자의 권한이라는 것도 인정해야 한다.

시민은 주권자가 요구하면, 그가 국가에 할 수 있는 모든 봉사를 즉시 수행할 의무가 있다. 그러나 주권자는 공동체에 필요하지 않은 어떠한 속박도 신민에게 부과할 수 없으며, 기대해서도 안 된다. 우리를 사회에 연결시키는 약속들은 상호적이기 때문에 구속력을 가진다. 이 약속의 이행은 타인을 위한 일이 자신을 위한 일이기도 하다는 것이기 때문이다.

어째서 일반의지는 항상 정당한가? 왜 모든 사람은 저마다 끊임없이 행복을 바라는가? 그 까닭은 모든 사람이 '저마다'라는 말을 자기 자신으로 생각하고, 또 전체를 위해 투표하면서 자신의 이익을 염두에 두지 않을 수 없기 때문이다.

앞에서 설명해 온 것처럼 의지를 일반화하는 것은 투표자의 수가 아니라 그들을 일치시키는 공통의 이익이다. 이 제도에서 개개인은 각자가 타인에게 부과하는 조건에 필연적으로 자신도 복종한다. 이것은 이익과 정의의 멋진 조화이며, 공공의 결의에 공평한 성격을 부여한다.

사회계약은 시민 사이의 평등을 확립하며, 그 결과 시민 모두가 같은 조건 아래에서 계약을 맺고 같은 권리를 누려야 한다. 따라서 이 계약의 성질상 주권의 모든 행위는, 즉 일반의지가 행하는 일체의 정당한 행위는 시민 전체에게 평등하게 의무를 부과하거나 혜택을 준다. 그러므로 주권자는 단지 국가라는 정치체를 알고 있을 뿐이지, 그것을 구성하고 있는 사람들의 각자에 대해서는 어떠한 차별도 두지 않는다.

그렇다면 주권의 행위란 무엇인가? 그것은 상위자와 하위자 사이의 약속이 아니다. 그것은 정치체와 그 구성원 각자 사이의 약속이다. 이 약속은 사회계약을 기반으로 하기에 합법적이며, 모든 구성원에게 공통이기에 공평하며, 일반의 행복 이외의 대상을 갖지 않기에 유익하며, 공공의 힘과 최고권이 보증하기 때문에 확고하다. 시민이 오직 이런 계약에만 복종한다면 그는 누구에게도 복종하지 않고 오직 자신의 의지에만 복종하는 것이 된다. 주권자와 시민의 권리가 가지고 있는 한계를 묻는 것은 시민이 자기 자신에 대해, 즉 각자는 전체에게, 전체는 각자에게 어느 정도까지 계약을 맺고 있는가 묻는 것이다.

이로써 주권자의 권력은 절대적이고 신성불가침이지만, 일반적인 약속의 한계를 넘지 않고 넘을 수도 없음을, 그리고 모든 사람은 이 약속을 통해 그의 재산과 자유 중에서 자신에게 남겨진 것을 충분히 쓸 수 있음을 알게 되었다. 그러므로 주권자는 한 시민에게 다른 사람보다 더 많은 부담을 줄 권리가 없다. 그런 경우에 사정은 개별적이 되어 주권자의 권력은 권한 밖의 것이 되어 버리기 때문이다.

사회계약에는 권리의 참된 포기가 있을 수 없으며, 사실 그들의 상태는 이 계약의 결과 이전보다 더 좋아졌으며, 권리의 양도는커녕 오히려 더 유리한 교환을 하였음을 알 수 있다. 즉, 불확실하고 위태로운 생활을 더 좋고 확실한 생활과, 자연적인 독립을 자유와, 타인을 해칠 수 있는 권력을 자신의 안전과, 타인에게 타도될 수 있는 힘을 사회 결합을 통해 누구도 꺾을 수 없는 권리와 바꾼 것이다.

그들이 국가에 바친 목숨 역시 그동안 국가에 의해 끊임없이 보호받았던 것이다. 그들이 국가를 지키기 위해 목숨을 걸 경우, 그것은 국가가 준 것을 국가에 돌려주는 데 지나지 않는다. 자연 상태에서는 싸움을 피할 수 없으며, 생존에 필요한 것을 목숨 걸고 지켜야 하며, 더 많은 위험 속에 있어야 하였기 때문이다.

물론 모든 사람은 필요하다면 국가를 위해 싸워야 한다. 하지만 여기서는 누구도 자기 자신을 위해 싸울 필요는 없다. 우리의 안전이 위협받고 있을 때 우리 자신을 위해 감당해야 하는 위험의 일부를 우리에게 안전을 제공하는 국가를 위해

감당하는 것은 더 큰 이익이 아니겠는가?(2권 4장)

 루소는 이미 자신의 정치사상이 자유의 사상이 아니라 전체주의와 비슷한 사상으로 흘러갈 위험이 있음을 감지하고 있습니다. 국가, 공동체가 하나의 유기체이며, 그 부분은 전체의 유지를 위해 복종해야 한다는 점은 명백하지만, 자연계의 유기체와 달리 국가나 공동체는 그 구성 부분들이 자유의지를 가진 개별 인간들이라는 것이 문제인 것입니다. 따라서 루소는 일반의지에 무제한의 권한을 부여하지 않고 그 적용 범위에 제한을 둡니다. 간단하게 말하면 일반의지는 일반적이기 때문에 그 적용 대상도 일반적이라야 하며, 조금이라도 개별적인 대상에 적용되는 경우에는 권한을 넘어선다는 것입니다. 예를 들면 주권자는 '사람을 죽인 자는 10년 이상의 징역에 처한다.'는 명령을 내릴 수는 있어도 '사람을 죽인 아무개를 사형에 처한다.'는 식의 명령은 내릴 수 없다는 것입니다. '모든 상인은 합리적이고 진실하게 가격을 결정하라.'는 명령은 가능하지만 '상인 A가 파는 물건 a는 100원, 상인 B가 파는 물건 b는 200원.' 하는 식의 명령은 권한을 넘어선 것이라는 것입니다. 루소가 생각하는 주권자는 인민 전체이며, 신민 또한 인민 전체이기 때문입니다. 만약 주권자와 신민이 일치하지 않는다면 '자기 자신에게만 복종하기 때문에 복종하면서도 자유로운' 사회계약은 무너집니다. 아무리 소수라 할지라도 신민이기만 하고 주권자이지는 않은 사람이 있다면 그 정치체는 전제입니다. 그러므로 주권자인 인민 전체는 인민 전체에 해당되는 영역이 아니고서는 명령할 수 없는 것입니다.

| 법 |

우리는 사회계약을 통해 정치체에 존재와 생명을 부여하였다. 이제는 입법을 통해 정치체에 활동과 의지를 부여해야 한다. 정치체를 만들고 결합하는 최초의 행위가 정치체가 스스로를 보존하기 위해 해야 할 일까지 규정하지는 않기 때문이다.

선하고 질서 정연한 것은 사물의 본성 때문에 그렇게 되는 것이지, 인간의 약속과는 관련이 없다. 오직 신만이 모든 정의의 원천이다. 그러나 만약 우리가 저지고한 곳에서 정의를 받아 올 수 있다면 정부도 법률도 필요 없을 것이다. 물론 이성에서 나온 보편적 정의라는 것이 있다. 그러나 이 정의가 우리에게 받아들여지려면 상호적이라야 한다.

정의의 법은 실질적인 제재가 없기 때문에 사람들에게 무용지물이다. 그것을 지키면 악인이 이득을 보고 선인이 손해를 본다. 선인은 이 법을 모든 사람과 더불어 지키고자 하지만 그와 함께 이 법을 지키려는 사람이 아무도 없을 테니 말이다. 그러므로 권리를 의무에 연결시키고 정의가 목적을 달성하도록 하려면 약속과 법률이 필요하다. 자연 상태에서는 모든 것이 공동소유라서 누구도 누구와 약속하지 않으니 의무도 없다. 그러나 사회 상태에서는 사정이 다르다. 거기에서는 모든 권리가 법으로 규정되어 있다.

나는 이미 개별적인 대상에 대해서는 일반의지가 있을 수 없다고 말하였다. 내가 법률의 대상은 항상 일반적이라고 말할 때 법은 피치자를 일체로, 행위를 추상적인 것으로 여기지, 결코 사람을 개인으로, 행위를 개별적인 것으로 여기지 않는다는 뜻이다. 따라서 법은 특권을 규정할 수는 있으나, 특정한 개인에게 이것을 부여할 수는 없다. 법은 시민을 여러 계급으로 나누고, 각 계급에 들어갈 자격을 정할 수는 있어도, 아무개가 어떤 계급에 들어간다고 지명할 수는 없다. 법은 왕정과 세습적 왕위 계승 제도를 만들 수는 있지만, 어떤 사람을 왕으로 어떤 가문을 왕가로 지명할 수는 없다. 한마디로 입법권은 개별적 대상에 관계되는 일체의 기능을 갖지 않는다.

법은 의지와 그 의지의 대상의 보편성을 함께 가지고 있으므로 한 인간의 독단적인 명령은 절대 법이 될 수 없다. 주권자라 할지라도 개별적 대상에 대해 내린 명령은 법이 아니며, 그것은 주권의 행위가 아니라 행정행위에 불과하다. 따라서 나는 법률이 통치하는 국가를 그 정부 형태와 무관하게 모두 공화국이라고 부른다. 이 경우에만 공공의 이익이 지배하고 공적인 일이 무시되지 않기 때문이다. 모든 합법적 정부는 곧 공화정이다.

법은 본래 사회적 결합의 여러 조건 외에 아무것도 아니다. 인민은 준법자인 동시에 법의 제정자라야 한다. 사회의 여러 조건을 규정하는 것은 사회적으로 결합하는 사람들에게만 속하는 일이다. 그런데 그것을 어떻게 규정할 것인가? 번뜩

이는 영감이나 만장일치일까? 정치체는 그 의지를 드러낼 별도의 기관을 가져야 할까? 그러면 누가 정치체에 그 법령을 작성하고 공포하는 데 필요한 선견지명을 주는 것일까? 또 정치체는 어떻게 필요한 순간에 그 법령을 발표할까?

눈먼 대중은 무엇이 자기들에게 득이 되는지를 알기 어려우므로 자기가 바라는 것을 모르는 경우가 많다. 그런 대중이 어떻게 입법같이 어렵고도 방대한 사업을 할 수 있을까? 인민은 항상 행복을 원하지만 그렇다고 언제나 그 행복이 무엇인지 안다고 볼 수는 없다. 일반의지는 언제나 올바르지만 그것을 인도하는 판단이 언제나 현명하다고 볼 수 없다. 따라서 일반의지가 대상을 있는 그대로의 모습으로 보게 하고, 개별의지의 유혹에 빠지지 않고, 때와 장소를 잘 보게 하며, 눈앞의 뚜렷한 이익이 주는 매력과 멀어서 눈에 보이지 않는 재앙의 위험을 비교하도록 해야 한다.

개인은 무엇이 행복인지 알지만 그것을 멀리한다. 대중은 행복을 바라지만 그것이 무엇인지 알지 못한다. 양쪽 모두 길잡이가 필요하다. 개인에게는 의지를 이성과 일치시키도록 강요해야 하며, 대중에게는 그들이 무엇을 원하는지 가르쳐 주어야 한다. 그러면 대중을 계몽한 결과로 사회 체계 안에 지성과 의지의 일치가 생기고, 여러 부분의 적합한 협력, 나아가 전체의 가장 큰 힘이라는 결과가 생긴다. 그래서 입법자가 필요하다.(2권 6장)

루소는 통치자가 한 명인가 소수인가 다수인가는 구태여 따지지 않습니다. 그는 일반의지가 그 권한을 넘어 적용되는가, 아니면 그 권한에 맞게 적용되는가만 따집니다. 그리고 후자가 가능한 조건은 오직 법에 의한 통치뿐이라고 말합니다. 즉, 법치가 이루어지는 나라라면 통치자의 수와 무관하게 공화정이라는 것입니다. 물론 이때 법은 법전에 기록된 법을 모두 통칭하는 것이 아닙니다. 이 법은 대상이 되는 사람과 행위가 모두 추상적이고 보편적이라서 특정한 사람의 개별적인 행위를 지칭하지 않는 것이라야 합니다. 여기까지는 4장을 이해하였다면 저절로 따라 나오는 결론입니다. 그런데 문제는 다수의 인민이 하나의 전체로 결합하면 이런 법이 저절로 나오는가 하는 점입니다. 수많은 인민이 난상 토론으로 법을 정할 수도 없는 노릇이며, 없는 지식과 지혜가 저절로 떠오르는 것도 아닙니다. 따라서 루소는 공동체 전체의 이익을 분별할 수 있는 지성을 가진 입법자의 존재를 상정합니다.

│ 입법자 │

국민에게 가장 알맞은 사회 규칙을 발견하려면 뛰어난 지성이 필요하다. 그 지성은 인간의 정념들을 잘 알지만 그 때문에 흔들리지 않으며, 우리의 성질을 속속들이 알지만 그것과 아무런 연관을 갖지 않으며, 자신의 행복이 우리와 동떨어진 것이어도 우리의 행복을 위해 기꺼이 애쓴다. 게다가 명예를 바라긴 하지만 그 공적이 다음 세기나 되어야 나타날지라도 그것을 즐길 수 있는 지성이라야 한다. 결국 사람들에게 법을 제정해 주려면 거의 신적인 지성인이 필요하다.

인민에게 제도를 만들어 주려는 사람이라면 인간성을 바꿀 수 있는 힘이 있어야 한다. 한마디로 입법자는 사람으로부터 고유한 힘을 빼앗은 뒤 지금까지 아무런 관계도 없었던 힘, 즉 다른 사람의 도움 없이는 쓸 수 없는 힘을 주어야 하는 것이다. 고유한 힘이 사라지는 정도가 클수록 새로 얻은 힘도 크고 영속적인 것이 되며, 그 제도도 더욱 확실하고 완전한 것이 된다.

그러므로 입법은 시민 각자가 다른 시민 전체에게 의지하지 않으면 아무것도 하지 못하고, 전체가 얻은 힘이 모든 개인의 고유한 힘의 총합과 같거나 그보다 클 때 닿을 수 있는 한도 안에서 가장 완전한 경지에 올랐다고 할 수 있다.

입법자는 그 천재성 때문에 비범해야 하지만 그 직무로도 그러하다. 그것은 행정기관도 아니며 주권자도 아니다. 공화국을 만드는 이 직무는 헌법에 포함되지 않는다. 그것은 인간들이 만든 나라와 아무 공통점도 없는 특별하고 우월한 작업이다. 만약 사람들의 지배자가 법을 지배해서는 안 된다면 법의 지배자 역시 사람들을 지배해서는 안 되기 때문이다. 그렇지 않다면 그의 법은 그의 욕망의 하인이 되고, 그의 특수한 견해가 그의 작품의 신성함을 손상시키고 말 것이다. 리쿠르고스는 조국의 법을 만들었을 때 먼저 왕위에서 물러났다. 그리스 대부분의 도시에서는 법 제정을 외국인에게 맡기는 관습이 있었다.

그러므로 법률의 편찬자에게는 입법권이 없으며 그것을 가져서도 안 된다.

그리고 인민 자신도 설령 그것을 바라더라도 이 양도할 수 없는 권리를 버려서는 안 된다. 기본 계약에 따르면 개개인을 구속하는 것은 일반의지뿐이며, 개별의지가 일반의지와 일치한다는 것은 개별의지를 인민의 자유로운 투표에 맡긴 뒤에 비로소 확인할 수 있기 때문이다.

이리하여 입법이라는 작업에는 양립하기 어려운 두 가지가 공존한다. 하나는 입법이 인간의 힘으로는 이루기 어렵다는 것이고, 또 하나는 어떤 권한도 없는 권위자가 입법을 수행한다는 것이다. 또 하나 중요한 난제가 있다. 현자가 보통 사람들에게 자기 뜻을 이해시키기 어렵다는 것이다. 보통 사람의 말로 표현할 수 없는 관념들이 너무 많다. 또 개인들은 자신의 이해와 관계가 없으면 어떤 정책에도 관심이 없기 때문에 좋은 법이 부과하는 영속적인 부자유에서 미래에 얻을 수 있는 분명한 이익을 쉽사리 인정하려 하지 않는다.

이렇게 입법자는 힘도 논리도 쓸 수 없기 때문에 다른 질서에 속하는 권위에 의존한다. 그래서 모든 시대를 통틀어 건국자들은 부득이하게 하늘의 도움에 의지하여 자신의 지혜를 여러 신의 지혜로 찬양하였던 것이다. 이는 인민이 자연법칙을 따르는 것과 마찬가지로 국가의 법률을 따르고, 인민의 형성과 국가의 형성 속에 같은 힘이 작용하는 것을 인정하고 자유로운 마음으로 복종하며, 공공의 행복이라는 멍에를 순순히 받아들이도록 하기 위해서였다. 그러나 신으로 하여금 말하게 하거나 자신은 신의 대변자라고 선언하여 남을 믿게 하는 것은 아무나 할 수 있는 일이 아니다. 입법자가 가진 위대한 영혼이야말로 그의 사명을 증명할 참된 기적이다.

이상의 설명에서 정치와 종교가 우리 사이에서 공통의 목적을 갖는다고 말할 것이 아니라, 오히려 여러 국민이 탄생할 때는 종교가 정치의 도구로서 유용하다고 결론지어야 한다.(2권 7장)

이 입법자 부분은 이후 끝까지 루소 정치 이론의 난제이자 남용의 근원으로 남습니다. 자연권을 누리는 자유로운 개인들이 계약을 맺고 사회를 이루려면 먼저 합의해야 할 계약서가 있어야 합니다. 여기에는 약속을 발의하는 절차, 약속의 결과 구성하게 될 공동체의 성격, 공동체의 구성원이 됨으로써 누리게 될 권리와 짊어질 의무 등이 규정되어야 합니다. 루소는 이 최초의 약정을 헌법으로 봅니다. 문제는 사회를 이루기도 전에 어떻게 이 약정이 존재할 수 있느냐 하는 것입니다. 물론 이 약정이 없으면 사회가 성립되지 않습니다. 즉, 공화국은 헌법에 따라 수립됩니다. 이게 입헌주의입니다. 따라서 헌법은 공화국이 수립되기 이전에 누군가에 의해 작성되어야 하며, 이것이 인민에 의해 승인됨으로써 공화국이 성립되는 것입니다. 이런 일을 하는 사람을 입법자라고 부릅니다. 일단 인민이 승인하면 공화국이 성립되고 인민주권이 작동되기 때문에 입법자는 이후 아무런 권한을 가질 수 없습니다. 만약 계속 권한을 가진다면 그는 전제자가 되겠죠. 그런데 그 나라가 세워지기도 전에 그 나라의 이익을 말할 수 있고, 그 나라 인민의 이익을 말할 수 있으며, 이것을 인민들에게 설득시킬 수 있는 사람이 어떻게 있을 수 있겠습니까? 루소는 여기에 대해 뚜렷한 답을 하지 않습니다. 그리고 이후 전체주의 독재자들은 바로 자신이 그런 사람이라고 주장하며 권좌를 지키고 복종을 요구하였습니다. 그러나 그들은 일단 법이 만들어지고 인민의 승인을 받으면 입법자는 물러나야 한다는 루소의 안전장치는 못 본 체하였던 것입니다.

여러 입법 체계에 관하여

모든 입법 체계의 목적인 인간 전체의 복지가 무엇으로 이루어져 있는지 살펴보면 '자유'와 '평등'으로 귀착된다는 것을 알게 된다. 자유가 필요한 것은 개인이 국가에 예속하면 그만큼 힘을 빼앗기게 되기 때문이며, 평등이 필요한 것은 평등 없이는 자유가 존속할 수 없기 때문이다.

이 말을 권력과 부가 절대적으로 같아야 한다는 뜻으로 이해해서는 안 된다. 권력에 관해서는 권력이 모든 폭력보다 우위에 있어서 지위와 법률에 따라서 행사된다는 뜻으로, 그리고 부에 관해서는 어떤 시민도 다른 시민을 돈으로 살 만큼 부유해서도 안 되고 자기를 팔 만큼 가난해서도 안 된다는 뜻으로 이해해야 한다. 이것은 부귀한 자의 재산과 권세가 지나치지 않고 가난한 자의 탐욕과 선망이 너무 심하지 않을 것을 전제로 한다.

이런 평등은 비현실적이라고 말하는 사람들도 있다. 그러나 현실적으로 피할 수 없는 폐해라고 해서 그것을 규제할 필요가 없다는 결론이 나오는가? 사물의 힘은 항상 평등을 파괴하려는 경향이 있기 때문에 입법의 힘이 항상 평등을 유지하도록 힘써야 하는 것은 당연한 일이다.

만일 입법자가 그 목적을 잘못 설정해 사물이 자연에서 생기는 원칙과 다른 원리를 채용하였다면, 즉 한쪽은 예속 상태를 향하고 다른 쪽은 자유를 향하며, 한쪽은 부유함을 향하고 다른 쪽은 빈곤을 향하게 한다면 법은 어느새 약해지고 국가 체제는 변하며, 또 국가에는 분쟁이 끊이지 않을 것이다.(2권 11장)

앞에서 살펴본 대로라면 개별적이거나 특수한 사례에는 적용될 수 없는 일반 의지는 모든 인민에게 공통되는 보편적인 목적만 추구해야 합니다. 루소는 그 목적으로 자유와 평등을 제시합니다. 일단 국가가 만들어지면 개별 시민들의 자유가 침해될 가능성이 생기는 것은 당연하기 때문에 헌법은 자유의 보장을 가장 중요하게 여겨야 합니다. 그런데 시민들 사이에서 재산과 권력의 차이가 지나치게 커지면 반드시 지배하는 자와 지배받는 자가 생기며 자유는 무너집니다. 그러므로 자유를 보장하기 위해 평등은 반드시 필요하며, 국가는 평등한 상태를 유지하기 위해 노력해야 합니다.

자칫 기본권의 내용을 오해하면 자유와 평등을 상충 관계로 생각하기 쉽습니다. 하지만 루소는 자유와 평등이 상충하기는커녕 서로 꼭 필요한 조건이라고 말하고 있습니다. 물론 국가가 절대적인 평등을 강제하려면 자유를 훼손할 수도 있습니다. 그러나 타인의 자유를 훼손할 정도의 강자가 나타나는 것을 막는 것은 자유의 훼손이라고 볼 수 없습니다. 물론 해당되는 강자의 자유는 훼손되겠지만 그 대신 수많은 사람의 자유가 지켜집니다. 따라서 입법자는 애초에 지나친 강자나 지나친 약자가 생기지 않도록 법적인 장치를 마련해 두어야 하는 것입니다.

1. 인간이 자연 상태에서 사회 상태로 옮겨 가면서 잃는 것과 얻는 것은 무엇입니까?

2. 사회 상태에서 인간은 진정한 인간의 주인이 될 수 있다고 하고 있습니다. 이때 먼저 해결되어야 하는 조건은 무엇입니까?

3. '전체의지'와 '일반의지'를 구분하여 설명해 보세요.

4. 일반의지를 저해하는 부분적 결사나 도당의 예를 들어 보세요.

5. "의지를 일반화하는 것은 투표자의 수가 아니라 그들을 일치시키는 공통의 이익이다. …… 이것은 이익과 정의의 조화이다."라는 문장의 의미를 설명하고, 여기에 대한 자신의 견해를 써 보세요.

6. 사회계약에 의해 성립된 일반의지는 시민 전체에게 평등하게 의무를 부과하거나 혜택을 준다고 합니다. 이때 전제되어야 하는 사회계약의 성격은 무엇입니까?

7. 모든 입법 체계의 목적을 무엇이라 말하고 있습니까?

03 현실적으로 가능한 정치 공동체는 어떠한 모습일까?

 사회계약의 성격, 그 결과 구성된 정치 공동체의 성격에 대해 설명한 루소는 이제 유형, 즉 앞에서 다른 사상가들이 자주 다룬 정체에 대해 논의합니다. 그러나 루소는 정치체의 형태보다 주권자인 시민과 통치 대상인 신민의 일치 여부를 더 중요하게 여기기 때문에 구체적인 정치체에 대해서는 간단하게 취급하거나 선배 사상가들의 주장을 정리하는 수준에서 마무리하고 있습니다.

| 정부 일반 |

모든 자유행동은 다음의 두 원인이 협력한 결과이다. 하나는 정신적 원인으로 그 행위를 결정하는 의지이며, 다른 하나는 육체적 원인으로 그 행위를 실행하는 힘이다. 내가 어딘가로 걸어갈 때에는, 내가 거기에 가고 싶어야 하고, 내 발이 나를 그리로 옮겨 주어야 한다. 정치체도 힘과 의지가 구별된다. 의지는 입법권이라 불리며 힘은 집행권이라 불린다. 이 양자의 협력 없이는 어떤 일도 행해지지 않으며, 행해져서도 안 된다.

우리는 입법권이 인민에 속하며 그 외에는 속하지 않음을 이미 알고 있다. 이와 반대로 집행권이 입법권이나 주권처럼 인민 일반에게 속하지 않음은 앞의 원리에 의해 쉽게 알 수 있다. 집행권은 특수 행위에서 나오는 것인데, 특수 행위는 법 바깥, 즉 주권자의 영역 밖에 있기 때문이다. 주권자의 모든 행위는 법률 이외의 것이 될 수 없다.

따라서 공공의 힘에는 이 힘을 하나로 결집하여 일반의지의 지도 아래 활동시키는, 국가와 주권자를 연락하는 일을 담당하는, 사람으로 치면 정신과 육체가 결합해서 하는 것과 같은 일을 담당하는 적당한 대리인이 필요하다. 이것이 국가에 정부가 존재하는 이유이며, 정부는 주권자와 혼동되지만 사실은 주권자의 심부름꾼에 불과한 것이다.

그러면 대체 정부란 무엇인가? 그것은 인민과 주권자 사이의 연락을 지속하기 위해 양자 사이에 설치된 하나의 중간 단체다. 그것은 법률의 집행과 시민적·정치적 자유를 유지하는 소임을 맡고 있다. 이 단체의 여러 구성원은 행정관, 또는 왕, 또는 같은 뜻이지만 지배자라고 칭하고, 그 단체를 총칭해 통치자라고 한다.

계약이 인민을 지배자에게 복종시키는 행위가 아니라는 주장은 옳다. 그것은 순전히 위임이나 고용에 불과하다. 지배자들은 맡겨진 의무를 수행하기 위해 주권자가 고용한 대리인일 뿐이다. 그들은 맡겨진 권력만 주권자의 이름으로 행사할 뿐이다. 따라서 주권자는 그들에게 준 권력을 마음대로 제한 또는 수정하거나 빼앗을 수 있다.

정부와 국가 사이에는 본질적인 차이가 있다. 국가는 외부의 아무런 것에도 의존하지 않고 스스로 존재하는 데 반하여, 정부는 주권자를 맞이해야 비로소 존재한다는 것이다. 그러므로 통치자의 지배적인 의지는 일반의지 혹은 법률 바로 그것이다. 통치자의 힘은 통치자에게 집중된 공공의 힘에 불과하다. 그러므로 정부가 스스로 독재적인 행위를 하려고 하는 순간 전체의 결합이 무너지기 시작한다.

통치자가 주권자의 의지보다 강한 개별의지를 가지고 이 개별의지에 복종시키기 위하여 그 손에 가지고 있는 공공의 힘을 사용하면, 즉 법률상의 주권자와 사실상의 주권자, 두 주권자가 생기게 되면, 사회적 결합은 삽시간에 사라지며 정치체는 해체된다.(3권 1장)

여기서 루소는 정부와 국가의 명확한 경계를 긋습니다. 기존의 계몽사상가들은 정부와 국가의 구별이 명확하지 않거나 거의 동일하게 취급하였습니다. 그러나 루소에게 정부는 다만 국가에 설치된 일종의 심부름센터일 뿐입니다. 주권자가 정부에게 그런 심부름을 시킨 것이며, 이 주권자는 인민 전체이거나 적어도 인민의 합의체로 승인된 입법부입니다. 만약 정부가 마치 스스로 권력을 가지고 있는 것처럼 여긴다면 한 나라에 주권자가 둘인 셈이며, 그렇게 되면 국가는 무너지고 무서운 전제 상태로 접어드는 것입니다. 이를 막기 위해 주권자인 인민은 언제든지 정부를 바꾸거나 권한을 빼앗을 권한을 가지고 있습니다. 바로 이 대목이 로크, 몽테스키외가 어느 정도 입헌적인 왕정도 허용한 반면 루소가 오직 공화정만 인정한 근거입니다. 의회의 명령을 받아 실무를 집행하는 정부의 책임자는 설사 그 이름을 왕이라고 붙일지라도 이미 왕은 아니기 때문입니다.

여기서부터 여러 장에 걸쳐 여러 정부 형태를 논하고 있습니다. 결국 민주정, 귀족정, 군주정, 혼합정을 말하고 있는데, 이런 내용은 이미 앞에서 충분히 논의되었던 것들이므로 생략합니다.

정치체의 사멸에 관하여

정치체란 인체와 마찬가지로 출생과 동시에 사망의 길을 시작한다. 또 소멸의 원인을 자기 안에 갖고 있다. 인체는 자연의 산물이요, 국가의 조직은 인공적 소산이다. 사람의 수명을 연장하는 것은 인력에 좌우되지 않지만, 국가의 수명을 연장하는 것은 인력에 좌우된다.

주권은 정치체의 생명의 본질이다. 입법권은 국가의 심장이며, 집행권은 모든 부분을 움직이게 하는 두뇌다. 마비 상태에 빠져도 개인은 연명할 수 있다. 인간은 바보가 되어도 살아간다. 그러나 심장이 그 기능을 멈추면 곧 죽는다.(3권 11장)

대의원 또는 대표자

공공의 의무를 수행하는 것이 더는 시민들의 주요한 일이 아니고, 시민들이 몸보다는 돈으로 봉사하기를 더 좋아하게 되면 국가는 이미 파멸의 길로 들어선 셈이다. 전투? 그들은 군대에 돈을 주고 자신은 집에 남는다. 회의? 그들은 대리인을 지명하고 자신은 집에 남는다. 그들은 나태와 돈 때문에 병사를 고용해 조국을 노예 상태로 빠뜨리고, 대리인을 지명함으로써 조국을 팔아넘긴다.

그들이 이익의 일부를 바치는 이유는 더 큰 이익을 누리기 위해서다. 직무 대신 돈을 내는 사람들은 머지않아 사슬에 매이게 될 것이다. 재정이라는 말은 노예의 말이며 도시국가에서는 쓰지 않는 말이다. 참으로 자유로운 나라에서 시민은 모든 일을 스스로 하지 돈으로 대신하지 않는다. 국가가 잘 조직되어 있을수록 공적인 일이 시민의 정신 속에서 사적인 일을 압도한다. 공공의 행복의 합은 개인들이 각자 행복을 위해 노력해야 할 일을 줄여 주어 개인들에게도 더 큰 행복을 제공할 수 있기 때문이다.

잘 운영되는 도시국가에서는 많은 사람이 기꺼이 집회로 뛰어나가지만, 나쁜 정부 아래에서는 집회에 가기 위해 한 발짝도 떼지 않는다. 그곳에서 행해지는 것에 관심을 가지는 사람이 없기 때문이며, 그곳에서는 일반의지가 지배하지 못한다는 것을 알기 때문이며, 또 각자 집안 걱정에 몰두하기 때문이다. 좋은 법은 더욱 좋은 법을 낳게 하고, 악법은 더욱 악법을 낳게 한다. 누군가 나랏일에 대해 "내가 알게 뭐냐?"라고 말하는 순간 그 국가는 이미 망하였다고 봐야 할 것이다.

애국심 감소, 사적인 이익 활동, 국가의 광대함, 정복, 그리고 정부의 폐단 등이 인민 집회에서 인민의 대의원 혹은 대표자라는 방법을 착안하게 하였다. 어떤 나라에서는 이들을 제3신분이라고 부르고 있다. 이렇게 되면 두 신분의 특수 이익이 1, 2위에 놓이고, 공공의 이익은 3위밖에 차지하지 못한다.

주권은 양도될 수 없는 것과 마찬가지로 대표될 수도 없다. 주권은 본질상 일반의지에 속한다. 일반의지는 결코 대표될 수 없다. 일반의지는 그 자체이거나 다른 것일 뿐 중간은 없다. 그러므로 인민의 대의원은 일반의지의 대표자가 아니며 그렇게 될 수도 없다. 그들은 인민의 심부름꾼에 불과하다. 그들은 무엇 하나도 확실하게 결정할 수 없다. 인민 스스로 승인하지 않은 법률은 모두 무효이다. 영국의 인민들은 자유롭다고 생각하지만, 그것은 큰 잘못이다. 그들이 자유인인 것은 의원을 선출할 때뿐이며, 일단 의원이 선출되면 노예로, 아무것도 아닌 존재로 전락한다.

대표자라는 생각은 근세의 것이다. 그것은 봉건정치, 즉 사람이 타락하여 사람이라는 이름마저 치욕스러웠던 부정하고 어리석은 정치에서 나왔다. 고대 공화국에서는, 아니 군주국에서조차 인민은 대표자를 갖지 않았다. 로마에서는 호민관이 매우 신성시되고 있었지만 그들이 인민의 역할을 대신하리라고는 상상조차 하지 않았다. 또 호민관들은 인민 집회에 숱하게 참석하였지만 단 한 건의 결의조차 직권으로 통과시키지 않았다. 법률은 일반의지의 선언이므로 인민이 입법권에서 대표될 수 없는 것은 분명하다. 그러나 집행권에서는 대표될 수 있고, 또 그렇게 되어야 한다. 집행권은 법률을 적용하는 힘에 지나지 않기 때문이다.

그리스 인민들은 자신들이 해야 할 모든 일을 스스로 이루었다. 인민은 끊임없이 광장에 모였다. 그들은 온화한 풍토에 살았으며 탐욕스럽지 않았다. 노동은 노예가 하는 것이었고, 인민의 주요 관심사는 자신들의 자유였다.

그런데 그리스인들과 같은 이점을 갖지 않은 나라에서 어떻게 같은 권리를 보존할 수 있을까? 여러분 나라의 풍토는 그리스보다 혹독하니 그만큼 불편한 점이 많다. 1년 중 6개월은 공공 광장을 쓰지 못하고, 답답한 프랑스어는 야외에서 잘 들리지 않는다. 여러분은 자유보다 이익 추구를 중요하게 여긴다. 여러분은 노예가 되는 것보다 가난을 더 두려워한다.

근대인 여러분은 노예를 가지지 않는 대신 자신을 노예로 만들었다. 여러분은 스스로의 자유를 팔아 노예의 자유를 사고 있다. 그편이 좋다고 자만하지 마라. 나는 이러한 선택에서 인간성보다는 비굴함을 발견한다.

그렇다고 내가 노예제를 정당화하는 것은 아니다. 다만 나는 스스로 자유민이라 믿는 근대인이 왜 대표자를 갖게 되었으며, 고대인이 왜 대표자를 갖지 않았는지 그 이유를 설명하자는 것이다. 인민은 대표자를 갖는 순간 자유롭지 못하다. 모든 것을 잘 검토해 보면 도시국가가 아주 작지 않은 한, 주권자가 그 권리 행사를 보존하는 것은 이 나라에서는 앞으로도 불가능할 것 같다. (3권 15장)

| 정부의 횡포를 막는 방법 |

정부를 만드는 행위는 계약이 아니라 하나의 법이다. 집행권을 맡은 사람들은 인민의 주인이 아니라 심부름꾼이다. 인민은 언제든지 그들을 임명하고 해임할 수 있다. 집행권을 맡은 사람들의 문제는 계약하는 것이 아니라 복종하는 것이며, 그들이 국가가 부과한 직무를 맡은 것은 시민의 의무를 다하고 있을 뿐이므로 그 조건에 대해 따질 권리가 없다.

따라서 인민이 세습 정부를 만들었다면, 그것은 한 왕가의 군주정치든 한 시민계급의 귀족정치든 간에 계약을 한 것이 아니다. 그것은 다른 것을 명하는 것이 더 낫다고 생각될 때까지 인민이 행정을 위해 설립한 임시정부의 한 형태에 지나지 않는다.

이와 같은 정체의 변경은 언제나 위험하다. 공공의 이익과 도저히 양립할 수 없는 지경이 아니면 기존의 정부에 손을 대어서는 안 된다. 그러나 이 충고는 정책상의 규칙이지 법률상의 원칙은 아니다. 국가가 군사권을 장군들에게 맡겨 둘 의무가 없듯이 정치상의 권력을 지도자에게 맡겨 둘 의무도 없다.

그런데 정체의 변경에 신중해야 한다는 의무는 통치자에게 큰 이익이 된다. 인민의 의지에 어긋나는 권력을 유지하면서도 권리를 가로챘다는 말을 할 수 없게 만들기 때문이다. 주어진 권리만 쓰는 것처럼 보이면서 실은 권리를 확장하고, 공공의 질서를 핑계로 인민의 집회를 방해하는 것은 통치자에게는 매우 쉬운 일이다.

이리하여 정부는 인민에게 침묵을 강요하면서 동시에 이를 이용할 수 있다. 또 일부러 불법행위를 저지르도록 해 놓고는 이것을 이용할 수 있다. 그 결과 통치자는 공포 때문에 입을 다물고 있는 사람을 정부를 지지하는 사람이라고 제멋대로 단정하고, 진실을 말하려는 사람들을 처벌할 수도 있다.

내가 말한 정기적인 집회는 이런 불행을 막거나 미루기에 적합한 방법이다. 집회의 소집에 특별한 절차가 요구되지 않을 때 더욱 그렇다. 통치자가 집회를 방해하면 법률의 침해자이자 국가의 적임을 스스로 공공연히 선언하는 것이 되기 때문이다.

사회계약의 유지 외에는 아무 목적이 없는 집회는 열릴 때마다 다음 두 가지 의제를 제출해야 한다.

첫째, 주권자는 현재의 정부 형태를 유지하고자 하는가?

둘째, 인민은 정부의 일을 현재의 담당자에게 계속 맡기고자 하는가?

나는 여기서 이미 증명한 바 있는 폐지 불가능한 기본법이나 사회계약은 없다는 것을 전제하고 있다. 모든 시민이 모여 만장일치로 계약을 파기할 경우, 이 파기가 합법적이라는 것은 의심의 여지가 없기 때문이다.

그로티우스는 개인이 자신의 조국을 포기할 수 있고, 다른 나라로 나감으로써 자연스럽게 자유와 재산을 회복할 수 있다고 생각한다. 그런데 개개인이 따로따로 할 수 있는 일을 시민이 모인 집회에서 할 수 없다면 말이 되지 않는다.(3권 18장)

홉스나 로크와 마찬가지로 루소도 사회계약으로 결성된 정치체가 어떻게 하면 소멸되는지 설명하고 있습니다. 그런데 홉스나 로크의 사회계약은 인민과 정부 혹은 주권자 사이에 맺어진 것입니다. 그러므로 주권자가 인민에게 한 약속을 이행하지 못하면 정치체가 무너집니다. 그러나 루소의 사회계약은 인민과 주권자가 같습니다. 이 약속은 주권자와의 약속이자 자신과의 약속입니다. 그러므로 이 정치체는 인민이 주권자의 역할을 소홀히 할 때 무너집니다. 인민이 귀찮음, 나태, 혹은 자기 이익에만 관심을 가져서 주권자의 역할을 소홀히 하면 정부나 입법부가 마치 자신들이 주권자인 것처럼 행세하게 되며, 결국 자유는 사라지고 전제정치가 들어서는 것입니다. 이런 의미에서 루소는 대의제 정치에 거부감을 가지고 있습니다. 물론 근대국가에서 고대 도시국가처럼 직접 민주주의가 가능하다고 생각하지도 않았습니다. 그 해결책은 인민들이 늘 국가 전체의 일에 관심을 가지고 있으며, 필요하면 집회를 열어 자신들의 뜻을 표현하는 것입니다. 만약 이런 인민들의 집회를 방해하는 정부가 있다면 그 정부는 인민, 즉 주권자에게 도전하는 것이며, 더는 정부가 아니라 반역으로 여겨도 될 것입니다. 하지만 이런 법적인 장치와 권리가 주어지더라도 인민들 각자가 그런 마음의 자세를 갖추지 않는다면 공화국은 끝내 행정부의 혹은 입법부 일부 의원들의 독재로 돌아가고 말 것입니다. 주권자의 책임을 다하는 인민의 덕성은 저절로 생기지 않습니다. 바로 이 점이 루소가 《사회계약론》과 더불어 교육학 명저인 《에밀》을 저술한 이유이기도 합니다.

● **생각해보기**

1. 이 글에서 말하는 통치자의 의지와 일반의지의 관계라는 개념을 이용하여 사회적 결합이 무너지는 경우에 대해 설명해 보세요.

2. 주권이 유지되기 위해 필요한 것은 무엇입니까?

3. 잘 운영되는 정치사회에서 시민들은 공공의 의무를 어떻게 수행해야 한다고 설명하고 있습니까?

4. 정부의 횡포를 막기 위한 방법으로 제시하고 있는 것은 무엇입니까?

요약
노트

인간은 자연 상태에서 자유롭게 태어났습니다. 그런데 왜 스스로 사회계약을 맺어 사회질서라는 사슬에 구속되어 있을까요? 우리는 그 사회적 약속이 무엇인지 알아야 합니다. 최초의 사회인 가족은 유일한 자연적 유대입니다. 이 유대는 자식의 생존에 부모가 필요한 시기에 한정되며, 그 이후로도 계속되려면 약속이 필요합니다.

누구도 자연적으로 다른 사람을 지배할 힘을 가지지 않습니다. 이는 모두 약속의 결과입니다. 약속을 하기 위한 최초의 전제는 사람들이 인민으로 결집하는 행위입니다. 이 행위가 참된 사회의 기초이며, 이후에 왕의 선택이나 다수결의 법칙 등이 생길 수 있습니다. 인간은 스스로의 생존을 위해 힘들을 하나로 모아서 방해물의 힘을 이길 수 있는 단결된 힘을 만들어야 하며, 결합된 힘은 많은 사람의 협력으로만 가능합니다. 따라서 '사회계약'의 근본적인 문제는 이런 결합된 힘을 만들고서도 개인은 전과 같이 자유로워야 한다는 것입니다.

개인은 사회의 주권자로서 또 주권자에 대한 사회 구성원으로서 이중의 약속을 합니다. 개개인은 인간으로서 하나의 특수의지를 갖는데, 이것은 시민으로서 가지고 있는 일반의지와 상반되거나 다른 것입니다. 그러므로 사회계약이 헛된 문구가 되지 않으려면 일반의지에 복종하기를 거부하는 사람은 전체 공동체가 복종을 강제한다는 약속을 암묵적으로 포함해야 합니다. 이것은 시민의 자유를 강요한다는 것이며, 시민의 약속을 합법화하는 조건입니다. 자연 상태에서 사회 상태로 옮겨 가게 되면 사회계약에 의해 사회적 자유를 획득하게 됩니다.

사회계약은 시민 간의 평등을 확립하며, 그 결과 각 시민은 모두가 같은 조건에서 계약을 맺고 같은 권리를 누려야 합니다. 법은 인민 전체가 인민 전체에 대해 규정하는 것이므로 인민은 법의 준수자이며 법의 제정자입니다. 입법 체계의 목적은 인간 전체의 복지이며, 이것

은 '자유'와 '평등'으로 귀착됩니다.

　　정부란 인민과 주권자 사이에 설치된 중간 단체이며, 법률 집행과 시민적이고 정치적인 자유를 유지합니다. 정치체 생명의 본원은 주권에 있으며, 입법권은 국가의 심장이고, 집행권은 모든 부분을 움직이게 하는 두뇌입니다. 심장이 그 기능을 멈추면 사망하는 것처럼 가장 중요한 것은 입법권의 기능입니다. 정부의 횡포를 막기 위해서는 정기적인 집회가 필요합니다.

2부

근대 민주주의 그 이후

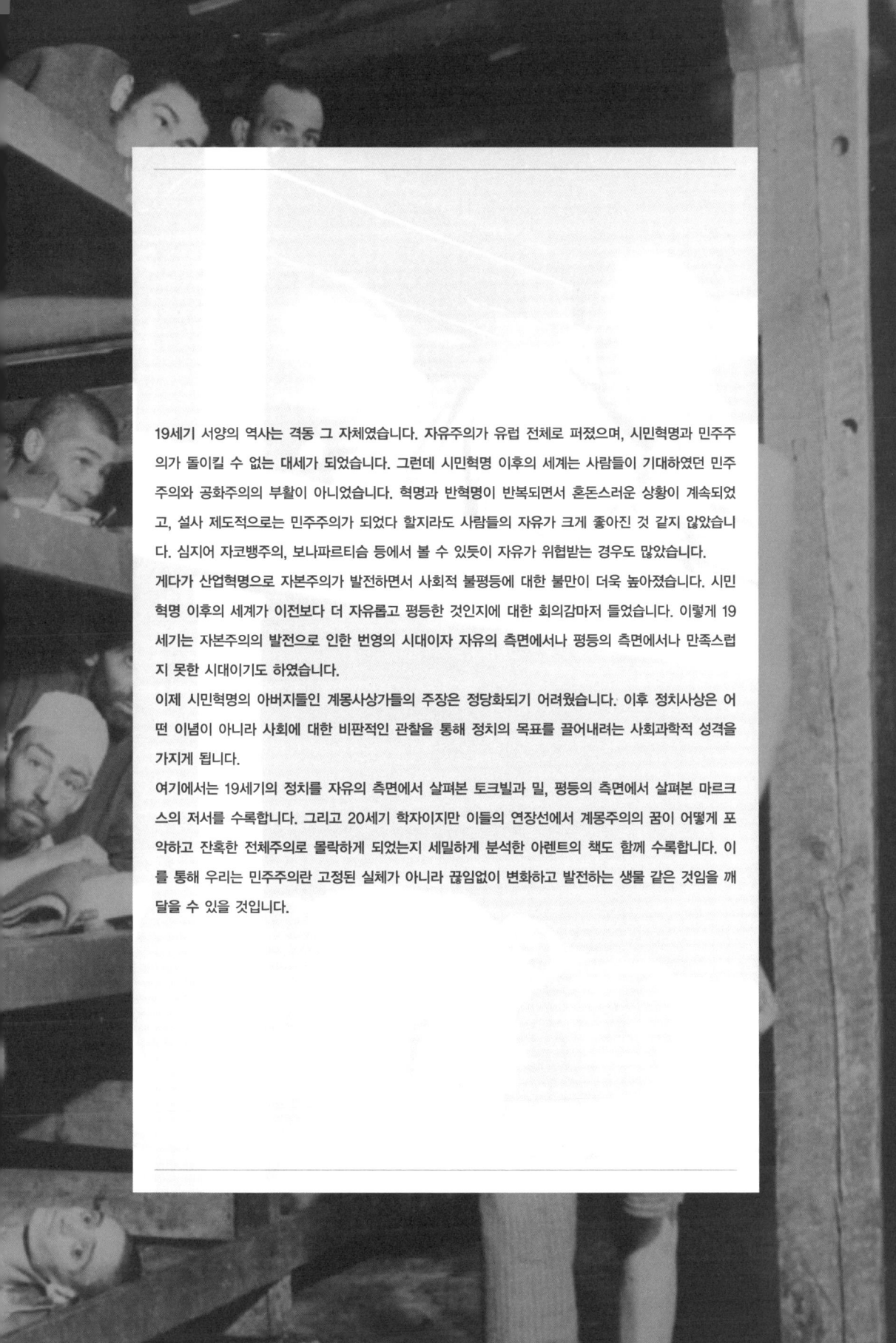

19세기 서양의 역사는 격동 그 자체였습니다. 자유주의가 유럽 전체로 퍼졌으며, 시민혁명과 민주주의가 돌이킬 수 없는 대세가 되었습니다. 그런데 시민혁명 이후의 세계는 사람들이 기대하였던 민주주의와 공화주의의 부활이 아니었습니다. 혁명과 반혁명이 반복되면서 혼돈스러운 상황이 계속되었고, 설사 제도적으로는 민주주의가 되었다 할지라도 사람들의 자유가 크게 좋아진 것 같지 않았습니다. 심지어 자코뱅주의, 보나파르티슴 등에서 볼 수 있듯이 자유가 위협받는 경우도 많았습니다.

게다가 산업혁명으로 자본주의가 발전하면서 사회적 불평등에 대한 불만이 더욱 높아졌습니다. 시민혁명 이후의 세계가 이전보다 더 자유롭고 평등한 것인지에 대한 회의감마저 들었습니다. 이렇게 19세기는 자본주의의 발전으로 인한 번영의 시대이자 자유의 측면에서나 평등의 측면에서나 만족스럽지 못한 시대이기도 하였습니다.

이제 시민혁명의 아버지들인 계몽사상가들의 주장은 정당화되기 어려웠습니다. 이후 정치사상은 어떤 이념이 아니라 사회에 대한 비판적인 관찰을 통해 정치의 목표를 끌어내려는 사회과학적 성격을 가지게 됩니다.

여기에서는 19세기의 정치를 자유의 측면에서 살펴본 토크빌과 밀, 평등의 측면에서 살펴본 마르크스의 저서를 수록합니다. 그리고 20세기 학자이지만 이들의 연장선에서 계몽주의의 꿈이 어떻게 포악하고 잔혹한 전체주의로 몰락하게 되었는지 세밀하게 분석한 아렌트의 책도 함께 수록합니다. 이를 통해 우리는 민주주의란 고정된 실체가 아니라 끊임없이 변화하고 발전하는 생물 같은 것임을 깨달을 수 있을 것입니다.

1장

자발적인 시민 결사체가
다수에 의한 폭정을 경계한다

토크빌 《미국의 민주주의》

Alexis de Tocqueville
*De la démocratie en
Amérique*

《미국의 민주주의》를 읽기 전에

귀족의 몰락을 당연시한 귀족 청년

알렉시 드 토크빌Alexis de Tocqueville, 1805~1859은 프랑스의 정치학자이자 역사가이며 정치가입니다. 그의 조상은 프랑스혁명 당시 희생된 진보적인 귀족 정치가 크레티앙 드 말제르브입니다. 그는 혁명에 희생된 귀족 출신인데도 귀족의 특권이 몰락하는 것은 역사적으로 피할 수 없는 일이라고 생각하였으며, 나폴레옹의 몰락 이후 왕정이 복고되자 오히려 거부감을 느꼈습니다. 그는 미국의 교도 행정 개혁을 연구한다는 핑계를 대고 미국 유학을 청원하여 허가를 얻었는데, 실상은 민주주의가 어떤 식으로 작동하고 있는지 상세히 관찰하기 위해서였습니다. 이때 9개월 동안 미국에 머물면서 《미국의 민주주의》의 첫 부분을 썼습니다. 이로 인해 토크빌은 프랑스에 돌아와 곧바로 정치학자로 명성을 얻었습니다.

1848년 2월혁명이 일어나 프랑스의 공화정이 회복되었습니다. 토크빌은 새로 수립된 공화정에서 의원으로서 자유주의를 설파하며 많은 활약을 하였습니다. 그러나 공화정은 오래가지 못하고, 1851년 12월 2일에 당시 대통령이던 루이 나폴레옹이 군사 쿠데타를 일으키면서 무너지고 맙니다. 얼마 지나지 않아 루이 나폴레옹이 황제에 등극하면서 자신을 나폴레옹 3세라 부름으로써 프랑스의 공화정은 마르크스에 의해 '코미디'로 조롱받는 지경에 이르렀습니다. 자유주의자인 토크빌은 쿠데타에 격렬히 반대한 결과 체포되어 투옥되었습니다. 모든 공직을 박탈당한 토크빌은 더는 정치 활동을 하지 못하고 1856년에 《앙시앵레짐과 프랑스혁명》을 남기고 세상을 떠났습니다.

이 책에서 토크빌은 1789년에서 1848년에 이르기까지 끊임없이 이어지던 프랑스혁명이 반복된 앙시앵레짐, 즉 전제적인 정치의 전통에서 비롯되었음을 논증

나폴레옹 3세의 쿠데타 프랑스혁명 이후 수십 년이 지났지만 프랑스는 안정적인 민주정치를 정착시키지 못하였다. 계속 공화정과 왕정을 되풀이하다가 혁명으로부터 반세기도 더 지난 1851년 12월 2일, 나폴레옹의 조카인 루이 보나파르트가 쿠데타를 일으켰다. 그는 의회를 해산하고 대통령의 임기를 10년으로 연장하더니 이듬해에는 스스로 나폴레옹 3세라 칭하고 황제로 등극하였다. 이로써 그동안 혁명의 성과는 무로 돌아가고 말았다.

합니다. 프랑스는 영국이나 미국과 같은 자유주의적 전통이 없었기 때문에 전제적인 정부를 타도한 뒤에 또 다른 전제정치를 수립하곤 하였다는 것입니다.

전제정치의 전통에서 미국의 민주주의를 흠모하다

토크빌은 혼란스럽고 어려운 시기를 살았습니다. 1789년 프랑스혁명의 결과는 인민주권이 확립된 안정된 민주정치가 아니라 자코뱅의 공포정치, 테르미도르의 반동, 나폴레옹의 황제 등극, 급기야 1815년 나폴레옹의 몰락과 더불어 다시 왕정으로 돌아가는 등 일대 혼란이었습니다. 토크빌이 정계에 진출한 그 무렵만 하더라도 다시 7월혁명이 일어나서 부르봉 왕가가 쫓겨나고, '시민왕'이라 불리던 오를레앙 왕가의 입헌군주정이 수립되던 때였습니다. 이렇게 혁명 이후 제대로 된 공화정을 수립하지 못하고 계속 혼란과 왕정복고를 반복하고 있던 프랑스의 실정에 실망한 토크빌에게 1776년 혁명 이후 안정된 민주정치를 누리고 있던 미국은 부러움과 호기심의 대상이었습니다. 그는 미국의 민주주의의 힘이 정부 형태가 아니라 그 사회적 바탕에 있을 것이라고 생각하였고, 그리하여 미국을 비롯하여 미국인의 삶을 세밀하게 관찰하고 분석하고자 하였습니다. 그리고 그 결과 이 책이 나온 것입니다.

《미국의 민주주의》는 두 권으로 이루어져 있는데, 1권에서는 관찰한 사례들을 중심으로 미국의 민주주의가 어떤 식으로 작동하는지 세세하게 설명하고 있으며, 2권에서는 민주주의의 핵심인 평등화 경향이 조장하기 쉬운 전체주의의 가능성, 그리고 자유의 상실에 대한 우려와 위험을 상세하게 기술하였습니다.

이 책은 무엇보다도 19세기 미국의 상황을 미국인보다도 구체적이고 체계적으로 분석하였다는 점에서 놀라움을 줍니다. 오늘날 우리가 흔히 '풀뿌리 민주주의'라고 부르는 것들이 미국에서 어떻게 구현되고 있는지를 예리하게 분석하고 있습니다. 또한 미국 민주주의에 대한 예찬에만 머무르거나 현상의 묘사에만 그치지 않고 미국의 민주주의가 가능하게 만드는 조건들이 무엇인지, 더 나아가 앞으로 미국의 민주주의가 잘못된 길로 빠질 수 있게 만드는 위험 요인은 무엇인지도 꼼꼼하게 분석하고 있습니다. 이를 통해 우리는 민주주의가 올바로 정착하기 위해 필요한 조건들, 그리고 민주주의가 전체주의와 같은 왜곡된 정체로 전락하지 않으려면 유의해야 할 점은 무엇인지 알 수 있습니다. 이 책을 읽으면서 주의할 점은 여기서 말하고 있는 미국은 오늘날의 미국과 전혀 다르다는 것입니다. 작고 느슨한 중앙정부, 광범위한 지역 자치가 특징인 당시의 미국은 20세기 이후에는 크게 훼손되었습니다.

토크빌은 민주주의의 미래에 대해 비판적으로 전망하면서 책을 마무리하였지만, 여러분이 그것까지 받아들일 필요는 없습니다. 오히려 여러 자발적인 결사체들의 중요성을 강조하였다는 점에서 우리는 토크빌 사상의 흔적을 각종 시민운동과 엔지오NGO 등에서 찾아야 할 것입니다. 특히 20세기 최고의 정치사상가라고 불리는 로버트 달은 토크빌을 비판적으로 계승하여 평등의 시대에 자유를 수호하는 정치적 대안에 대한 많은 논의를 펼쳤습니다.

⬛ 《미국의 민주주의》 발췌 부분

01 미국의 독특한 지역사회와 자치제도는 어떻게 가능한가?	1권 서론, 2장, 3장, 5장
02 미국에서 폭정이 나타나지 않는 까닭은 무엇일까?	1권 12장, 14~17장
03 평등의 시대에 더욱 고개를 드는 독재의 우려를 막을 방법은 없을까?	2권 4부 1~3장, 6장, 7장

01 | 미국의 독특한
지역사회와 자치제도는
어떻게 가능한가?

 토크빌은 평등의 원리가 속속들이 자리 잡은 미국의 특성과 그들이 만들어 낸 제도에 대해 간략하게 적으면서 이 책을 시작합니다. 그것은 한마디로 폭넓은 자치와 참여라고 할 수 있습니다.

| 서론 |

미국에 머무르는 동안 내가 흥미를 느꼈던 것들 중 가장 놀라운 것은 생활 상태의 전반적인 평등이었다. 그리고 오래지 않아 이 기본적인 사실이 미국 사회의 모든 과정에 엄청난 영향력을 발휘한다는 것을 알게 되었다. 이것이 여론의 방향과 법률의 성향을 부여하며, 통치자에게는 새로운 규율을, 피통치자에게는 독특한 습관을 부여한다.

나는 이것이 미국의 정치와 법률의 범위를 훨씬 넘어서서 민간 사회에도 같은 영향을 미친다는 것을 알게 되었다. 여론의 형성, 새로운 감정과 독특한 습관의 형성, 거의 모든 것의 혁신. 나는 미국 사회를 연구할수록 생활 상태의 평등이야말로 다른 모든 것의 기초이며 미국에 대한 모든 연구가 귀결되어야 하는 핵심임을 깨닫게 되었다.

지난 700년간 일어난 주요 사건들의 대부분이 생활 조건의 평등을 촉진시켜 왔다. 십자군 전쟁과 영국의 내전은 귀족의 재산을 분산시키고 그들의 힘을 약화시켰다. 자치도시는 봉건왕국의 품속에서 민주주의적 자유를 도입하였고, 화약 무기의 발명은 전쟁터에서 귀족과 평민을 동등하게 만들었으며, 인쇄술은 모든 계급에게 교양을 공급하였다. 우편은 오두막과 궁전을 가리지 않고 지식을 배달하였으며, 종교개혁은 누구나 동등하게 천국에 이르는 길을 찾을 수 있음을 선언하였다. 아메리카의 발견은 무수히 많은 새로운 행운을 줌으로써 이름 없는 모험가들이 막대한 부와 권력을 거머쥐었다. 귀족은 사다리를 내려왔고 평민은 올라갔다. 이들은 50년마다 가까워지고 있으며 곧 만나게 될 것이다.

따라서 평등 원칙의 점진적인 전개는 필연이다. 이 원칙의 주요한 특징들이 있다. 이것은 보편적이고 지속적이며 인간의 모든 간섭을 무시하며, 세상만사가 그것의 발전에 기여한다. 그러니 머나먼 과거에서 비롯된 사회 변동을 한 세대의 노력으로 막을 수 있으리라 기대하는 것은 어리석다. 봉건제도와 군주정을 무너뜨린 민주주의가 상인과 자본가들에게 밀려날 턱이 있겠는가?

만일 우리가 집중적인 관찰과 진지한 성찰을 통해 사회적 평등의 점진적인 발전이 우리 역사의 과거이자 미래임을 확신하게 된다면, 이 발견만으로도 그 변화를 신성하게 여길 것이다. 민주주의를 막으려 하는 것은 신의 뜻을 거역하는 것이며, 인민은 신이 부여한 사회적 운명을 최대한 이용해야 한다. 지금은 새로운 세계를 위한 새로운 정치학이 필요하다.

토크빌은 민주주의를 주로 자유에서 찾았던 계몽사상가들과 달리 평등화의 경향에서 찾았습니다. 그리고 인류의 문명 자체가 평등화 과정이며, 이 과정은 거스를 수 없다고 역설하고 있습니다. 19세기는 평등이 사회의 원칙으로 정착된 시기로, 미국은 평등이 가장 분명하게 자리 잡은 사회로 봅니다. 토크빌 이전에는 평등을 중심으로 사유한 정치학이 별로 많지 않았습니다. 홉스, 로크 등 자연법 사상가들은 자연 상태의 특징으로 평등을 들었지만, 그것은 어디까지나 능력과 소망이 서로 비슷하며 모두가 자유롭다는 의미의 평등이었습니다. 평등은 사회 상태가 되면서 무너진다고 보았습니다. 그런데 토크빌은 오히려 과거에는 불평등하였으나 문명이 발전할수록 평등해지며, 평등이라는 조건이 정치와 사회의 성격을 크게 바꾼다고 봅니다. 그리고 사회 구성원이 평등해졌을 경우 나타나는 여러 현상의 모델로서 미국 사회를 고찰하고자 합니다.

그런데 우리가 전통적인 제도와 사상, 습관을 버린 대신 채택한 것의 정체가 대체 무엇인지 의문이다. 왕권은 무너졌지만 법률의 존엄성이 뒤따르지 않았다. 인민은 모든 권위를 경멸할 수 있게 되었음에도 여전히 그것을 두려워한다.

재산의 분배는 부자와 가난한 자의 거리를 좁혔지만 그들이 가까워질수록 증오는 더욱 커지며, 상대의 권력을 막으려는 질투와 공포는 더욱 격렬해지고 있다. 또 양쪽 모두 권리 관념을 가지고 있지 않아 오직 힘만이 현재의 근거이자 미래의 보장이라고 생각한다.

가난한 사람은 조상들의 신앙심과 덕성을 버리고 편견과 무지만 가지고 있다. 그들은 이기심을 행위의 기준으로 삼았으면서도 그것의 바탕이 되는 과학을 이해하지 못한다. 그들은 과거에는 맹목적으로 헌신적이었지만 현재는 맹목적으로 이기적일 뿐이다.

결국 우리는 구체제절대왕정의 이점을 모두 버리고 현 상태에서는 아무것도 얻은 것이 없는 셈이 되었다. 프랑스 민주주의는 무분별한 열정에 휩싸여 앞길을 막는 것은 무엇이든 파괴하였으며, 파괴하지 않은 것은 모조리 뒤흔들었다. 이제 우리는 과연 어디에 있는 것일까?

지금 말하고 있는 이 거대한 사회혁명이 거의 극에 달한 나라가 지상에 있다. 이 나라는 혁명을 아주 쉽고 간단히, 아니 지금 우리가 겪고 있는 민주혁명의 과실을 아예 혁명을 거치지도 않고서 모두 거두었다고 해야 할 것이다.

17세기 초 아메리카 해안에 이주해 온 이민자들은 유럽에서는 갈등의 원인이 된 민주주의와 다른 원칙들을 용케 분리하여, 그중 민주주의만 신대륙에 옮겨 심었다. 민주주의 원칙은 그곳에서 완전히 자유롭게 뻗어 나가게 되었으며, 이 나라의 생활 태도에 영향을 미쳐서 평화적으로 법률의 성격을 결정지었다. 나는 미국인들이 선택한 정부가 민주주의의 유일한 형태라고 생각하지 않는다. 그러나 두 나라의 법률과 생활 태도가 같은 원인에서 형성되었기 때문에 두 나라에서 법률과 생활 태도를 각각 살펴보는 것은 흥미로운 일이다.(1권 서론)

영국계 미국인들의 기원

토크빌은 미국 민주주의의 독특함을 처음 그 사회를 건설한 사람들의 사회적·경제적·사상적 특징과 그 사회가 건설된 지역의 특징에서 찾고 있습니다. 이는 어떤 정치제도나 문화를 그 사회의 경제적·사회적 특성의 결과로 보는 것으로, 주로 그 나라의 정체와 시민들의 덕성을 연결시킨 이전의 철학자들과 구별됩니다. 이런 점에서 토크빌은 처음으로 정치학에서 사회과학적 관점을 보여 준 사상가로 불립니다.

뉴잉글랜드미국 동부 해안에 정착한 이민자들은 모두 모국에서 매우 자유로운 계층 출신이었다. 그런 그들이 아메리카 대륙에 모이자 귀족도 평민도, 부자도 빈민도 없는 특이한 사회현상이 나타났다. 그들은 대개 교육 수준이 높았으며, 몇몇은 그 재능과 업적으로 유럽에서 명성을 얻기도 하였다. 그들과 다른 이주민들의 결정적인 차이는 이민의 목적이었다. 그들은 어쩔 수 없이 모국을 떠난 것이 아니었다. 그들은 모국에서 포기하기에 아까운 사회적 지위에 있었으며, 경제적으로도 넉넉하였다.

그들이 대서양을 건넌 이유는 신분이나 재산이 아니라 순수한 지적 열망 때문이었다. 고난에 직면해서도 그들은 이상의 승리라는 목표를 지켰다. 이들은 황량한 해안에 상륙하자마자 제일 먼저 사회 규약부터 만들었다. 그들의 모국이 아직 전제적인 계급 서열 아래 있을 때 식민지에서는 평등한 사회가 그 놀라운 모습을 드러냈다. 고대인들이 꿈꾸었던 것보다 완전한 민주주의가 낡은 봉건사회 안에서 멋지게 시작되었다.

뉴잉글랜드는 꿈과 환상이 실현되고 개혁자들의 무한한 실험이 가능한 곳으로 보였다. 이곳의 정착민들은 열렬한 청교도였지만, 과감한 개혁자들이기도 하였

다. 종교관은 다소 편협하였지만 정치관에는 치우침이 없었다.(1권 2장)

영국계 미국인들의 사회 상태

인간에게는 평등에 대한 당당하고 올바른 열정이 있다. 이 열정은 모든 인간이 권력과 존경을 추구하도록 자극한다. 이런 열정이 미천한 사람도 고귀하게 끌어올리는 것이다. 그런데 인간에게는 평등에 대한 천박한 열정도 있다. 이런 열정은 우월한 자를 자기 수준으로 끌어내려, 노예 상태의 평등을 자유 속의 불평등보다 선호할 정도로 사람들을 타락시킨다. 그렇다고 민주적인 사회에 있는 국민이 자유를 가벼이 여기는 것은 아니다. 오히려 그들은 본능적으로 자유를 사랑한다. 다만 자유가 가장 중요하고 지속적인 욕망의 대상이 아닐 뿐이다. 그들의 우상은 평등이다. 그들은 자유를 얻기 위해 노력하다 실패하면 크게 실망하지만, 평등을 얻지 못한다면 어떤 것도 그들을 만족시킬 수 없게 된다. 그들은 평등하지 않을 바에는 차라리 죽음을 택할 것이다.

모든 시민이 실질적으로 평등한 나라에서는 시민들이 권력자의 침해로부터 자신들의 독립을 지키는 일이 어려워진다. 그들 중 혼자서도 권력자와 싸울 수 있을 정도로 큰 힘을 가진 사람이 없기 때문에 모두가 힘을 모으지 않으면 자유를 지킬 수 없다. 그런데 이런 연합이 언제나 가능한 것은 아니다.

영국계 미국인들은 이런 기로에 서 있었으면서도 절대 권력의 지배를 피하는 행운을 누리는 최초의 국민이 되었다. 그들은 자신들의 생활환경과 희망, 지혜, 그리고 특히 윤리감 때문에 인민주권의 원칙을 수립하고 유지할 수 있었던 것이다.(1권 3장)

 토크빌은 영국 보수주의의 대표적 이론가인 에드먼드 버크와 더불어 민주주의의 양대 원리인 자유와 평등의 긴장 관계를 처음으로 감지하였습니다. 평등을 거의 신의 섭리라고까지 극찬하였지만, 평등이 무분별하게 주어질 경우 오히려 자유를 위협하는 결과를 가져온 프랑스혁명의 비극을 염두에 두었기 때문입니다. 그런데 유독 미국에서만 이 두 가지가 균형을 이루었기에 토크빌이 그

| 타운 제도와 자치 기구 |

타운 집회와 자유의 관계는 초등학교와 학문의 관계와 같다. 타운 집회에서는 자유가 주민들의 사정권 안에 있기 때문에 주민들은 자유의 사용법과 향유법을 배울 수 있다. 어느 민족이나 자유로운 정부를 세울 수는 있다. 그러나 자치제도 없이는 누구도 자유의 정신을 가질 수 없다. 일시적인 열정, 잠깐의 관심이나 우연한 상황 때문에 무늬만 자유가 잠시 나타날 수 있을 뿐이며, 얼마 지나지 않아 숨어 있던 전제적 경향이 되살아난다.

뉴잉글랜드의 타운은 프랑스의 코뮌과 캉통의 중간쯤 되는 규모로 인구가 대략 2,000~3,000명 정도이다. 이는 주민들의 이해관계가 서로 충돌할 정도로 큰 규모는 아니면서 동시에 시민들 중 업무를 담당할 사람들을 구하기에는 충분한 규모이다. 다른 곳과 마찬가지로 타운에서도 시민이 권력의 원천이다. 시민들은 이곳에서 자신들의 권력을 가장 직접적으로 행사한다.

입법 및 행정에 관한 공공 업무가 시민들 바로 곁에 있는 타운은 대의제도를 채택하지 않는다. 자치 협의회도 없다. 유권자들은 타운의 관리들을 선출할 뿐 아니라 단순하고 일상적인 법 집행을 넘어서는 모든 일을 지시한다. 타운의 공공 업무는 매우 상세하게 분류되어 있다. 그러나 행정권은 해마다 선출되는 몇몇 행정 위원이 거의 담당한다. 행정 위원들은 타운 집회에서 의결되어 그들에게 위임된 업무만 집행할 뿐이다.

만약 그들이 기존의 것을 바꾸고 새로운 사업을 시도하려면 그들 권력의 원천인 시민들의 의결을 거쳐야 한다. 예를 들어 학교를 새로 세우고자 할 때 행정 위원들은 정해진 날짜, 정해진 장소에 타운 집회를 소집해야 한다. 이들은 주민들에게 학교 신설의 필요성을 호소하고, 건설 방법이나 예상 비용, 적절한 장소 등을 설명한다. 타운 회의는 이 안건을 토의한 뒤 투표로 의결해서 그 결과를 행정 위원들에게 통보한다. 또 위원들은 주민 열 명 이상이 새로운 계획을 타운의 동의에 붙이기 위해 타운 집회를 요구하면 응해야 한다. 이 회의에서 위원들은 오직 사회권만 가진다. 행정 위원들은 해마다 3월이나 4월에 선출된다. 타운 집회는 위원들뿐만 아니라 여러 다른 타운 관리들도 선출한다. 그들에게도 중요한 행정 기능이 맡겨진다. 과세관은 타운 전체의 세율을 정한다. 징세관은 세금을 걷는다. 보안관은 질서 유지, 거리 감시, 법률 집행을 담당한다. 서기는 타운의 명령 및 인가를 기록한다. 구빈 감독관은 구빈법 집행이라는 어려운 업무를 담당한다. 교육 위원들은 학교와 공교육을 담당한다. 그 밖에도 여러 관리가 있다. 모든 주민은 여러 직책 중 적어도 하나는 수행해야 하며, 그러지 않으면 벌금을 낸다. 그러나 이들 직책은 거의 모두 봉급을 지불하여 가난한 시민들이 공무에 봉사하다가 손해를 보지 않도록 한다.

 영국계 이민들의 타운을 우리말로 옮기기는 대단히 어렵습니다. 사전의 의미대로 마을 혹은 촌락이라고 옮길 수도 있지만, 타운은 이보다는 훨씬 더 많은 사람들의 단위입니다. 이는 영국의 전통인데, 중앙에서 관리가 파견되는 최소 단위의 행정구역인 카운티보다는 작으면서 자치에 필요한 인력과 자원을 충당하기에는 충분한 규모의 주민을 가진 지역 정도로 보아야 할 것입니다. 영국은 이 정도 규모로 구성된 지역사회 자치의 전통이 강한 나라로, 미국에 처음 이주한 영국계 주민들 역시 이런 자치 타운을 세웠습니다. 더구나 초창기 식민지에는 영국 본토에서 파견한 관리도 없었습니다. 저자가 이와 대비시키는 프랑스의 행정구역인 코뮌과 캉통은 지방자치 단위라기보다는 영역 구분이며, 선거와 세금 징수 및 치안을 목적으로 편의상 분류한 경우가 많았습니다. 참고로 코뮌은 면보다 크고 시보다 작은 행정단위이며, 캉통은 구나 군을 세분한 행정단위에 해당합니다.

인민주권의 원칙이 인정되는 나라에서는 모든 개인이 권력을 평등하게 나누어 가지고 나랏일에 참여한다. 그렇다면 그는 왜 사회에 복종하며 대체 어느 선까지 복종해야 하는가? 개인들은 동료 시민들과 학식, 덕망, 힘에서 동등하다고 여긴다. 그런 개인이 사회에 복종하는 것은 그가 사회를 움직이는 사람들보다 자치 능력이 모자라서가 아니라 동료 시민들과의 결합이 유용하며 이런 결합을 위해 조정하는 힘이 필요함을 알기 때문이다. 타운들은 관련된 모든 일에서 자주적이다. 뉴잉글랜드 주민들 중 주 정부가 타운 일에 간섭할 권리를 가지고 있다고 인정할 사람은 아무도 없을 것이다. 프랑스는 정부가 지방에 관리들을 파견하지만, 미국에서는 타운이 정부에 관리들을 빌려 준다.

미국에는 자치 기구들이 존재하기만 하는 것이 아니라 타운 정신의 지지를 받아 생생하게 살아 있다. 주민들이 타운에 애착을 갖는 것은 그곳에서 태어났기 때문이 아니라, 타운이 참여의 노고에 값할 만큼 자유롭고 강력한 공동체이기 때문이다.

미국의 타운들은 가능한 많은 수의 사람들이 공익에 관심을 갖도록 하기 위해 권력을 매우 정교하게 분산시켰다. 그러므로 지방행정은 수많은 개인들에게 지속적인 이익과 관심의 원천을 제공한다.

공공의 직책은 강력하지만 그것을 담당하는 관리는 중요하지 않도록, 또 지역사회가 조정하는 힘을 가지지만 동시에 자유가 지켜지도록 하기 위해 권위의 행사가 분산되었다. 미국처럼 법률이 절대적인 언어로 군림하는 나라는 없지만, 법률 집행권이 이렇게 여러 사람에게 분산되어 있는 나라도 없다. 미국의 행정권은 중앙집권적이거나 위계적으로 구성되어 있지 않기 때문에 행정권의 집행이 거의 느껴지지 않는다. 권력은 존재하는데 그 대리자는 보이지 않는다.

토크빌은 참여 민주주의를 강조합니다. 미국의 초창기 공동체들은 주민들이 조금이라도 참여하고 거기에 직접적인 이해관계를 가질 수 있도록 되어 있었고, 그것이 미국 민주주의의 근간이 된다고 보았습니다. 이것을 고대 그리스의 폴리스와 비교해 볼 수 있습니다. 거대한 페르시아제국의 신민들이 그 나라를 자기 나라라고 느낄 수 없었던 것과 달리, 작은 폴리스들로 구성된 그리스인들은 자신들이 공동체의 주인임을 더욱 생생하게 느낄 수 있었던 것입니다. 토크빌은 부르봉 치하의 프랑스인들이 영국인들이나 영국계 미국인들과 달리 시민혁명을 일으키고도 다시 새로운 전제 정부를 세우는 일을 반복한 까닭을 이런 자치의 무경험에서 찾고 있습니다.

유럽에서는 주민이 자신을 지역에 대해 무관심한 일종의 거류민으로 생각한다. 그 지역의 가장 큰 변화가 주민이 참여하기는커녕 알지도 못하는 사이에 일어난다. 그들은 이 모든 것이 자신들과 관련이 없으며 정부라 불리는 권력자의 소관이라고 생각한다. 심지어 그들은 자신과 가족이 위험에 처해도 그것에 맞서 싸우지 않고 정부의 도움을 기다린다.

그런데 이렇게 자유의지를 포기한 사람도 복종하는 것은 남 못지않게 싫어한다. 그는 가장 하찮은 관리 앞에서도 굽실거리지만, 권력이 물러서기가 무섭게 감히 법에 맞선다. 그는 굴종과 방종 사이를 계속 오간다.

내가 미국에서 진정으로 감탄하는 것은 지방분권의 행정적 성과가 아니라 정치적 성과이다. 미국에서는 국가 이익이 어디에서나 명백히 드러나 있다. 시민은 누구나 국가 이익이 마치 자기 이익인 양 열렬한 관심을 가진다. 그는 자신이 기여하였다고 생각하는 나라의 영광을 자랑스럽게 여기고 자신에게도 혜택이 돌아올 나라의 번영을 기뻐한다. 그가 국가에 대해 가지는 감정은 마치 그의 가족을 결속시키는 감정과 비슷하다.(1권 5장)

토크빌은 무분별한 자유주의가 가져오는 이기심의 폐해는 물론, 공동체주의가 가져오는 억압의 폐해를 모두 심각하게 받아들였습니다. 그리하여 개개인이 자신의 이기심을 충족시키면서도 동시에 나라의 융성에도 관심을 가지게 할 수 있는 길은 무엇인지 모색하고, 그 답을 당시 미국에서 찾고자 하였습니다. 그것은 국가 공동체를 강조하는 것이 아니라 국가 공동체의 이익이 개인의 이익이라고 느낄 수 있는 사회적·정치적 조건을 마련하는 것입니다. 정부가 하는 일에 참여할 기회가 거의 없는 시민들이 국가의 이익이 자신과 관련이 없다고 느끼는 것은 당연하기 때문입니다.

이후 여러 장에 걸쳐 미국의 타운, 카운티, 주의 구성과 그 운영 제도에 대해 대단히 상세한 기술이 이어집니다. 대부분 앞에서 나온 내용에 대한 상세한 예를 드는 것이기 때문에 여기에는 싣지 않습니다.

1. 서론을 읽고 저자가 이 글을 쓴 이유가 무엇인지 설명해 보세요.

2. 저자는 영국계 미국인들이 실질적으로 평등한 나라의 시민이면서도 힘 있는 자의 침해로부터 자신들의 자유를 지켜 낼 수 있었던 이유를 무엇이라고 설명하고 있습니까?

3. 미국에서 '주권재민'의 원칙이 지켜질 수 있었던 원인은 무엇입니까?

4. 타운이란 한마디로 무엇입니까? 간단하게 정의해 보세요.

5. '주권재민'이 이루어지는 나라에서 시민들이 사회에 복종하는 이유는 무엇입니까?

6. 타운의 권력분립의 특징과 장점에 대해 설명해 보세요.

7. 미국의 행정권과 그 집행의 특징에 대해 설명해 보세요.

8. 미국의 법원의 위상과 독특성에 대해 설명해 보세요.

02 | 미국에서 폭정이
나타나지 않는
까닭은 무엇일까?

 프랑스에서는 민주주의를 내세운 혁명이 1789년, 1848년 두 차례나 일어났지만 권력이 번번이 독재자의 수중으로 넘어가곤 하였습니다. 공교롭게도 두 번 다 나폴레옹 가문이 차지하였습니다. 하지만 미국은 1776년 이래 토크빌 생전은 물론 지금까지도 폭정이나 독재가 등장한 적이 없습니다. 그 까닭을 토크빌은 무엇이라 보고 있을까요?

미국의 정치 결사

미국처럼 결사結社의 원칙이 다양한 목적에 적용되는 나라는 없을 것이다. 타운, 시티, 카운티 등 범저으로 영구적인 결사체를 제외하고도, 개인을 매개로 형성되고 유지되는 수많은 사적인 결사들이 있다.

미국 시민은 어릴 때부터 어려운 문제들에 스스로 맞서도록 교육받는다. 그는 사회적 권위를 믿지 않거나 의심하며, 그것 없이는 생존할 수 없는 지경이 되어야 사회에 도움을 청한다. 그들의 사회생활 전반에 이런 정신이 깃들어 있다. 미국에서는 공공 안전, 상업, 산업, 윤리, 종교 등을 위한 결사들이 만들어진다. 몇몇 개인들이 어떤 생각이나 주장을 공공연히 받아들이고, 그것을 효과적으로 전파하겠다고 약속하기만 하면 즉시 결사가 맺어진다. 이렇게 형성된 결사의 권위는 언론보다 크다. 어떤 여론을 대변하는 결사가 만들어지면 그 여론은 지지자들을 거느리고 결속시킨다. 또 지지자들이 늘어나고 교류가 활발해질수록 그들의 열의도 높아간다. 결사는 여러 사람의 노력을 한길로 모아서 그들이 지향하는 목표를 향해 강력하게 밀고 나간다. 그들은 나라 안의 나라이며 정부 안의 정부를 이룬다.

결사들은 민주주의 국가에서 특정 당파의 독재나 왕의 자의적인 권력을 미리 막기 위해 가장 필요한 요소이다. 이런 종류의 결사들이 없고, 개인이 결사를 구성할 수도 없는 나라에서는 가공할 폭정에 대항할 보호 장치가 사라진다. 자신과 동료들의 노력을 결합하고, 그들과 공동으로 행동하는 권리는 스스로의 힘으로 행동할 권리 다음으로 자연적인 인간의 권리다. 따라서 결사권은 그 본성상 자유권과 마찬가지로 양도할 수 없는 권리다.

유럽의 결사들은 그들이 달성하려고 제기한 목표에 따라 달라진다. 이런 단체들은 토론보다는 행동을 목표로 삼고, 설득보다는 투쟁에 의존하기 때문에 평화로운 준법 조직보다는 군대 방식의 조직으로 기울게 마련이다. 그 결사들은 또 가능한 한 소수의 지도자들에게 권력을 위임하여 힘과 통제권을 집중한다. 그들은 조직에 복종한다는 교의를 공공연히 밝힌다. 즉, 함께 뭉치면서 자신의 판단과 자유의지의 행사를 포기한다. 이런 결사들이 그 결사 안에서 행하는 전제적 지배는 도리어 그들이 공격하는 정부가 사회에 행하는 것보다 훨씬 더 심한 경우가 많다. 이 때문에 그들은 도덕적 힘과 피억압자들이 억압자들에 대항하는 투쟁에 따라붙는 신성함을 잃는다. 결사에 복종하고, 자기 의지와 생각마저 넘긴 사람이 어떻게 자유를 바란다고 자처할 수 있겠는가.(1권 12장)

 자유로운 결사체에 대해 서술하고 있는 이 부분은 흔히 토크빌주의라고도 불리는 정치사상의 핵심이 되는 내용입니다. 인민들이 어떤 매개나 중간 집단 없이 바로 국가권력과 맞닥뜨리게 되는 경우를 우려한 토크빌의 예측은 훗날 전체주의의 등장을 통해 현실로 나타나게 됩니다. 물론 토크빌 생전에도 의회나

정당을 거치지 않고 하층민들을 직접 선동하여 다수결 형태로 전제적인 정권을 수립한 보나파르티슘이 횡행하고 있었고, 토크빌 본인이 보나파르티슘의 희생자이기도 하였습니다. 사실 민주주의의 이런 타락에 대해서는 2000년 전 플라톤이나 아리스토텔레스도 여러 번 지적한 바 있습니다. 시민은 태어나는 것이 아니라 훈련받고 교육받아야 하며, 그 장소는 각종 자발적 결사체라는 토크빌의 생각은 오늘날에도 곰곰이 되새겨 볼 부분이 많습니다. 이런 자발적인 결사체를 토크빌은 다시 두 종류로 나누었는데, 하나는 정부나 국가권력에 영향을 주고 이를 견제하기 위한 모임인 정치결사이고, 다른 하나는 그 외의 각종 목적을 달성하기 위한 모임인 시민결사입니다. 토크빌은 특히 자발적인 정치결사의 자유로운 활동이 민주주의가 전제로 전락하지 않기 위해 중요하다고 보았습니다.

미국 민주주의의 장점

우리는 미국에 도착하자마자 그 혼란스러움에 놀란다. 자신들의 사회적 욕구를 충족시키고자 하는 수천 명의 목소리가 일제히 울려 퍼진다. 모든 것이 움직인다. 마을 주민의 4분의 1 정도가 교회 건물 건립을 결정하기 위해 모이고, 다른 쪽에서는 하원의원 선거가 실시된다. 좀 떨어진 곳에서는 구역 대표자들이 지역 개선 사업을 협의하기 위해 마을을 향해 걸음을 재촉하며, 다른 곳에서는 농부들이 쟁기를 던져 놓고 도로나 공립학교에 대해 토론한다. 정부가 하는 일에 반대한다는 뜻을 밝히려는 목적만으로도 집회들이 소집되는가 하면, 다른 집회들에서는 시민들이 정부 당국자들에게 최대의 존경을 표시한다. 한편 금주의 본보기를 보이는 결사들이 만들어져 술을 만악의 근원으로 선포하기도 한다.

공무에 참여하고 공공 문제를 토의하는 것은 미국인의 가장 큰 관심사이며 유일한 즐거움이다. 여자들도 공공 집회에 자주 참석하여 정치 연설을 들으면서 잠시 가사 노동에서 벗어난다. 토론 클럽들이 곧 연예, 유흥의 장소이다. 미국인은 대화는 못해도 토론은 할 수 있으며, 그들의 말은 이내 주장으로 변해 버린다.

반면 우리는 주민들이 법적으로 허용된 정치적 권리를 활용할 의사가 없는 것 같다. 그들은 사적 시간을 너무 중요하게 여겨 공익을 위해 시간을 쓰지 않으려 한다. 만약 미국인의 활동을 생업에만 제한한다면 삶의 절반을 빼앗는 셈이 되며, 극도로 비참한 상태로 몰아넣는 것이 될 것이다. 하층계급도 공무에 참여하게 되면 일상적 사고의 틀을 버리고 그 폭을 넓힌다. 공무에 협력하는 사람은 별 볼 일 없는 사람조차 얼마간의 자긍심을 얻는다.

물론 자유로운 민주정치는 유능한 독재자가 하는 것처럼 모든 계획을 말끔히 완수하지는 못한다. 민주정치에서는 결과가 나오기도 전에 계획을 포기하거나 무모한 계획들을 밀어붙이는 경우도 흔하다. 그런데도 민주정치는 어떤 종류의 전제정치보다 더 많은 결실을 거둔다. 민주정치는 국민에게 가장 뛰어난 정부를 제공하지는 않지만 가장 유능한 정부도 쉽사리 해낼 수 없는 것들을 성취한다. 민주주의의 진정한 장점은 모든 영역에서 일어나는 쉼 없는 활동, 충만한 힘, 어떤 불리한 상황에서도 기적을 이끌어 낼 활력이다.(1권 14장)

물론 오늘날 미국의 정치가 이런 식으로 운영되지는 않습니다. 또한 토크빌 당시에도 과연 이러하였는지 논란의 여지가 있습니다. 여기서는 토크빌이 희망하는 민주정치의 모습을 보는 것이 옳을 것입니다. 일찍이 플라톤이 "민주주의란 시끄러운 것이다."라고 하였던 말의 참뜻이 여기에서 드러납니다. 민주주의는 모든 이해관계가 저마다 자기주장을 하면서 시끄러운 것입니다. 그렇게 시끄러운 가운데 개개의 시민들이 합의하고 조정하는 법을 배우고 익히면서 공공의 이익을 추구하는 체제입니다. 따라서 토크빌은 당장의 혼란과 갈등을 피하기 위해, 질서를 빌미로 전제적인 권력과 강한 정부를 옹호해서는 안 된다고 역설하고 있는 것입니다.

•

미국에서 다수가 가진 무제한의 권력과 그 결과

다수도 개인과 마찬가지로 집단으로는 하나이다. 또 다수집단의 의견이나 이해관계는 소수집단과 종종 충돌한다. 만약 절대 권력자가 권력을 남용하여 반대파를 괴롭힐 우려가 있다면, 다수집단 역시 마찬가지다. 무제한의 권력은 본질적으로 사악하고 위험하다. 인간에게는 그런 권력을 분별 있게 행사할 능력이 없다. 절대적인 권력과 수단은 그것이 국민·군주·귀족을 막론하고, 민주정·군주정·공화정을 막론하고, 폭정의 씨앗이다.

유럽 사람들은 흔히 미국의 민주주의는 제도가 허약해서 문제라고 한다. 하지만 내 생각에는 거꾸로 제도의 세력이 너무 막강한 것이 폐단이다. 즉, 이 나라는 자유의 지나침이 아니라 폭정에 대한 예방책이 부족하다는 점이 문제다. 여기에서는 어떤 개인이나 당파가 부당한 처우를 받게 되면 어디에도 호소할 곳이 없다. 여론은 다수의 의견이다. 입법부도 다수의 대표이며 다수에 암묵적으로 복종한다. 행정부도 다수가 임명한 다수의 도구이다. 공권력은 다수의 무력이며, 배심원도 사법 사건을 청취하도록 위임된 다수이다. 그러니 아무리 부당하고 불합리한 처우를 받아도 복종할 수밖에 없다.

유럽에서는 절대왕정이라 할지라도 자기 권력에 반대하는 사상들이 영토 안에서, 심지어 궁정 안에서까지 은밀하게 퍼지는 것을 막을 수 없다. 하지만 미국에서는 사정이 다르다. 다수 의견이 아직 결정되지 않았을 때는 토론이 진행되지만, 일단 다수 의견이 결정되고 공표되면 입을 닫아야 한다. 군주의 권력은 실제적이라 사람들의 행동은 통제하지만 그들의 의지는 억제할 수 없다. 그러나 다수는 실제적·윤리적 권력을 가지고 있어서 행동뿐 아니라 의지에도 작용하며, 권력을 향한 도전뿐 아니라 토론까지도 억압한다. 오늘날 민주공화정의 억압은 완전히 마음의 문제이다. '너는 내가 생각하라는 대로 생각하지 않으면 죽을 것'이라고 말하는 대신 '나와 다른 생각을 하는 건 네 자유다. 그러나 지금부터 너는 우리 국민의 이단자가 되는 것이다.'고 말하는 것이다.

나는 미국에서 애국심에 대한 말을 많이 들었고, 참된 애국심을 가진 국민도 보았지만, 애국심을 가진 지도자들은 전혀 보지 못하였다. 본래 전제정치는 억압자보다는 억압당하는 사람을 타락시킨다. 절대군주국에서는 종종 위대한 덕성을 가진 군주가 있지만, 신하들은 예외 없이 비굴하다. 물론 미국의 공직자들이 폐하니 전하니 하는 말을 하지 않는 것은 사실이다. 하지만 그들은 언제나 자기들이 현명한 국민을 주인으로 모시고 있다고 말한다. 그러면서 자기 주인이 어떤 존경할 만한 가치가 있는 덕성을 가지고 있는지는 논하지 않는다. 그들의 주인은 정작 덕성들을 획득하지도 않았고 그럴 마음도 없는데, 그런 덕성과 지혜를 가지고 있다고 자꾸 확신시켜 준다. 무제한의 권력이야말로 타락의 아주 확실한 방법이다. 만약 미국의 자유가 무너진다면 이는 다수의 절대 권력 때문일 것이다. 다수의 절대 권력이 언젠가는 소수파를 절망에 몰아넣어 폭력에 호소하도록 만들지도 모른다.(1권 15장)

우리는 흔히 민주주의는 다수결이라고 배웠습니다. 그러나 토크빌은 여기서 다수결이 만능이 아니며 오히려 그것이 더 무서운 폭정의 원인이 될 수 있음을 경고하고 있습니다. 다수의 횡포가 다수결로 위장되고 소수파가 지속적으로 억압당하고 무시당할 경우 결국 테러 등의 불행한 결과를 만드는 원인이 되는 것입니다. 이 부분은 인민의 합의에 의한 일반의지를 주장한 루소의 사상이 도리어 로베스피에르의 폭압 정치로 전락함으로써 증명된 바 있습니다. 그런데 토크빌은 다수의 횡포가 정치뿐 아니라 언론 등을 통한 일상적인 대화의 영역에까지 미치는 것을 경고하고 있습니다. 이 부분은 영국인들과 친하게 지냈던 토크빌의 모습이 잘 드러난 부분으로, 특히 절친한 사이였던 밀의 《자유론》과 그 주장이 유사함을 확인할 수 있습니다.

다수의 폭정을 완화하는 요인들

미국에는 중앙집권화한 정부는 있어도 중앙집권화한 행정은 거의 없다. 다수조차 폭정의 도구를 아직 갖추지 못하고 있다. 미국의 여러 주에서는 매우 예외적인 몇몇 사례를 제외하면 한 번도 중앙정부가 지나친 간섭을 한 적이 없다. 다수의 권력이 점점 절대적이 되었지만 중앙정부의 지배권을 키우지는 않았다. 중앙정부의 거대한 지배권은 특정 분야에 국한되어 있다. 그래서 비록 다수의 횡포가 가혹할지도 모르지만 그것이 모든 문제로 확대된다고 말할 수는 없다. 타운, 자치 기구, 카운티 등의 방파제들이 무수히 숨어 있으며, 이 방파제들이 국민적 결의라는 파도를 막거나 분리시킨다. 만일 억압적인 법률이 통과되더라도 자유는 법률의 집행 방식에 의해 여전히 보호받는다. 다수는 세부 사항을 건드릴 수 없으며 행정 말단

을 제어할 수 없다.(1권 16장)

미국의 민주공화정을 유지시켜 주는 주요 요인

미국에서 교육이 민주공화국 유지에 강력하게 기여한다는 사실은 명백하지만 나는 이것을 과장하지는 않겠다. 진정한 지식은 주로 경험에서 비롯된다. 미국인들이 자치에 점진적으로 익숙해지지 않았더라면 이걸 따로 배웠다고 할지라도 별 도움이 되지 않았을 것이다. 미국인에게 유럽에 대해 묻지 마라. 그러면 십중팔구 어리석은 선입견과 자만심을 가지고 대답할 것이기 때문이다. 그러나 자기 나라에 관한 문제가 제기되면 그의 지성을 가리던 구름이 순식간에 사라질 것이다. 그의 사고와 말이 명확해지며, 그는 권리에 대해, 또 그 권리를 행사하는 방법에 대해 알려 줄 것이다. 그는 여러 규칙이나 법률 운용에 대해 잘 알고 있을 것이다. 미국 시민은 실질적인 학문, 실증적인 사상들을 책에서도 교육을 통해서도 얻지 않았다. 그들은 법률 운용에 참여함으로써 법률 지식을 배우며 자치 행위를 통해 여러 통치 방식을 익힌다.

미국에서는 정치가 교육의 종착점이자 목표이다. 유럽의 경우 정치의 주요 목적은 사람들을 사생활에 안주시키는 데 있다. 유럽에서는 흔히 사생활의 사고방식과 습관이 공무에 도입된다. 반면 미국인은 공공 생활의 습관을 사생활에 적용한다.

민주적 생활 태도와 제도가 점진적으로 성장하는 것은 자유를 보존하는 최선책이 아니라 유일한 방법이다. 또 민주적 정부 형태를 염두에 두지 않더라도 그런 생활 태도와 제도의 점진적인 성장은 오늘날의 여러 사회 병폐에 대한 적용 가능하고 가장 바람직한 시정책이 될 것이다.

국민을 정부에 참여시키는 일도 어렵지만, 국민에게 경험을 제공하고 그늘을 더욱 잘 통치하기 위해 필요한 감정을 불어넣는 일은 훨씬 더 어렵다. 나는 민주정치가 목표는 변덕스럽고 법률은 불완전하고 통치 기구도 엉성하다는 점을 인정한다. 그러나 민주정치와 일인 통치 사이에 적절한 중간치가 전혀 없는 것이 사실이라면 자발적으로 후자에 복속되기보다는 전자 쪽으로 향해야 하지 않을까? 또 완전한 평등이 우리의 숙명이라면 전제자보다는 자유로운 제도에 의해 평등이 이루어지는 것이 더 낫지 않을까?

우리가 시민들이 자유를 맞아들일 준비를 갖추고 자유를 누리게 만들어 줄 사상과 감정을 전파시키는 데 실패한다면, 중산계급과 귀족, 빈민, 부자를 가리지 않고 모두 독립을 전혀 누릴 수 없을 뿐 아니라 완전한 폭정 아래 들어가게 될 것이다. 또 다수의 평온한 지배가 제때 확립되지 못하면 우리는 조만간 한 사람의 압제 아래 놓이고 말 것이다.(1권 17장)

 미국의 민주정치에 대한 보고서에 해당하는 1권을 마무리하는 부분입니다. 여기서 토크빌은 민주주의가 만능이라고 주장하는 독단을 경계합니다. 그런 견해는 민주주의를 달성한다는 명분으로 전제적인 억압을 합리화할 수 있기 때문입니다. 그렇다고 해서 민주주의의 대안이 있는 것도 아닙니다. 토크빌에게 민주주의는 필연적인 결과이며, 가능한 것들 중에서는 최선입니다. 그러나 시민들이 자유와 평등의 주인이 될 준비가 되어 있지 않다면 오히려 자유를 억압하는 결과가 될 수 있습니다. 그 준비는 바로 민주주의 교육이며, 민주주의 교육은 학교뿐 아니라 실제 삶 속에서 경험을 통해 이루어져야 하는 것입니다. 미국인들이 민주주의에 능한 것은 타운 등의 지역공동체, 각종 자발적 결사체에서의 활동을 통해 충분한 경험을 쌓았기 때문입니다.

● **생각해보기**

1. 미국의 '결사'는 정치적으로 어떤 긍정적인 기능을 하는지 본문에서 찾아 쓰세요.

2. 다수의 권력이 무제한일 때 일어날 수 있는 폐단은 무엇입니까?

3. 미국에서 다수의 폭정을 완화할 수 있는 요인은 무엇입니까?

4. 미국이 민주공화정을 유지할 수 있게 하는 원인은 무엇입니까?

5. 이 글에서 저자가 제시하는 자유를 보존하는 유일한 방법은 무엇입니까?

03 평등의 시대에 더욱 고개를 드는 독재의 우려를 막을 방법은 없을까?

 1권이 미국의 사회·정치에 대한 세밀한 보고서이면서 미국의 평등주의가 가져오는 매혹적인 면을 중심으로 기술되어 있다면, 2권은 평등주의가 가져올 수 있는 어두운 면을 중심으로 기술되어 있습니다. 특히 1권에서 보여 준 예찬과는 거의 정반대되는 예리한 비판을 담고 있으면서, 민주주의와 독재가 그야말로 백지 한 장 차이로 갈라질 수 있음을 보여 주고 있습니다.

│ 평등은 자연적으로 인간이 자유 제도를 선택하도록 할 것이다 │

민주국가에서 평등의 원리는 인간을 서로 독립시켜서 사생활에서 자기 의지만 따라 행동하려는 습성과 욕망을 길러 준다. 사생활에서 나타나는 완전한 독립은 사람들이 모든 권위에 대해 어느 정도의 시기심과 정치적 자유에 대한 호감을 갖도록 한다.

사회 평등화가 가져다준 모든 정치적 결과 중 독립에 대한 이런 애착이야말로 처음 보는 사람에게는 가장 인상적이며, 소심한 사람에게는 놀랄 만한 것이다.

이들의 놀라움을 나무랄 수 없다. 민주국가에서는 다른 어떤 곳보다도 무질서가 만연하여 무서울 정도이기 때문이다.

그런데도 나는 무질서가 민주국가가 가장 두려워해야 할 해악이 아니며, 오히려 가장 하찮은 해악이라고 생각한다. 평등의 원리는 인간을 곧바로 독립 상태로 이끌면서 무질서 상태로 몰아넣는 것과 노예 상태로 나가게 하는 두 경향이 있는데, 이 중 노예 상태로 가는 길은 시간도 오래 걸리고 겉으로 드러나지 않지만 분명히 나타난다. 인민들은 무질서 경향에 대해서는 잘 알고 있으며 저항할 마음의 준비가 되어 있으나, 노예화 경향에 대해서는 지각하지 못하면서 끌려 들어간다. (2권 4부 1장)

민주국가의 국민은 자연적으로 권력 집중을 찬성한다

귀족국가에서는 군주가 신민에게 행사하는 권력이 부차적인 것으로 여겨진다. 귀족국가에는 출신·교육·재산에 의해 일반 국민보다 높은 지위에서 명령할 수 있는 우월한 개인이나 가문들이 있기 때문이다. 반면 민주국가 사람들은 직접적인 권력을 행사함으로써 사회 전체를 통치하는 단일한 중앙 권력만 생각한다. 민주국가 인민의 지성은 단일한 포괄적 관념에 익숙하다. 복잡한 체계는 그 관념과 충돌하며, 거기에 적합한 관념은 전체가 단일 형태로 조직되고 단일한 권력에 의해 통치되는 거대한 시민국가의 관념이다.

평등 시대의 사람들에게 단일한 중앙 권력 다음으로 떠오르는 관념은 법 앞의 평등이다. 이들은 자신과 주위의 다른 사람들 사이에 큰 차이가 없다는 것을 알기 때문에 한 사람에게 적용되는 규범이 다른 모든 사람에게 똑같이 적용되지 않을 까닭을 이해하지 못한다. 그러므로 아주 사소한 특권도 그의 이성과 충돌하며, 아주 작은 차별도 감정을 거스른다. 따라서 법 앞의 평등이야말로 좋은 정부가 갖추어야 할 첫째 조건이 된다. 이와 달리 귀족 시대에는 사회의 모든 구성원을 똑같이 구속하는 획일적 통치에 대한 관념은 거의 알려지지 않았다. 누가 주장한 적도 없으며, 설사 한다 하더라도 거부되었다.

사회가 평등해질수록 개인은 덜 중요해지고 사회가 더 중요해진다. 오히려 개인은 전체 사회에 동화되어 군중 속에 매몰되며, 전체의 거대하고 당당한 모습 외에는 아무것도 드러나지 않는다. 이는 자연스레 민주국가 시민들이 사회의 특권은 높게 받들고 권리는 하찮게 여기게 만든다. 이들은 사회를 대표하는 권력이 개인보다 훨씬 많은 정보와 지혜를 가져야 한다고 생각하며, 사회의 권력이 개인을 지도하고 다스리는 것이 의무이자 권리라고 생각한다.

이렇게 개인의 당연한 권리라는 관념은 빠르게 사라지고, 그 자리를 전체 사회의 무제한적 힘과 유일한 권위라는 관념이 차지한다. 이 관념들은 사회가 평등해지고 인간이 서로 비슷해지는 정도만큼 튼튼해지며 널리 퍼져 나간다. 평등이 이 관념들을 만들었으며, 이 관념들이 평등의 발전을 촉진한다.

따라서 현대인들은 흔히 말하는 것처럼 분열되어 있지 않다. 이들은 단지 최고 통치권이 누구에게 주어져야 하는지에 대해서만 끝없이 논쟁하고 있을 뿐, 최고 통치권의 의무와 권리에 대해서는 모두 쉽게 동의하고 있다.(2권 4부 2장)

│ 민주국가의 국민은 감정적으로도 정치권력의 집중을 지지한다 │

평등 시대의 인간이 거대한 중앙 권력의 관념을 쉽게 수긍하는 것이 사실이라면 그들의 습관이나 감정 역시 그것을 지지할 것임이 틀림없다. 이것을 증명하는 것은 쉽다. 민주국가의 사람들은 어떤 일에서 우월한 자, 열등한 자, 세습적으로 꼭 참여해야 하는 자 등을 인정하지 않기 때문에 그들 자신에게로 돌아오며, 스스로를 분리된 존재로 인식한다. 이런 사람들은 공적인 업무에 종사하기 위해 개인적인 일에서 벗어나기가 대단히 어렵다. 결국 그들은 자연스레 공동체의 이익을 대표하는 영구적인 조직, 즉 국가에 공적인 업무를 맡기게 된다. 그들은 애초에 공공의 일에 관심이 없으며 그럴 시간도 없다. 민주주의 시대의 사생활은 너무도 바쁘고 격정적이며, 희망과 활동으로 가득하여 개인에게는 공공 생활에 할애할 에너지나 시간이 거의 남아 있지 않다.

흔히 근대 개인주의가 자유의 확산에 의해 발생하였다고 여기지만 토크빌은 그것을 평등의 확산에서 찾습니다. 민주주의는 사람들 간의 차등을 인정하지 않습니다. 그러므로 당연히 공공의 일을 담당해야 할 특권층이 없습니다. 그 결과 모든 사람이 동등하게 공공의 일을 담당해야 하지만 누구도 그걸 담당해야 할 특별한 이유가 없습니다. 신분이나 가문에 의해 계급이 다르지 않은, 다 똑같은 일반 시민이기에 국가의 일, 즉 공공의 일을 서로 미룬 채 각자의 일에만 몰두하는 개인주의가 만연하게 됩니다.

평등 시대의 사람들은 독립적이면서 무기력하다. 누구도 다른 사람을 도울 의무도, 도움을 기대할 권리도 가지지 않기 때문이다. 이 두 가지 조건은 민주국가 시민에게 정반대의 경향을 일으킨다. 각 시민의 독립은 자신감과 긍지를 불어넣지만 그의 무기력은 종종 외부의 도움을 아쉬워하게 만든다. 그러나 그들은 모두 무력하며 동정심도 없기 때문에 서로 도움을 기대할 수 없다. 이런 곤경에 처해서 그들은 모두가 무력한 가운데 홀로 위대한 모습을 보여 주는 정치권력에 눈을 돌리고, 그 권력이 자신을 곤경에서 도와줄 유일한 존재라고 여기게 된다.

민주국가의 시민이 사소한 특권조차 반대하게 만드는 끝없는 증오심은 특히 모든 정치권력이 국가라는 대표 기관의 손에 점차 집중되는 데 기여한다. 최고 통치권은 의문의 여지없이 모든 시민 위에 존재하고 있으므로 시기심의 대상에서 제외된다. 민주국가의 시민은 다른 사람에게 복종하는 것을 굉장히 싫어한다. 그는 자기와 동등한 사람이기 때문이다. 그는 다른 사람에게 우월한 능력이 있다는 것을 인정하지 않는다. 그래서 다른 사람의 판단을 믿지 않으며, 그의 힘을 시기하고 두려워하며 경멸한다. 그는 그들 모두가 같은 주인에게 종속되어 있음을 끊임없이 일깨운다.

모든 중앙 권력은 평등 원리를 옹호한다. 평등이야말로 중앙 권력의 영향력 행사를 특별히 쉽게 해 주면서 확대하고 보장해 주기 때문이다. 같은 방법으로 모든 중앙정부는 획일성을 숭상한다. 획일성은 중앙정부로 히여금 무한한 세부 사항을 고려하지 않아도 되게 해 준다.

앞에서 평등의 원리가 인간에게 획일적이고 강력한 단일 정부라는 관념을 만들어 낸다는 것을 확인하였다. 또 방금 평등 원리는 이러한 정부에 대한 욕구를 불러일으킨다는 점을 지적하였다. 현대사회의 국민은 이러한 정부를 좋아하는 경향

이 있다.(2권 4부 3장)

 토크빌은 민주주의를 평등의 보편화로 보고 있습니다. 이는 다수에 의한 통치, 그리고 특권층을 인정하지 않는다는 민주주의의 고전적인 정의와 일치합니다. 하지만 모든 개인의 획일화 경향과 각자의 사익을 추구하는 상호 무관심의 경향, 그리하여 나타날 수밖에 없는 정부의 권한 강화와 권력의 중앙 집중화를 지적하고 있습니다. 하지만 토크빌은 버크 등의 보수주의자와 달리 여기에 대해 도덕적인 질타를 하지 않습니다. 불만스럽든 아니든 민주주의는 피할 수 없는 흐름이며, 중앙으로 집중되는 권력이 자유를 압살할 것으로 우려될지라도 민주주의가 확대되는 한 이 역시 피할 수 없는 객관적인 흐름으로 보고 있습니다. 토크빌은 정치에 대해 어떤 당위나 논리를 통한 견해를 밝힌 것이 아니라 실제로 이루어지고 있는 정치현상을 직접 관찰하고 분석함으로써 견해를 이끌어 낸 것입니다. 이 점에서 토크빌이 단지 정치철학자가 아니라 사회과학으로서 정치학자로 불리는 까닭을 알 수 있습니다.

│ 민주국가는 어떤 전제정치를 두려워해야 하나? │

이전 시대에는 통치자가 중간 권력자의 도움 없이 방대한 제국의 모든 지역을 직접 다스릴 수 있을 만큼 절대적이고 강력한 권력을 가지지 않았다. 모든 국민을 엄격하고 획일적인 법규에 예속시켜 개별적으로 지도하겠다는 생각은 꿈도 꾸지 않았다. 설사 그런 생각을 가졌다 하더라도 부족한 정보와 부실한 행정조직, 그리고 무엇보다도 사회 불평등이 만들어 낸 장애물들로 인해 그런 거창한 계획을 실행할 수 없었다.

하지만 근대 민주국가에서 전제정이 실시된다면 사정이 크게 달라진다. 이 전제정은 더욱 광범위한 영향력을 행사하면서도 유연한 형태를 취할 것이다. 인간을 가혹하게 다루지는 않지만 품위를 떨어뜨릴 것이다. 오늘날과 같은 교육과 평등의 시대에 군주들이 과거의 그 어느 시대보다 모든 정치권력을 더 쉽게 장악하고 사적 이해관계의 영역을 일상적으로 철저히 간섭할 수 있으리라는 것은 의심의 여지가 없다.

평등 원리는 이렇게 전제정치를 쉽게 만들어 주지만 그 가혹함은 완화시켜 준다. 사회의 구성원 중 강력한 권력과 커다란 부를 가진 사람이 없기 때문에 폭정이 실시될 기회도 없고 그럴 영역도 없다. 모두 가난하기 때문에 인간의 열정과 상상력은 제한되며 쾌락도 단순하다. 이렇게 전반적으로 팽배한 절제의 정신은 통치자에게도 영향을 미쳐서 그의 욕망을 절제하게 만든다.

 계속해서 역설에 다시 역설적인 결과가 나타납니다. 민주주의는 모든 사람을 평등하게 만들었고, 그 결과 중간 권력자들을 소멸시켜 정부의 권력을 강화합니다. 이는 전제정치의 가능성을 높입니다. 그 대신 전제정치의 가혹함을 완화합니다. 욕망과 능력이 평등해졌기 때문에 특별한 잔혹함이 나타나기 어려운 것입니다.

민주국가를 위협하는 억압은 지난 시대와는 다른 종류가 될 것이다. 이것을 낡은 용어인 전제정치나 폭정이라는 말로는 대신할 수 없다. 이것은 새로운 사실이기 때문에 기존의 어떤 단어로도 명명할 수 없지만, 정의를 내리는 것은 그런대로 가능할 것이다.

최근 전제정치가 나타날 수 있게 된 상황의 새로운 특징들을 추적해 보자. 우선 평등하고 획일적인 수많은 군중이 따분할 정도로 일상적인 사소한 쾌락을 얻으려고 끊임없이 노력하고 있다는 사실이 눈에 띈다. 그들은 개별적으로 분리되어 살기 때문에 타인의 운명에 관심이 없다. 그들에게는 자녀와 친지가 전체 인류나 마찬가지다. 그 외의 다른 시민들은 가까이서 살지만 알지는 못하며, 접촉은 하지만 피부로 느끼지는 않는다. 즉, 그들은 자신에게 집착하며 혼자 힘으로 살아가려 한다.

거대 권력은 이런 사람들에게 보호자로 군림한다. 이 권력은 이들을 충족시켜 주고, 이들의 운명도 감시한다. 이 권력은 절대적이며 정교하고 정연하며 신중하고 유순하다. 그러나 이 권력은 인간을 어린아이로 머무르게 한다. 이 정부가 국민의 행복을 위해 노력하는 것은 사실이다. 문제는 이런 정부가 행복의 유일한 대리자가 되려고 한다는 것이다. 정부가 안전을 보장하고 생활필수품과 여흥을 제공하는 등 국민의 주요 관심사는 물론 산업 감독이나 상속 재산의 조정 같은 일까지 다 처리해 준다. 이렇게 정부가 국민의 모든 걱정거리와 어려움을 해결해 주는데 국민에게 무슨 할 일이 남아 있겠는가?

거대 정부는 이렇게 인간의 자유 행위를 필요 없게 만들어서 그 빈도를 줄여 버린다. 이리하여 정부는 인간의 의지를 아주 편협하게 제한시키며, 인간의 자율적 활동 의지를 서서히 빼앗아 버린다. 인간은 이미 평등의 원리를 통해 이 모든 것을 맞이할 준비를 해 왔다.

최고 통치 권력은 이런 식으로 사회 구성원을 장악하고, 그 세력을 전체 사회로 확장한다. 통치 권력이 사회 전체를 미세하고 획일적이며 복잡한 작은 그물로 뒤덮고 있기 때문에, 제아무리 독창적이고 정력적인 사람이라 한들 이 그물을 돌파할 수 없다. 인간의 의지는 비록 분쇄당하지는 않지만 쇠약해지고 굴절되어 끝내 종속적으로 바뀐다. 정부가 행동을 강요하는 일은 많지 않지만, 끊임없이 행동에 제한을 가한다. 이러한 권력은 생존을 파괴하지는 않지만 방해한다. 폭정을 하지는 않으나 억압하며 생기를 잃게 만들어 국민을 우매하게 만든다. 그래서 마침내 각각의 국민은 정부를 목자로 삼고 있는 양 떼로 전락한다.

일상적인 사소한 문제에서 인간을 노예화하는 것의 위험성을 잊어서는 안 된다. 이는 인간을 저항할 수 없게 만들면서 끊임없이 간섭하여 마침내 자유의지에 의한 활동을 포기하게 만든다. 이처럼 중앙 권력에 지나치게 의존하도록 길들여진 사람들에게 때때로 그 권력의 대표자를 선출하라고 불러내어 본들 무슨 소용이 있겠는가. 자치 습관을 완전히 포기한 사람들이 그들의 통치자를 적절히 선출할 수 있으리라고는 도저히 생각할 수 없다. 그리고 비굴할 정도로 복종만 일삼는 국민이 선거를 통해 자유롭고 지혜로우며 정력적인 정부를 만들 수 있다는 것도 어처구니없는 생각이다.

머리는 공화정을 표방하면서 나머지 모든 부분은 완전한 군주정의 성격을 지닌 헌법은 곧 사라질 괴물일 뿐이며, 통치자의 악덕과 국민의 어리석음으로 인해 곧 파멸을 맞이할 것이다. 그래서 국민은 그 대표자와 스스로에게 지친 나머지 더 자유로운 정치제도를 만들어 내든가 한 사람의 주인 밑으로 돌아가 복종해 버릴

것이다.(2권 4부 6장)

 여기서 토크빌은 민주주의가 전제정치로 전락하는 과정을 구체적으로 제시하였습니다. 민주주의는 평등화의 과정입니다. 그러므로 기존의 중간 권력들을 없애고 모든 개인을 평등하게 만듭니다. 그 결과 개인들은 자신과 가족 외에는 관여할 곳이 없게 되었습니다. 특별히 잘난 사람도 못난 사람도 없는 세상에서는 결국 각자 자기 집을 돌보는 것 외에는 할 일이 없는 것입니다. 이렇게 각자의 이익에만 관심을 가지고, 자기 일에 바쁜 개인들은 여러 가지 공공의 문제와 업무를 누군가가 대신 해 주기를 바라며, 통치 권력이 그 자리를 차지합니다. 토크빌의 탁월함은 여기서 통치자 대신 통치 권력이라는 용어를 쓰고 있다는 점입니다. 통치자는 선거를 통해 주기적으로 교체되지만, 개인의 이익을 제외한 모든 공적인 일에 대한 권한을 독점하는 통치 권력의 성격은 그대로이거나 오히려 강화됩니다. 따라서 누가 통치자가 되느냐는 별 의미가 없으며, 선거 역시 그 의미가 크게 줄어듭니다.

이렇게 근대 대의정치의 문제점을 예리하게 지적한 토크빌이 제시하는 대안도 그 문제점에서 찾을 수밖에 없습니다. 이는 중간 권력이 없이 모든 삶이 균일화된 까닭에 나타나는 문제이며, 개인들이 사사로운 이익과 사생활 외에 관심을 둘 곳이 없어서 일어나는 문제입니다. 따라서 시민들이 공적 문제에도 관심을 가질 수 있고, 어느 정도 영향력도 행사할 수 있는 중간 규모의 단체, 권력을 형성하는 것이 핵심입니다. 바로 이 점이 토크빌이 그토록 미국의 자치제도와 각종 자발적 결사에 관심을 기울인 까닭입니다.

지금까지 서술한 내용에 덧붙여서

나는 평등해진 나라에 도리어 절대적이고 전제적인 정부가 더 쉽게 확립될 수 있다고 생각한다. 일단 그런 정부가 세워지면, 그 정부는 국민을 억압함은 물론 끝내 국민의 가장 고귀한 인간성의 일부마저 빼앗을 것이다. 따라서 전제주의는 민주주의 시대에 더욱 무섭게 나타날 수 있다.

다른 한편 귀족적 특권 위에 자유의 기초를 마련하려는 시도 역시 실패할 것이라고 확신한다. 오늘날에는 어떤 통치자도 영속적인 신분제를 재정립함으로써 전제정치를 실현할 만한 기술과 능력을 지닐 수 없다. 또 어떤 입법자도 평등을 제일 원리나 좌우명으로 수용하지 않는다면 자유로운 정치제도를 보존할 지혜나 능력을 갖추지 못할 것이다. 인간의 독립과 존엄을 확보하고자 하는 모든 현대인은 스스로 평등의 동반자임을 확인해야 한다. 그것을 확인할 수 있는 유일한 방법은 평등의 동반자가 되는 것뿐이다. 따라서 문제는 어떻게 귀족 사회를 다시 건설할 수 있느냐가 아니라, 신이 우리에게 부여한 민주적인 사회 상태에서 어떻게 자유를 계속 발전시키느냐 하는 것이다.

민주국가의 정부가 활동적이고 강해지는 것은 필요할 뿐 아니라 바람직한 일이기도 하다. 그리고 우리 목적은 약하고 할 일 없는 정부를 만드는 것이 아니라 정부의 권력 남용을 방지하는 것이다.

귀족주의 시대에 개인의 독립 보장에 가장 공헌하였던 일은 바로 최고 통치권자가 그 사회의 정치와 행정을 독점하지 않았다는 것이다. 그 기능들의 일부는 반드시 귀족들에게 속하여 통치권이 언제나 분산되어 작용하였기 때문에 개인에게도 그다지 부담스럽게 느껴지지 않았다. 정부가 모든 업무를 직접 수행하지 않았고, 대리인의 권력도 국가가 아니라 가문에서 나온 것이기 때문에 정부의 통제를 받을 이유가 없었다. 정부는 이들을 임명하거나 해임하거나 획일적으로 통제할 수도 없었다. 이것이 개인의 독립을 보장하는 조건이 되었다.

나는 오늘날 이런 방법이 불가능함을 인정하지만, 이것을 대체할 만한 민주적인 방법을 찾아낼 수 있으리라 본다. 길드나 귀족에게서 빼앗은 모든 행정 권력을 정부에 집중시키는 대신 그 일부를 개인 자격의 시민으로 구성된 잠정적인 공공 집단에게 맡길 수 있다. 이렇게 함으로써 개인의 독립은 더욱 안정된 상태에서 보장될 수 있을 것이며, 평등도 후퇴하지 않을 것이다.

귀족국가에는 자급자족할 수 있고 정부가 탄압하기 어려울 정도의 부와 권세를 지닌 사람들이 있다. 이런 사람들 때문에 정부가 절제하는 관행이 생긴다. 나는 민주국가에는 이런 사람이 없다는 것을 잘 알고 있다. 그러나 그런 사람들에 버금가는 것이 인위적인 방법을 통해 만들어질 수는 있을 것이다.

나는 귀족계급이 두 번 다시 나타나지 않을 것임을 확신하지만, 개인 자격의 시민들이 서로 결합함으로써 귀족계급과 유사할 만큼 거대한 부와 영향력과 세력을 지닌 조직체를 형성할 수는 있다고 생각한다. 이렇게 하면 귀족주의가 지닌 가장 훌륭한 장점들을 불의나 위험을 수반하지 않고 확보할 수 있을 것이다.

정치적, 상업적, 혹은 산업적인 목적을 가지는 결사나 심지어 과학적, 문학적인 목적을 가진 결사가 사회의 강력한 구성 요소가 될 것이다. 이러한 단체는 의식 있는 구성원들로 이루어져 있기 때문에 통치자가 함부로 탄압하기 어렵고, 만약 탄압한다면 저항할 것이다. 그리고 정부의 탄압에 대한 이러한 결사의 저항은 자신들의 권리를 방어하면서 그 나라의 일반적인 자유를 수호하는 것이 된다.

귀족주의 시대에는 모든 사람이 동료 시민과 매우 밀접하게 관련되어 있어서 어떤 개인이 공격을 받으면 반드시 다른 사람의 도움을 받았다. 평등의 시대에는 모든 사람이 고립되어 있다. 그들은 협력을 요구할 만한 오랜 친구가 없으며, 동정심을 끌어낼 귀족도 없다. 따라서 현 상태에서 억압받는 사람이 취할 수 있는 유일한 자구책은 전체 국민에게 호소하는 것이다. 전체 국민이 그의 불평에 눈감으면 인류에게 호소할 수 있다. 이러한 호소가 가능한 유일한 수단은 신문이다. 이렇게 언론의 자유는 다른 어떤 국가보다 민주국가에서 더욱 값진 가치를 지니고 있다. 이것이 평등으로 말미암아 일어날 수 있는 해악에 대한 유일한 구제책이다.

평등은 인간을 분리시키고 약화시킨다. 그러나 약자나 고립된 사람도 가장 강력한 무기인 신문을 이용할 수 있을 것이다. 평등은 다른 사람에게서 지원받을 가능성을 줄이지만, 신문이 모든 국민과 인류의 도움을 받을 수 있도록 해 준다. 인쇄술은 평등의 놀라운 발전을 이룬 수단이었지만, 또한 평등의 부작용을 바로잡아 주는 가장 좋은 수단이 되기도 한다.

사실 귀족 사회에 사는 사람들은 언론의 자유 없이도 살아갈 수 있다. 그러나 민주국가에서는 그렇지가 못하다. 개인의 독립에 대한 보호를 기대한 징치 집회, 의회의 특권, 국민주권의 논리에 맡길 수 없다. 이러한 것들은 어느 정도까지는 개인의 노예화에 어울릴 것이다. 그러나 만약 신문이 자유롭다면 노예화는 완성될 수 없을 것이다. 신문은 자유를 보장하는 가장 중요한 민주적 수단이 될 것이다.

사법권에 대해서도 비슷한 말을 할 수 있을 것이다. 사법부 체계의 본질은 아무리 하찮은 불평 사항이라도 재판을 요구할 수 있는 데 있기 때문이다. 따라서 사법권은 정부가 개인의 사소한 문제까지 집요하게 간섭하고, 개인이 너무 무력하여 자신을 보호할 수 없고, 너무 고립되어 동료의 도움도 청할 수 없을 때 자유를 보장하기 위해 특히 더 필요하다. 법정의 힘은 언제나 개인의 독립에 기여할 수 있는 가장 중요한 안전장치였고, 민주주의 시대에는 더욱더 그러하다. 사법권이 사회의 평등화에 보조를 맞추어 강화되지 않으면 개인의 권리와 이익은 중대한 위험에 처하게 될 것이다.

평등은 자유에 위험한 몇 가지 경향을 일으키는데, 입법자는 이 점을 각별히 유의해야 한다. 그중 중요한 것만 골라 본다.

민주주의 시대에 사는 사람은 형식의 효용을 잘 이해하지 못한다. 이들은 본능적으로 형식을 경멸한다. 이들은 보통 안이하고 현실적인 쾌락만 추구하기 때문에 욕망의 대상을 향해 돌진할 뿐, 그것이 약간만 지체되어도 짜증을 낸다. 정치적 생활에서도 그들은 계획을 지체시키거나 방해하는 형식을 싫어한다.

그러나 형식의 중요한 장점은 이것이 강자와 약자, 통치자와 국민 사이에 장벽 역할을 담당한다는 것이다. 즉, 강자인 통치자를 억제하여 약자인 국민이 통치자를 경계하면서 살펴볼 시간을 가질 수 있게 하는 것이다. 개인이 무기력해지고 정부가 활동적이고 강력해지는 만큼 형식은 더욱 필요하다. 이렇게 민주국가는 다른 어떤 국가보다 형식을 더 필요로 하지만 형식에 대한 존경심은 낮다.

귀족 시대의 정치가가 종종 형식을 대수롭지 않게 여기는 것은 별 문제가 아니다. 그러나 오늘날 정부를 담당하고 있는 정치가는 아무리 작은 형식이라 할지라도 성의를 가지고 취급해야 하며, 중대한 필요성이 없는 한 이를 무시하는 일이 없어야 한다. 귀족 시대에는 형식의 준수가 미신에 불과하였지만, 오늘날은 깊은 사려와 밝은 지혜로서 존중해야 한다. (2권 4부 7장)

이제 토크빌의 기나긴 논의가 마무리됩니다. 앞의 글까지만 읽어 보면 토크빌은 마치 민주주의가 모든 사람을 평등하게 만들고, 따라서 국가나 통치자의 횡포를 막을 수 있는 중간 규모의 권력, 즉 귀족이나 특권층을 소멸시켜서 결국 전제주의로 전락한다고 말하고 있는 것 같습니다. 그렇다고 귀족정으로 되돌아가자고 주장하는 것이 아닙니다. 다만 귀족정에는 전제정치가 드물었는데, 그 까닭이 무엇인지 찾아서 민주주의 사회에 적용하자는 것입니다. 토크빌은 그 까닭으로 개인과 국가 사이에 중간 규모의 권력 집단이 여럿 있어서 국가의 권력을 견제하고, 국가가 자제하도록 만들었다는 것을 들고 있습니다. 그렇다면 어떻게 귀족이나 특권층을 부활시키지 않으면서 순수하게 민주적인 방식으로 중간 규모의 권력을 만들 수 있을까요? 여기서 토크빌은 그 대답을 펼쳐 나갔고, 그 대답들이 오늘날 자유민주주의의 가장 핵심적인 원리가 되었습니다.

● **생각해보기**

1. 민주국가에서 나타나게 되는 우려할 만한 경향들은 무엇입니까?

2. 민주국가의 국민이 두려워해야 할 전제주의의 경향을 극복할 수 있는 방안으로 어떤 것을 제시하고 있습니까?

미국이 민주주의를 유지할 수 있는 바탕은 정부 형태가 아니라 그들의 평등한 생활 상태에 있습니다. 미국에는 타운 제도와 같은 자치 기구들이 다만 존재할 뿐 아니라 타운 정신의 지지를 받아 생생하게 살아 있기도 합니다. 뉴잉글랜드 주민들이 타운에 애착을 갖는 것은 그곳에서 태어났기 때문이 아니라, 거기에 참여할 때 드는 노고를 기꺼이 치를 만한 가치가 있는 자유롭고 강력한 공동체이기 때문입니다. 미국은 결사의 원칙이 다양한 목적에 적용되는 나라입니다. 법에 의해 세워지는 영구적인 결사를 제외하고도 수많은 사적인 결사들이 있습니다.

그러나 이 나라는 다수의 폭정에 대한 예방책이 충분하지 않은 것이 문제입니다. 만약 미국의 자유가 무너진다면 이는 다수의 절대 권력 때문일 것입니다. 하지만 다수 권력의 횡포는 타운, 자치 기구, 카운티 등의 방파제들 때문에 그렇게까지 심각하게 되지는 않습니다. 미국에서는 교육이 민주공화국의 유지에 강력하게 기여합니다. 미국 시민은 법률 운용에 참여함으로써 법률 지식을 배우며 자치 행위를 통해 여러 통치 방식을 익힙니다.

하지만 평등이 보편화된 근대 민주국가에서는 늘 다수에 의한 폭정을 경계해야 합니다. 이 전제정은 인간을 가혹하게 다루지는 않지만 품위를 떨어뜨릴 것입니다. 민주국가에서 전제정이 나타날 수 있는 이유는 다음과 같습니다. 평등하고 획일적인 수많은 군중이 개별적으로 분리되어 살기 때문에 타인의 운명에 무관심합니다. 거대 권력은 이런 사람들에게 보호자 노릇을 하며 군림하고, 정부가 모든 일을 해결해 줍니다. 그리하여 정부는 인간의 의지를 아주 편협하게 제한하며, 인간의 자율적 활동 의욕을 서서히 빼앗아 버립니다. 머리는 공화정을 표방하면서 다른 부분들은 모두 완전한 군주정의 성격을 지닌 헌법은 금방 사라질 괴물에 불과합니다.

　　이를 막기 위해 모든 행정 권력을 정부에만 맡기지 말고 그 일부를 개인 자격의 시민으로 구성된 잠정적인 공공 집단에 맡길 수 있을 것이며, 신문과 같은 인쇄물이 평등의 부작용을 바로잡아 주는 가장 좋은 수단이 되기도 합니다. 사법권의 독립과 법정의 힘은 언제나 개인의 독립에 기여할 수 있는 가장 중요한 안전장치입니다.

　　민주국가에서는 개인이 더욱 무기력해지고 취약해지는 반면, 정부는 더욱 활동적이고 강력해지는 만큼 형식이 더욱 필요해집니다. 형식은 강자와 약자, 통치자와 국민 사이에 장벽 역할을 담당하기 때문입니다.

소수의 취향과 의사가
존중받는 것이 자유다

밀 《자유론》

John Stuart Mill
On Liberty

《자유론》을 읽기 전에

철학자이자 윤리학자, 경제학자, 정치학자, 사회 개혁가였던 사람

존 스튜어트 밀John Stuart Mill, 1806~1873은 영국의 철학자이자 경제학자입니다. 스코틀랜드 출신의 영국 철학자이자 역사학자인 제임스 밀의 아들입니다. 밀은 조기교육으로 유명한데, 당시 제러미 벤담과 함께 공리주의의 대표자였던 아버지는 존 스튜어트 밀을 벤담과 자기가 사망한 후에 공리주의의 전파와 실천을 이어갈 천재적인 지식인으로 키우고자 하였습니다. 존 스튜어트 밀은 세 살에 그리스어를 배웠고, 여덟 살이 되기 전에 플라톤의 《대화편》을 그리스어로 읽었으며, 열 살이 되기 전에 당시 대학생들이 읽던 라틴어와 그리스어 고전 작품들을 모두 섭렵하였습니다. 열두 살에는 아리스토텔레스의 논리학 저서들을 원전으로 읽었고, 열세 살부터 정치경제학 공부를 시작하여 애덤 스미스와 데이비드 리카도를 공부하였습니다.

이후 밀은 동인도회사에서 실무를 경험하고, 국회의원으로서 활발한 정치적·사회적 활동을 하며, 벤담의 뒤를 이어 공리주의 윤리학을 완성하고, 리카도의 뒤를 이어 고전 경제학을 완성하는 등 한 사람의 인생이 감당하였다고는 믿기 어려울 정도로 많은 업적을 남깁니다. 그는 정치적으로는 자유주의, 철학적으로는 경험주의, 윤리학적으로는 공리주의를 대표하며, 여권 신장과 각종 조합, 사회복지 제도를 주장하는 등 활발한 개혁 활동도 하였습니다.

밀의 가장 유명한 저서는 《논리학 체계》와 《공리주의》, 《정치경제학 원리》, 《자유론》, 《여성의 종속》 등입니다. 그 외에 국회의원으로 활동하면서 남긴 수많은 보고서와 연설문이 있습니다. 이 책들은 각각 그의 철학자, 윤리학자, 경제학자, 정치학자, 사회 개혁가의 모습을 대표하는 책들입니다. 《논리학 체계》에서는 경험론 철학이 강조한 방법론인 귀납법에 대해 다루고 있습니다. 《공리주의》에서는 제러미 벤담의 '최대 다수의 최대 행복론'을 옹호하면서도 그 난점을 극복하고 있습니다. 《정치경제학 원리》에서는 자유 시장경제의 활력을 옹호하면서도 그 부작용인 극심한 빈부 차이를 극복할 방안과 원리를 탐구하고 있습니다.

이 모든 저작을 관통하고 있는 공통의 주제는 사회의 행복을 늘리고자 하는 공리주의에 대한 관심입니다. 사회의 행복이 증진되기 위해서는 불행하거나 소외

부랑인 수용소 입소 신청자들 흔히 '빅토리아시대'로 불리는 19세기 후반의 영국은 정치적으로나 경제적으로 번영하였다. 하지만 근대 자본주의와 민주주의의 어두운 면이 드러난 시기이기도 하였다. 비약적인 산업 발달 뒤편에는 극심한 빈부 차가, 눈부신 민주주의의 발전 뒤에는 다수결의 부작용인 소수에 대한 억압과 다수의 횡포가 있었다. 그림은 새뮤얼 루크 피데스가 1874년에 그린 당시의 모습이다.

되는 사람이 없어야 하겠죠. 그래서 그는 평생 동안 소외된 사람들, 즉 소수자와 여성, 그리고 노동자에 대한 시선을 거두지 않았습니다.

자유를 분석하고 인권과 복지를 이끌어 내다

밀이 《자유론》을 발표한 1859년은 영국 역사에서 흔히 빅토리아시대라고 부르던 때입니다. 이 시대는 영국 역사상 가장 번영하였던 시기이며, 의회정치가 꽃을 피웠던 시절입니다. 이 시대에도 억압의 가능성은 있었습니다. 물론 과거와 같은 절대군주의 압제는 나타나지 않았지만, 민주주의의 어원이기도 한 인민들, 즉 다수에 의한 소수자의 억압, 통념과 여론이라는 이름으로 행사되는 다수파의 횡포가 있었습니다. 더구나 빅토리아시대는 개방적이고 활발한 산업과 과학의 발달과 달리 보수적인 도덕이 지배하던 시절이었습니다. 이런 보수적인 도덕이 민주주의와 결합하면서 다수자가 소수자를 도덕적으로 질타하고 억압할 가능성이 많아졌습니다. 밀이 이 책을 쓴 까닭은 다수의 횡포가 결국은 자유 전체를 훼손하여 다수파 역시 부자유스럽게 만들 것이라 우려하였기 때문입니다.

이 책은 이름 그대로 자유를 다룹니다. 로마시대부터 근대 계몽사상에 이르기까지 서양의 정치사상에서 자유는 널리 사용되어 왔지만, 그 의미와 중요성을 체계적으로 다룬 학자는 없었습니다. 그래서 자유의 이름으로 프랑스혁명이 일어나는가 하면, 에드먼드 버크 같은 보수주의자는 자유의 이름으로 혁명을 비난하기도 한 것입니다. 밀은 그동안 혼용되어 온 모호한 자유 개념에서 시민적 자유를 명백하게 구별해 낸 뒤, 시민적 자유가 개인이나 사상, 언론, 정부 등 사회의 거의 모든 분야에서 얼마나 중요한지 역설합니다. 또한 시민적 자유가 훼손되지 않기 위한 방안과 자유의 한계 등을 세밀하면서도 간결하게 살펴봄으로써 오늘날 자유민주주의 정치사상의 기틀을 제시하였습니다.

존 스튜어트 밀은 자유주의 정치사상에서 독특한 위치를 차지하고 있습니다. 우선 대의제 정부와 그것을 견제하기 위한 정당 및 표현의 자유라는 자유민주주의의 핵심 원리는 밀을 떼어 놓고 생각하기 어렵습니다. 아울러 다수결뿐 아니라 소수자, 소수 의견의 존중과 보호라는 현대적인 인권 개념도 이 책에서 개진되고 있는 사상과 무관하지 않습니다.

밀은 정치학자일 뿐 아니라 경제학자이기도 합니다. 그는 자유 시장경제를 옹호하고 작은 정부를 옹호하였지만, 그렇다고 해서 사회적 약자마저 개인의 책임이라고 무시하지는 않았습니다. 사실 영국의 사회복지 제도는 마르크스나 기타 좌파 사상가들보다는 밀의 사상의 영향이 더 크다고 합니다. 이 책을 읽어 보고 밀의 어떤 생각이 훗날 사회복지 사상에 영향을 주었는지 생각해 봅시다.

▨ 《자유론》 발췌 부분

01 시민의 자유 혹은 사회적 자유는 왜 필요한가?	1~3장
02 개인의 자유에 대한 사회 권력의 한계는 어디일까?	4장, 5장

01 | 시민의 자유 혹은
사회적 자유는
왜 필요한가?

 밀은 자유라는 말을 엄밀하게 정의한 뒤 자유의 효용을 입증하려 합니다. 이는
밀이 공리주의자임을 잘 보여 줍니다. 자유가 보장되면 사회 전체의 효용이 높
아지기 때문에 중요하다는 것입니다. 자, 자유의 효용은 어떤 것일까요?

사회의 정당한 권력 행사와 개인의 자유

이 책의 핵심 주제는 시민의 자유 혹은 사회적 자유이다. 나는 여기에서 사회가 개
인에게 정당하게 행사할 수 있는 권력의 특성과 한계를 살펴볼 것이다.

권력의 행사는 불가피한 경우에도 매우 위험한 결과를 낳을 수 있다. 권력을
외적으로부터의 방어뿐 아니라 인민의 억압에도 쓸 수 있기 때문이다. 인민들은
강자들의 침탈을 받지 않기 위해 그 강자들을 모두 제압할 만한 가장 강한 존재가
필요하였다. 그러나 그가 다른 강자들보다 인민을 덜 괴롭힐 것이라고는 장담할
수 없기 때문에 인민들은 그의 발톱과 부리를 항상 경계하였다. 그래서 사람들은
최고 권력자가 행사할 수 있는 힘에 제한을 두었고, 이렇게 권력에 제한을 가하는

것을 자유라고 불렀다.

밀은 두 가지 자유를 구분하고 그중 하나가 이 책의 주제임을 밝히고 있습니다. 첫 번째 자유는 '~을 할 자유', '~을 선택할 자유'입니다. 즉, 다른 것의 간섭 없이 자신의 의지대로 행동할 자유입니다. 밀은 이것을 '자유의지'라고 부릅니다. 다른 하나는 앞선 여러 사상가의 이론에 따라 사회계약으로 구성된 정부가 도리어 인민을 괴롭히지 못하도록 그 권력에 제한을 두는 것입니다. 이것은 '사회로부터의 자유, 권력으로부터의 자유'라고 말할 수 있습니다. 밀은 이것을 '정치적 자유'라고 부릅니다. 즉, 정치적 자유란 정부가 행사하는 권력으로부터의 자유입니다. 정부가 가질 수 있는 힘의 한계를 엄격하게 정할수록 시민들의 자유는 넓어진다는 의미에서 '소극적 자유'라고도 부릅니다.

권력을 제한하는 방법은 다음 두 가지다. 첫째는 정치적 자유 혹은 권리라는 불가침의 영역을 정해 두고 권력자가 이를 침범하면 의무 위반으로 여겨서 피지배자들의 저항이나 반란을 정당화하는 것이다. 두 번째 방법은 국가 중대사의 결정은 국가 구성원이나 그들의 이익을 대표하는 기관의 동의를 얻어야만 가능하도록 헌법으로 규정하는 것이다.

첫 번째 방법은 유럽의 최고 권력자들 중 대부분이 따르지 않을 수 없게 되었으며 정도의 차이만 있을 뿐이다. 그러나 두 번째 방법의 경우는 사정이 달랐기 때문에 이것을 달성하는 것이, 혹은 이미 어느 정도 실현된 경우라면 좀 더 완벽한 제한을 두는 것이 자유 찬미자들의 목표가 되었다.

그러나 피지배자들이 지배 권력을 주기적으로 선출하는 제도가 정착되면서 그동안 권력의 제한을 너무 강조하였다는 지적이 나왔다. 이제는 지배자와 인민이 하나가 되고, 지배자의 이익과 의지가 국가 전체의 그것과 하나가 되었으니 국가의 횡포를 걱정할 필요가 사라졌다는 것이다. 비록 권력이 지배자의 손에 집중되어 있고, 그들이 손쉽게 행사할 수 있는 형태를 가지고 있지만, 그것은 사실상 인민의 권력이기 때문이다. 이것이 유럽 자유주의의 마지막 세대 사람들 대부분의 생각이었다.

민주 정부를 세우는 것이 꿈같은 소리거나 아주 먼 과거에나 존재하였던 것으로 여겨질 때는 인민이 자기 자신에게 행사하는 권력을 제한할 필요가 없다는 생각은 당연하였다. 그러나 시간이 흐르면서 어느 거대한 나라에서 민주공화정이 세워졌고미국의 건국, 선거로 수립되고 인민에게 책임을 져야 하는 정부의 모든 일이 사람들의 관찰과 비판의 대상이 되었다.

밀은 권력을 제한하는 두 가지 방법을 제시하고 있습니다. 시민이 가지고 있는 최소한의 자유만은 침해할 수 없도록 권력에 제한을 두는 첫 번째 방법은 군주정에서 많이 사용된 것이었습니다. 이는 거꾸로 그 최소한의 자유가 아닌 영역에서는 권력자가 마음대로 할 수 있다는 뜻이 됩니다. 이런 사회에서는 권력이 제한되는 영역이 넓어질수록 시민의 자유도 넓어집니다. 두 번째 방법은 아예 인민의 승인을 받아야만 권력이 행사되도록 하는 것입니다. 이것이 바로 민주주의입니다. 그런데 문제는 인민의 통제 아래 있는 정부, 인민주권의 정부도 제한해야 하는가 하는 것입니다. 이 정부는 인민의 정부이기 때문에 그 권력이 크면 클수록 인민의 권력도 커지며, 인민의 자유도 커지는 것이 아닐까요?
밀은 아니라고 말합니다. 인민주권의 권력도 제한되어야 하며, 그러지 않으면 자유를 침해한다는 것입니다. 민주주의가 이미 기정사실이 된 19세기 유럽에서 이제 정부는 인민의 것이므로 제한할 필요가 없다는 주장에 대한 반박이 바로 이 책의 주제입니다. 조금 현학적으로 표현하면 루소의 이상에 대한 답변이라고 할까요? 루소가 100년 전에 꿈꾼 공화국은 현실에서는 이루어지지 않았던 것입니다. 이다음 단락부터 밀은 그 까닭을 아주 조리 있게 펼쳐 냅니다. 어렵지 않은 내용이기 때문에 조금 집중해서 읽으면 금방 이해할 수 있을 것입니다.

이제는 문제의 핵심이 자치, 즉 인민이 스스로에게 행사하는 권력 등이 아니게 되었다. 말로만 자치일 뿐 실제로는 다른 사람들의 지배를 받는 정치체제가 나타나고 있다. 게다가 인민의 의지라는 것도 엄밀히 말해 가장 많은 수를 차지하거나 가장 활동적인 일부 사람들, 즉 다수파 혹은 자신을 다수파로 만들어 내는 사람들의 의지일 뿐이다.

그러므로 정기적으로 새로 지배자가 선출되어 인민, 더 정확하게 말하면 인민 중 가장 강력한 집단에 대해 책임을 지게 되더라도, 정부가 개인에게 행사하는 권력에 일정한 제한을 두는 것은 여전히 중요하다. 정치 영역에서 '다수의 횡포'는 온 사회가 경계해야만 하는 큰 폐해로 분명하게 받아들여지고 있다.

사회가 잘못된 목표나 관여하면 안 될 일을 위해 권력을 휘두를 경우의 횡포는 다른 어떤 종류의 정치적 탄압보다도 무섭다. 개인의 사적인 삶의 구석구석까지 침투할 뿐 아니라 영혼마저 통제하여 빠져나갈 틈이 없기 때문이다.

따라서 정치권력자의 횡포를 미리 막는 것만으로는 충분하지 않다. 사회 통념이나 주류의 의견과 감정이 부리는 횡포, 그리고 사회가 통설과 다른 생각과 습관을 가진 사람들에게 법적 제재 이외의 방법으로 윽박지르면서 동조하도록 강요하는 것에도 대비해야 한다. 사회는 이런 방법을 통해 다수의 방식과 일치하지 않는 그 어떤 개성의 발전도 방해하며, 가능하다면 그 싹조차 짓밟고, 마침내 모든 사람의 성격과 개성을 사회 표준에 맞춰 획일화하려 한다. 사회의 한도를 명확히 하여 부당한 침해가 일어나지 않도록 하는 것은 정치적 독재의 방지만큼이나 인간적인 삶을 위해 중요하다.

나는 이 책에서 자유에 대해 아주 간단명료한 하나의 원리만 천명하고자 한다. 인간사회에서 타인의 자유를 침해할 수 있는 유일한 경우는 자기 보호를 위해 필요할 때뿐이다. 그 외에는 구성원의 자유를 침해하는 그 어떤 권력 행사도 문명사회에서 정당화될 수 없다. 가장 소중한, 그리고 유일하게 자유라 할 만한 것은 타인의 자유나 그것을 위한 노력을 박탈하거나 방해하지 않는 한 누구나 자신이 원하는 대로 자기 삶을 꾸려 갈 자유이다. 신체, 정신, 영혼을 보살필 최고의 적임자는 누구인가? 당연히 자신이다. 물론 자신에게 도움이 된다고 여기는 방식으로 각자 나름대로 살아가다가 낭패를 볼 수도 있다. 그러나 설사 그렇게 될지라도 우리는 다른 사람이 좋다고 생각하는 길로 억지로 끌려가는 것보다 자신이 선택한 길을 갈 때 더 많은 것을 얻을 수 있다. 인간이란 그런 존재이다.(1장 서론)

밀이 살던 시대가 건전한 도덕이 강조되던 빅토리아시대임을 감안하면 이런 우려가 결코 작은 것이 아닙니다. 빅토리아시대에 나타난 도덕적 삶의 강조는 권력에 의해 강요된 것이 아니라 사람들의 통념과 상식에 의한 것이었습니다. 즉, 다수의 생각과 생활양식이 건전함, 도덕 등의 이름으로 불리면서 소수의 생각과 생활양식을 배제하고 억압하였던 것입니다. 그런데 생각과 삶의 방식은 스스로 자신의 주인이 된다는 의미에서 자유의 가장 핵심적인 부분입니다. 민주주의 시대에는 이런 억압이 '다수가 결정한 사회 전체의 뜻'이라는 이름 아래 가해지기 때문에 소수의 압제자나 폭군이 다스릴 때보다 오히려 더 위험한 것입니다. 밀은 이 핵심 주제를 던져 놓은 뒤, 사회와 삶의 각 영역에서 이런 자유가 왜 중요하며 어떻게 위험에 처할 수 있는지 구체적으로 고찰합니다.

│ 생각과 토론의 자유 │

지금은 출판의 자유가 정부의 타락과 횡포를 막는 중요한 장치의 하나라는 사실을 굳이 강조해야 하는 시대가 아니다. 인민의 이해관계와 관련이 없는 입법가나 행정가가 인민에게 특정한 의견을 강요하거나 특정한 교리나 주장을 금지해서는 안 된다는 것은 굳이 언급할 필요도 없다.

전체 인류 중 단 한 사람만 생각이 다르다 해도 그에게 침묵을 강요하는 것은 옳지 않다. 이는 어떤 사람이 자기와 생각이 다른 사람들에게 침묵을 강요하는 일만큼이나 잘못이다. 생각을 억압하는 것이 심각한 문제인 가장 중요한 까닭은 그것이 현 세대뿐 아니라 미래 세대에게까지 강도질을 하는 것이기 때문이다. 만일 그 의견이 옳은 생각이었다면 이는 잘못을 밝히고 진리를 찾을 기회를 빼앗은 것이다. 설사 그게 틀린 생각이라도 그 의견을 억압하는 것은 틀린 의견과 대비시킴으로써 진리를 더 생생하고 명확하게 드러낼 귀중한 기회를 날리는 것이다.

시민혁명 이전에는 인민의 일반적인 뜻과 견해, 즉 여론을 정책에 반영하라는 요구, 그리고 그 여론을 형성하기 위해 언론과 출판의 자유를 달라는 요구가 중요하였습니다. 그런데 이미 이런 자유가 주어진 다음에는 어떤 자유가 필요할까요? 그것은 다수파에 의해 소수의 의견이 억압되지 않을 자유입니다. 소수의 의견은 그것이 아무리 터무니없다 할지라도 논쟁을 통해 반박되어야지, 의견을 제시할 기회마저 억압되어서는 안 된다는 것입니다. 실제로 민주주의 사회에서는 정부의 강제력에 의해 어떤 의견이 묵살되는 경우보다는 다수파의 압력으로 인해 소수파가 의견을 감히 제시하지 못하는 경우가 잦습니다. 여러분은 어떤가요? 다섯 명의 친구가 있는데 네 명이 찬성하는 의견을 한 명이 반대한다고 쉽게 말할 수 있나요? 우리 사회는 어떤가요? 남들 하는 대로가 아닌 다른 생각과 행동을 제시할 수 있는 사회인가요? 이미 선거에 의해 정부를 구성하고 언론과 출판 등의 자유가 법적으로 보장된 국가에서는 이런 소수 의견의 존중 여부가 참된 민주주의의 핵심이 되는 것입니다.

먼저, 권력이 억압하려는 의견이 옳을 경우를 보자. 물론 그 의견을 짓밟으려는 사람들은 그것이 옳지 않다고 주장할 것이다. 하지만 그들이 다른 사람들이 판단할 기회를 빼앗아도 좋을 만큼 절대적인 권한을 가진 것은 아니다. 만일 그들이 어떤 의견이 틀리다고 확신하기 때문에 다른 사람들이 그것을 들어 볼 기회마저 막아 버린다면 자신들이 절대적으로 옳다고 가정하는 셈이 된다. 자기와 다른 생각을 용납하지 못하는 것은 이런 착각에 빠졌기 때문이다. 논박의 여지라고는 없을 만큼 빈틈없는 의견을 진리로 삼는 것과, 아예 그런 논박의 기회를 막아 버리기 위해 그것을 진리로 전제하는 것은 근본적으로 다르다. 우리가 철저한 비판과 부정을 견뎌 낸 생각에 따라 행동한다면 그 행동의 타당성은 매우 높을 것이다. 이렇게 하면 보통 사람도 인간이 가질 수 있는 최고 수준의 합리성을 얻을 수 있을 것이다.

과거 위인들 중 대다수는 오늘날 관점에서 보면 틀린 생각을 하였고, 누구도 수긍할 수 없는 일을 주장하거나 행동에 옮겼다. 그런데도 인류가 오늘날 놀랄 정도로 생각과 행동을 이성적인 방향으로 발전시켜 올 수 있었던 까닭은 지적·도덕적 존재로서 보여 주는 인간의 모든 자랑거리의 원천, 즉 잘못을 고치는 능력 때문이다. 인간은 토론과 경험을 통해 잘못을 고칠 수 있다. 경험만으로는 부족하다. 과거의 경험을 올바르게 해석하기 위해 토론은 꼭 필요하다. 그릇된 생각과 관행은 사실과 토론 앞에서 힘을 잃는다. 그러나 사실이 저절로 진실을 드러내지는 않는다. 사실에 대한 사람들의 논평이 있어야 한다.

어떤 박해가 있어도 진리가 최후의 승리를 거둔다는 생각은 오랫동안 전해져 온 통념이지만, 역사적인 경험은 이게 듣기 좋은 거짓말일 뿐임을 입증한다. 역사적으로 진리가 박해에 굴복한 사례는 아주 많다. 이단자들이 너무 강력해서 처단하기 어려운 경우가 아니라면 항상 박해자가 승리하였다. 그러면 기독교는 어떻게 그런 박해를 뚫고 널리 전파되고 막대한 영향력을 발휘할 수 있었을까? 그것은 박해가 간헐적으로, 그것도 짧은 기간에만 가해졌고, 박해와 박해 사이의 긴 기간 동안 신자들이 방해받지 않고 선교 활동을 할 수 있었기 때문이다. 오직 진리만이 지하 감옥과 화형을 이길 수 있는 신성한 힘을 가지고 있다는 믿음은 천진난만한 착각이다. 진리를 향한 인간의 열정은 거짓의 유혹을 이길 정도로 대단하지 않다. 진리를 향한 열정은 법적 제재는 물론 사회적 제재가 어느 정도만 가해지면 사라진다.

이단자들에게 침묵을 강요하는 것이 그리 나쁘지 않다고 생각하는 사람들은 이단들이 제기하는 문제에 대한 공정하고 엄밀한 토론이 불가능해진다는 사실을 똑똑히 알아야 한다. 주류의 뜻과 다른 결론이 나오는 탐구를 모조리 금지할 때 가장 큰 피해자는 이단자들이 아니라 오히려 이단이 아닌 사람들이다. 이단에 대한 공포 때문에 그들의 정신 발전과 이성이 위축되기 때문이다. 유망한 지식인들이 비종교적이고 비도덕적이라는 평가를 받을까 두려워 독창적인 생각을 펼치지 못할 만큼 소심해진다면 그 결과가 어떻겠는가?

적어도 사상가라면 결론이야 어찌 되든 자기 논리를 끝까지 밀어붙여야 한다. 통설을 그대로 받아들이면서 실수하지 않는 사람보다는 충분한 연구와 준비 끝에 독창적인 생각을 펼치다가 실수를 저지르는 사람이 진리 발전에 더 중요하다. 뛰어난 사람뿐 아니라 평범한 사람들에게도, 아니 오히려 그들에게 그런 자유가 더 필요하다. 정신적인 노예 상태가 일반적인 곳에서도 위대한 사상가는 태어나지만 결코 지적으로 활발하지 못하였고, 앞으로도 그럴 것이다.

두 번째 논점인 기존의 생각이 옳았지만 자유롭고 개방된 토론을 하지 않은 경우를 살펴보자. 완고한 사람들은 자기 생각이 틀릴 수도 있다는 것을 결코 인정하지 않는다. 이런 사람들은 설사 자기 생각이 옳을지라도 충분한 토론을 거치지 않는다면 그 생각은 살아 있는 진리에서 죽은 독단으로 전락한다는 사실을 분명히 알아야 한다.

아직도 많은 사람들이 자신들이 진리라 여기는 것의 근거도 모르고 아주 피상적인 비판에도 반박하지 못하는데도 태연하게 이를 의심 없이 받아들인다. 이런 사람들은 높은 권력자가 어떤 생각을 한 번 심어 주면 그것에 대해 왈가왈부하는 것이 해롭다고 여길 가능성이 크다. 이들은 자기 영향권 안에 있는 사람들이 기존 주장에 대해 반박하는 것을 거의 허용하지 않으려 한다. 그런데 그들이 고집하고 있는 생각은 한순간에 초라하게 무너질 수 있다. 아무리 철저하게 탄압해도 토론을 완전히 금지할 수 없으며, 일단 말길이 트이면 확신에 바탕을 두지 않은 믿음은 사소한 비판 앞에서도 쉽게 무너지기 때문이다. 자기 눈에 매우 진실해 보이는 생각도 토론을 통해 검증되지 않은 편견일 수 있다. 이런 가능성을 배제하는 것은 이성적인 사람의 진리관이 아니다. 이런 식의 진리란 미신일 뿐이며 진리를 설명하는 단어들의 우연한 조합일 뿐이다.

서로 대립하는 두 주장이 하나는 완전한 진리, 다른 하나는 완전한 오류인 경우보다는 각각 얼마간의 진리를 담고 있는 경우가 더 일반적이다. 그러므로 통설이 채우지 못하는 진리의 빈 곳을 채우기 위해 여기 도전하는 이단의 존재가 반드시 필요한 것이다. 이단적인 주장들은 일반적으로 억압받고 무시당한 진리들 중 일부이다. 다수가 인정하는 의견이 비록 올바른 기초 위에 있을지라도 이렇게 부분적으로만 진리라면, 그런 통설이 빠뜨린 진리의 다른 부분을 구현하는 생각은 그것이 아무리 많은 오류와 혼돈을 일으킬지라도 소중한 것이다.

정치에서도 질서 또는 안정을 추구하는 정당과 진보 또는 개혁을 주장하는 정당 둘 다 있는 것이 건전한 정치적 삶을 위해 중요하다. 이 두 가지 상반된 인식 틀은 각기 상대방의 한계 때문에 존재 이유가 있다. 상대편이 존재하기 때문에 양쪽 모두가 이성과 건강한 정신 상태를 유지할 수 있는 것이다.

삶의 중요한 실천적 문제에서 진리를 찾으려면 서로 대립하는 것들을 화해시키고 결합시켜야 한다. 그러나 엄청나게 관대하고 공정한 사람이 아니고서야 이런 일에서 올바른 결론을 끌어내기란 매우 어렵다. 따라서 우선 적대적인 진영으로 모인 뒤, 양쪽이 서로 논쟁을 하고 나서야 진리에 이를 수 있는 것이다.(2장)

밀은 다수가 소수자, 소수 의견의 자유를 억압할 때 일어날 폐해를 여러 예를 들어 증명하고 있습니다. 밀이 계승하고 있는 영국 경험주의에서 가장 중요한 전제는 인간의 인식이 불완전하다는 것입니다. 인간의 유일한 인식 원천은 감각이며, 인간은 감각이 주는 감각 인상 이외의 것은 알 수 없습니다. 따라서 나 홀로 터득할 수 있는 진리란 없으며, 모두 저마다 조금씩 다른 인식과 경험을 서로 교환하고 공유하면서 더욱 올바른 지식을 향해 나아가는 것입니다. 그렇다면 당연히 다수의 의견이라 해서 반드시 올바른 것이 아니며, 소수의 의견이라 해서 그릇된 것이 아닙니다. 소수의 의견은 다수 의견이 보지 못한 진리의 다른 측면을 가지고 있을 가능성이 큰 것입니다. 게다가 그 소수가 천재적인 인물이라면 더 말할 것도 없겠죠. 먼 옛날의 공자나 소크라테스, 근대의 코페르니쿠스나 갈릴레이, 현대의 아인슈타인의 생각은 당시에는 모두 소수 의견이었지 결코 다수 의견에 속하지 않았습니다. 이들의 견해는 올바르다는 이유만으로 받아들여지지 않았습니다. 밀의 표현대로 치고받는 논쟁의 과정을 거쳐야 하였던 것입니다. 따라서 여러 이견 간의 논쟁과 다툼은 매우 성가시고 혼란스러워 보이겠지만 인간이 진리에 다가갈 수 있는 유일한 방법입니다.

개별성, 행복한 삶을 위한 중요한 요소

개인은 위험과 불확실성을 스스로 책임지는 한 일체의 물리적·도덕적 방해를 받지 않으면서 각자 생각대로 행동하는 자유가 필요하다. 각자가 자유롭게 자기 의견을 가질 수 있어야 하는 것과 마찬가지로, 자기 책임 아래 방해받지 않고 자기 생각에 따라 행동하는 자유가 허용되어야 한다.

개인의 생각뿐 아니라 행동 양식에서도 다양함은 좋은 것이라는 사실이 적용된다. 인간은 불완전하기 때문에 서로 다른 의견의 존재가 유익하며, 따라서 삶의 실험도 다양하게 이루어져야 한다. 각자의 개성은 타인에게 피해를 주지 않는 한 다채롭게 꽃피어야 한다. 누구나 자기가 사는 방식의 가치를 실천적으로 증명해 볼 수 있어야 한다. 한마디로 다른 사람들에게 심각하게 관련되지 않는 일에 대해서는 각자의 개별성이 발휘되도록 허용되어야 한다.

각자가 나름의 관점을 가지고 관습을 비판적으로 수용 혹은 거부하는 것이 맹목적이고 기계적으로 추종하는 것보다 낫다는 사실은 대부분의 사람들이 인정한다. 또 각자 자기 입장에서 사물을 바라보는 관점을 세워야 한다는 것도 인정한다. 그러나 사람들은 욕망이나 충동에도 각자 나름의 특성이 담겨 있고, 개인의 특성이 반영된 충동을 느끼는 것이 위험하거나 나쁜 일이 아니라는 사실은 쉽게 인정하지 않는다.

욕망과 충동도 신념과 자제력 못지않게 인간의 완성을 위해 꼭 필요한 요소임을 분명히 알아야 한다. 인간의 욕망이 너무 강한 것이 아니라 양심이 빈약한 것이 나쁜 결과를 가져온다. 강한 충동은 빈약한 양심의 원인이 아니라 오히려 그 반대다. 어떤 사람의 욕망과 감정이 다른 사람보다 더 강하고 다양하다면 이는 인간으로서 타고난 자질이 더 풍부하다는 것이다. 그 사람은 남보다 나쁜 일을 더 많이 할 수도 있겠지만 그보다는 좋은 일을 더 많이 할 것이다. 강한 충동은 정력의 다른 이름이다. 정력은 나쁘게 이용될 수도 있겠지만 게으르고 냉랭한 사람보다는 정력적인 사람이 좋은 일도 더 많이 한다. 감수성이 민감한 사람은 충동을 생생하고 강렬하게 만들 수 있으며, 이런 감수성이 있어야 열정적으로 덕을 추구하고 자신을 철저하게 통제할 수 있다. 자신만의 욕망과 충동을 가진 사람은 자신만의 독특한 성격을 가진 사람이다. 반대로 자신만의 욕망과 충동을 가지지 못한 사람은 고유한 성격이 없는 사람이다. 이런 사람은 아무 개성도 없이 똑같이 생긴 증기기관이나 다를 바 없다.

인간은 서로 다른 것들을 획일화하기보다는, 다른 사람의 권리와 이익을 침해하지 않는 한도 안에서 이들을 잘 가꾸고 발전시킴으로써 더욱 고귀하고 아름다운 존재가 될 수 있다. 창작물이 그 창조자의 성격을 반영하듯이, 인류의 구성원이라는 사실에 한껏 자부심을 느낄 정도로 인간이 발전하면 우리 삶도 풍요롭고 다양해지며 활력에 넘칠 것이다. 각자의 개별성이 발전하는 것과 비례하여 사람은 자기 자신에 대해 더욱 가치 있는 존재가 되며, 그로 인해 다른 사람에게도 더욱 가치 있는 존재가 될 수 있다.

나는 여기서 탁월한 재능을 가진 사람이 권력을 장악하여 이 세상을 멋대로 다스려야 한다는 영웅 숭배 사상을 펼치는 게 아니다. 다만 천재적인 사람이 자기 방식대로 세상을 살아갈 자유를 누릴 수 있어야 함을 강조할 뿐이다. 예전 같으면 그들이 대중과 다르게 행동하는 것 자체는 무의미하였고 더욱 탁월한 행동을 할 때에만 긍정적인 평가를 받았을 것이다. 그러나 이 시대에는 획일성을 거부하고 관습을 따르지 않는 것만으로도 인류에게 큰 봉사를 하는 셈이 된다. 오늘날에는 남과 다른 것을 전혀 허용하지 않을 정도로 여론의 압제가 심하다. 바로 그렇기 때문에 남다르게 행동하는 것이 바람직하다. 그래야만 그런 압제를 무너뜨릴 수 있기 때문이다. 강한 성격이 충만할 때 남다른 개성이 피어난다. 그리고 한 사회 속에서 남다른 개성이 자유로이 꽃필 가능성은 그 사회가 보여 주는 탁월한 재능과 정신적 활력, 그리고 도덕적 용기와 대체로 비례한다.

이러한 중요성이 탁월한 정신적 능력을 갖춘 소수의 사람에게만 해당되는 것도 아니다. 모든 인간의 삶이 어떤 특정인 혹은 소수 사람들의 생각에 따라 틀 지워질 까닭은 없다. 누구든 어느 정도의 경험과 상식만 있다면 자신의 삶을 자기 방식대로 살아가는 것이 가장 좋다. 그 방식이 최선이라서가 아니라 자기 방식대로이기 때문에 좋은 것이다.

만약 사람들의 취향이 서로 다르다면 하나의 틀에 맞춰 획일화시켜서는 안 된다. 수많은 종류의 식물들이 모두 똑같은 물리적 환경과 대기, 그리고 기후 조건에서 살 수 없듯이, 인간 또한 모두가 똑같은 도덕적 기준 아래서 건강한 삶을 누릴 수 없다. 같은 생활양식이 어떤 사람에게는 역량을 높이고 최적의 상태에서 건강하고 즐겁게 살게 해 주지만, 다른 사람에게는 모든 내적 삶을 황폐화시키는 암초가 되기도 한다.

관습이라는 전제가 곳곳에서 인간의 진보를 가로막는 장애물로 등장하면서 관습보다 훌륭한 것들인 자유와 진보, 개선을 지향하는 기질이 박해당하고 있다. 개선의 정신과 자유의 정신이 언제나 일치하는 것은 아니다. 그러나 자유는 개선을 가능하게 하는 절대적인 요소이다. 자유가 허용될 때에민 사람 수만큼이나 다양하고 독자적인 개선의 요소가 뿌리 내릴 수 있기 때문이다. 관습의 굴레에서 해방되는 것을 포함하지 않으면 진보의 원리라 할 수 없다. 그래서 이 둘의 싸움이 인간 역사를 규정하는 기본 변수가 된다.(3장)

밀은 지금까지의 논의를 종합하여 개별성이 인류 전체의 진보를 위해 매우 좋은 것이며, 사실상 진보의 바탕이 된다는 말로 정리하고 있습니다. 심지어 진보의 목적이 이런 개별성의 확대라고 보는 것 같기도 합니다. 개별성이 보장되지 않으면 인류가 진보하기 위해 필요한 선구적인 시도와 모험이 불가능하기 때문이며, 지금까지의 잘못을 수정하기가 어렵기 때문입니다. 인간은 엄연히 사회적 동물이며, 밀 역시 개인주의자가 아니라 공리주의자이기 때문에 이런 개별성이 어느 정도까지 보장되어야 하는가 하는 문제가 남게 됩니다. 즉, 사회 전체의 이익을 위해서 개인의 자유를 제한하는 것은 피할 수 없는 일이지만 그 기준은 무엇인가 하는 것입니다.

● **생각해보기**

1. '사회적 자유'란 어떤 자유를 의미합니까?

2. 인민의 정부, 즉 민주주의 정부에서 권력의 제한은 어떤 의미가 있습니까?

3. 인류의 진보에 필요한 것은 무엇입니까?

02 개인의 자유에 대한 사회 권력의 한계는 어디일까?

 우리는 완전히 개인들로만 이루어진 곳에서 사는 게 아니기 때문에 결국 개인과 사회의 관계라는 문제가 등장합니다. 개인은 자유를 지니고 있고 사회는 권력을 가지고 있는데, 이 둘 사이의 경계는 어디에서 그어져야 할까요?

사회가 개인에 대해 행사할 수 있는 권한의 한계

사회는 계약을 통해 만들어지지 않았다. 사회적 의무의 근거를 끌어대기 위해 사회계약론을 거론하는 것은 헛짓이다. 하지만 사회의 보호를 받는 사람이라면 혜택을 받은 만큼 사회에 보답해야 한다. 또 사회에서 사는 한 다른 사람과 더불어 살기 위한 행동 규칙을 지켜야 한다.

그 행동 규칙들은 다음과 같다. 첫째, 법 규정으로 구체적으로 명시되거나 암묵적인 인정에 따라 개인의 권리로 인정되어야만 하는 특정한 이익을 침해해서는 안 된다. 둘째, 평등한 원리에 의해 결정된 사회의 방어에 필요한 노동과 희생의 정당한 몫을 감당해야 한다. 셋째, 사회는 이런 의무를 거부하는 개인을 강제할 수 있다. 넷째, 사회는 누군가가 다른 사람의 이익을 부당하게 침해하는 순간부터 그에 대해 사법적 권한을 가진다. 다섯째, 개인은 그 행동이 다른 사람과 아무 관계가 없고 단지 본인의 이익에만 영향을 미칠 경우, 그 일과 그로 인한 결과에 대해 절대적인 법적·사회적 자유를 누려야 한다.

 밀 역시 개인이 사회 구성원으로서 지켜야 하는 규칙이 있음을 인정합니다. 하지만 그 규칙의 범위를 벗어나는 영역에서는 자유로워야 한다는 점을 더욱 강조합니다. 개인이 자유로워야 하는 지점은 사회의 권력이 제한되어야 하는 영역이기도 합니다.

어떤 사람이 자신에게만 문제가 되고 타인의 이익에는 영향을 주지 않는 행동과 성격 때문에 감수해야 하는 불이익은 타인의 반감뿐이라야 한다. 그러나 타인에게 해를 주는 행동의 경우는 전혀 다르다. 타인의 권리를 침해하는 행위, 정당한 권리 없이 타인에게 손해와 타격을 주는 행위, 타인을 속이며 불공정하고 잔혹한 방법으로 이익을 챙기는 행위, 위험에 처한 타인을 이기적으로 외면하는 행위는 도덕적 비난이나 법적 처벌을 받아야 한다.

경솔하고 비루하여 타인의 무시를 받는 것과 타인의 권리를 침해하여 비난받는 것의 차이는 단지 문자상의 것이 아니다. 어떤 사람이 우리를 불쾌하게 하면 우리는 싫은 티를 내면서 그 사람을 멀리할 수 있다. 그렇다고 우리도 그 사람을 불쾌하게 만들 수는 없다. 어떤 사람이 그릇된 처신으로 스스로를 망칠 때 우리는 동정이나 혐오는 할 수 있어도 분노할 수는 없으며, 그를 공공의 적인 양 다룰 수 없다. 그를 가장 가혹하게 대하는 정당한 한계는 그냥 내버려 두는 것이다. 그러나 그가 개인적이든 집단적이든 주변 사람들의 보호에 필요한 규칙을 위반하였다면 사정이 전혀 다르다. 그가 저지른 잘못으로 인해 본인뿐 아니라 다른 사람들이 피해를 보기 때문이다.

술에 좀 취하였기로서니 벌을 받는다면 말이 안 된다. 그러나 군인이나 경찰이 술에 취한 상태로 근무한다면 처벌받아 마땅하다. 결국 어떤 행동이 다른 개인이나 공공에게 명백하게 해를 끼치거나 그런 위험성이 분명할 때, 그 행동은 자유의 영역에서 벗어나 도덕이나 법률의 적용 대상이 되는 것이다.

그러나 단순한 개연성에 불과하거나 순간적으로 미미한 손해를 주는 정도의 행동이라면 이 정도 불편은 자유라는 더 큰 목적을 위해 감수해야 한다. 성인을 자신을 적절히 돌보지 않았다는 이유로 처벌할 수는 없다. 그건 그들 각자의 소관이다. 사회에는 그 사람이 자기 능력을 망치는 것을 막거나 사회에 유익한 일을 하도록 만들 권리가 없다.

사회가 전적으로 개인적인 행동에 간섭하면 안 되는 이유 중 가장 중요한 것은 그런 간섭이 잘못된 영역에서 일어날 가능성이 크기 때문이다. 사회적 윤리나 타인에 대한 의무 같은 문제에서는 공공 여론, 즉 압도적 다수의 의견이 가끔 틀리기는 하지만 대개는 옳다. 왜냐하면 그런 문제에서는 자신들의 이익, 그리고 어떤 특정한 행동 양식이 실제로 행해질 경우 자신에게 미칠 영향에 대해서만 판단하면 되기 때문이다. 그러나 다수 의견이라 하더라도 소수의 사람들에게만 관계되는 행동에 대해 적용되는 의견은 틀리는 경우가 많다. 왜냐하면 이런 경우에 공공 여론은 대부분의 경우 아무런 관심도 없는 사람들의 쾌락이나 편의에 대해 그저 자신들의 기분에 따라 판단하는 것이기 때문이다. 이들 중 대다수는 자기가 싫어하는 것은 모두 해로운 것이라고 생각하며 극단적인 혐오를 숨기지 않는다.

어떤 사람이 자신의 의견에 대해 갖는 감정과 그것 때문에 상처받는 다른 사람의 감정이 같을 수는 없다. 개개인의 취향은 의견이나 지갑과 마찬가지로 각자 고유의 관심사이다. 오직 인간의 보편적 경험이 용납하지 못하는 행동만 제외하고, 모든 불확실한 문제에 대해 개인의 자유와 선택을 전적으로 존중해 주는 이상 사회를 상상하는 것은 쉽다. 그러나 개인에 대한 검열이 어느 한도를 넘지 않게 스스로를 억제하는 사회가 있어 본 적이 있는가?

사회는 개인의 행동에 대해 간섭할 때 그 사람의 행동이나 감정이 주류와 다르다는 사실에 대한 격렬한 분노 때문에 다른 생각을 할 여지가 거의 없다. 노력주의자와 사변적 저술가들은 십중팔구 이런 판단 기준을 종교와 철학의 명령인 것처럼 사람들에게 내보인다. 이들은 자기들이 옳다고 생각하는 것을 옳은 것이라고 가르친다. 그리고 우리와 다른 모든 사람을 함께 묶어 주는 행동 법칙을 우리 자신의 정신과 마음에서 찾으라고 말한다. 불쌍한 대중이 이런 가르침을 받아들이게 된다면 좋고 나쁜 것에 대해 자신의 감정을 형성하는 것 외에 무엇을 할 수 있겠는가?

확실히 근대 세계는 민주적 정치 질서를 강하게 지향하고 있다. 이런 경향이 가장 완벽하게 실현되고 있는, 즉 사회와 정부가 가장 민주적인 곳, 이를테면 미국이 이런 사실을 입증해 준다. 미국에서는 대중 감정을 넘어서는 정도로 화려하거나 사치스러운 삶은 눈총을 받는다. 대중 감정이 일종의 사치 규제법 역할을 하는 것이다. 그래서 이 신생 공화국의 여러 곳에서는 돈이 제아무리 많아도 대중의 반감을 사지 않고서는 원하는 대로 쓰기 어렵다. 이런 것이 더 발전하면 사회주의자들의 발상, 즉 매우 적은 수준 이상의 재산을 가지거나 소득이 육체노동자보다 많으면 대중의 눈에 수치스럽게 보이는 것과 비슷해진다.

나는 여러 산업 분야에서 다수인 비숙련 노동자들이 자신들도 다른 유능한 사람들과 동등한 대우를 받아야 한다는, 즉 기술이 더 좋거나 더 열심히 일하는 사람이 더 높은 임금을 받아서는 안 된다는 생각으로 완전히 기울어 있다고 알고 있다. 그러면서 이들은 숙련 노동자들이 일을 더 잘한다고 더 많은 임금을 주거나 받지 못하도록 규찰대 따위를 두어 감시하며 심지어 폭력을 행사한다고 한다. 사회가 개인의 사적 문제에 대해 어떤 형태로든 간섭할 권리를 가지고 있다면 이들이 잘못하고 있다고 말할 수 없을 것이다.

그러나 이는 상상만의 일이 아니다. 오늘날에는 실제로 사적인 삶의 자유가 폭넓고 심각하게 침해받고 있으며, 더 심각한 위협이 현실화될 가능성도 크다. 사회가 그르다고 판단한 것이면 뭐든지 법으로 금지할 수 있을 뿐 아니라, 그것을 막는다는 미명 아래 아무 혐의가 없는 일들마저 무제한적으로 금지할 권리가 있다는 생각이 확산되기 때문이다.

인간의 자유가 무시되는 사례로, 언론들이 모르몬교에 대해 가하는 무차별적 언어폭력을 들지 않을 수 없다. 사실 이 종교 자체는 사기성이 농후하다. 그러나 문제는 이 종교 역시 제대로 된 종교와 마찬가지로 순교자들이 있다는 점이다. 그 예언자 겸 창시자는 자신의 교리를 전도한다는 이유로 군중에게 죽음을 당하였다. 다른 추종자들도 똑같은 집단 폭력으로 죽거나 고향에서 쫓겨났다. 그리고 그들이 사막의 외딴 곳에서 은둔하는 동안에도 많은 사람들은 토벌대를 보내 그들에게 자신들의 생각을 따르도록 강제하는 것은 정당하다고 공공연히 말하였다.

일부다처제는 모르몬교 교리 가운데 특히 사람들에게 반감을 주어 종교적 관용의 한도를 넘게 만드는 원인이다. 나는 이것이 인류의 절반에게 쇠사슬을 씌움으로써 나머지 절반을 상대에게 져야 하는 의무에서 해방시켜 자유의 원칙을 위배하기 때문에 절대 용납할 수 없다고 본다. 그러나 이런 제도의 희생자인 여자들이 다른 사람들이 다른 결혼 제도를 받아들이듯 이것을 자발적으로 선택하고 있다는 점을 염두에 두어야 한다. 그들이 다른 사람들의 극단적인 적대감을 못 견뎌서 고향을 떠나 아무도 없는 곳으로 가서 아무런 적대적 행위도 하지 않고, 그들의 삶의 방식이 싫어서 떠나려는 사람들에게 언제든지 떠날 자유를 허용하고 있는데도, 그들이 자기 방식대로 사는 것을 막는다면 이는 전제정치다.(4장)

사회는 어떤 개인의 행위가 자기 자신에게만 피해를 미치는 경우에는 간섭할 수 없다는 것이 밀의 가장 중요한 주장입니다. 물론 눈앞에서 스스로를 망치는 것을 방치할 수는 없지만, 그때 동원할 수 있는 수단은 설득이나 비판이지 법이나 제도가 아니라는 것입니다. 하지만 밀을 자유방임주의자로 보아서는 안 됩니다. 밀은 당시 영국 자본주의가 심각한 불평등을 낳고 여러 곳에서 비참한 노동자들을 만들어 내고 있음을 잘 알고 있었습니다. 다만 여기에 사회가 개입할 경우 오히려 더 무서운 전제정치가 나타날 가능성을 우려하였던 것입니다. 비록 좋은 의도로 개입하였더라도 일단 개인의 삶에 사회가 개입할 여지가 열리면 그다음에는 걷잡을 수 없게 되리라 본 것입니다.

현실 적용

여기에서는 앞에서 제시한 원리들을 매우 구체적이고 현실적인 실례를 들어가며 설명하고 있습니다. 크게 어려운 부분이 없기 때문에 편안하게 읽어 나갈 수 있을 것입니다.

나는 몇몇 경우를 골라 그 적용 문제를 따져 볼 것이다. 그렇게 하면 이 책에서 내가 주장하는 두 가지 핵심 원칙의 의미와 한계가 좀 더 분명해질 것이다. 또한 그 둘 가운데서 어느 것을 받아들여야 하는지 불투명해 보일 때 둘 사이에 균형을 취함으로써 올바른 판단을 내리는 데 도움이 될 것이다.

첫째, 개개인은 다른 사람에게 해를 끼치지 않고 자신에게만 영향을 미치는 행위에 대해서는 사회적인 책임을 지지 않는다. 둘째, 개개인은 다른 사람의 이익을 침해하는 행동에 대해서는 당연히 책임져야 한다. 또 사회가 사회 전체의 이익을 보호하기 위해 필요하다고 판단하면 그런 행동에 대해 사회적 또는 법적 처벌을 가할 수 있다.

사회의 간섭은 다른 사람에게 손해를 입힐 때, 혹은 손해를 입힐 가능성이 있을 때에만 정당화되지 언제나 정당화될 수 있는 것은 아니다. 합법적인 목표를 추구하는 과정에서 어쩔 수 없이 다른 사람에게 아픔이나 상실감을 줄 수 있다. 예를 들어 사람이 너무 많이 몰리는 경쟁시험에서 성공하는 사람, 서로 원하는 대상을 놓고 다툰 결과 승리한 사람은 모두 상대방의 패배와 소득 없는 노력과 실망의 대가로 과실을 따는 셈이다. 그러나 결과와 관련 없이 각자가 이런 방식으로 자기가 원하는 목표를 방해받지 않고 추구하는 것이 인류 전체에게는 이익이다. 즉, 사회는 경쟁의 패배자를 편들어 결과를 무효 처리할 수 있는 법적·도덕적 권리를 가지고 있지 않다. 다만 사회는 경쟁에서 이긴 쪽이 사회 전체의 이익과 어긋나는 방법, 예컨대 사기나 위약, 강압 같은 것을 쓴 경우에만 간섭할 수 있다.

상거래는 사회적 행위다. 대중을 상대로 판매한다면 누가 어떤 물건을 팔더라도 그 행위는 다른 사람들과 사회 일반의 이익에 영향을 미친다. 따라서 그 사람의 행위는 원칙적으로 사회의 법률적 관할 아래 들어간다. 한때는 이런 이유로 정부가 중요하다고 인정되는 상품들의 가격을 동결하고 제조 과정을 규제할 의무가 있다는 생각도 있었다. 지금은 생산자와 판매자에게 완전한 자유를 줄 때 가장 싸고 좋은 물건을 살 수 있다는 사실이 널리 알려졌다. 사회는 좋은 결과를 얻게 되리라는 자신감이 있어서 제약을 가하지만 일이 반드시 기대한 것처럼 되는 것은 아니다.

새로운 질문이 있다. 경찰권의 한도는 어디까지일까? 범죄나 사고를 예방하기 위해 개인의 자유를 어느 선까지 제한할 수 있을까? 범죄자를 적발하여 처벌하고 예방 조치를 취하는 것은 정부가 당연히 해야 할 일이다. 그러나 정부의 예방 조치는 남용되거나 개인의 자유를 침해할 가능성이 크다.

　만일 극약이 오직 살인의 용도로만 구매되고 사용된다면 그것의 제조와 판매를 금지하는 것은 당연하다. 그러나 선의를 가지고 유용한 목적으로 극약을 필요로 하는 사람도 있을 것이기 때문에 일률적으로 금지하는 것은 바람직하지 않다. 사고 예방은 정부가 당연히 해야 할 일이다. 만일 어떤 사람이 위험한 다리를 건너려 하고, 위험을 알려 줄 시간이 없다면, 그를 붙들어 세운다 해서 자유를 심각하게 침해한 것은 아니다. 그 사람이 물에 빠지기를 원하지는 않을 것이기 때문이다. 그러나 그 다리가 위험하다는 확실한 증거는 없고 다만 위험의 가능성만 있을 경우에는 오직 당사자만이 위험을 감수하고 그 다리를 건널지 말지 판단할 수 있다. 이럴 때는 그 사람에게 위험을 경고하는 것으로 끝나야지 건너지 못하게 강제로 막아서는 안 된다. 극약 판매도 어떤 약품은 위험하니 주의해야 한다는 내용의 라벨을 붙이도록 강제한다면 자유의 침해가 아니다. 그 약품을 사는 사람이 그것이 극약인지 아닌지 알고자 하지 않는다고는 할 수 없기 때문이다. 하지만 전문의의 허락을 받아야만 그 약을 살 수 있게 한다면 그 약품을 정당하게 필요로 하는 사람이 있다 하더라도 그것을 구하는 데 비용이 너무 많이 들거나 불가능하게 만들 것이다.

　사회가 범죄를 예방하기 위해 사전 조치를 취할 권리를 가진다는 것은, 잘못된 행동이 전적으로 자신에게만 관계될 경우 사회가 이를 막거나 처벌하는 등의 간섭을 할 수 없다는 원리가 한계를 지님을 뜻한다. 예컨대 술에 취하는 것을 법으로 간섭할 수는 없다. 그러나 술에 취해 다른 사람을 폭행하여 유죄판결을 받은 사람이 또 술에 취할 경우의 처벌, 그리고 그 상태에서 또 다른 잘못을 저지를 경우의 가중처벌은 매우 당연하다. 술에 취하면 다른 사람에게 해를 끼치는 사람이라면 술에 취하는 것이 범죄행위나 다름없기 때문이다. 또 다른 예를 들면 게으름을 법적으로 처벌할 수는 없다. 그러나 어떤 사람이 게으름 때문에 법적 의무를 다하지 못하며 다른 적절한 방법이 없을 경우라면 강제로라도 일을 시켜 그런 의무를 다하게 만드는 것을 가혹하다고 비난할 수는 없다.

　지금까지 주장해 온 원리가 옳다면 사회는 개인에게만 관련되는 일에 대해서는 그것의 잘잘못을 가릴 권한을 가지고 있지 않다. 사회는 설득하는 것 이상을 할 수 없다. 일상적인 상품 매매에 대해 비슷한 논거를 가지고 간섭하는 것은 더욱 허용할 수 없다. 사람들이 사고파는 거의 모든 물건은 과소비될 수 있고, 또 판매자들은 그렇게 부추김으로써 이득을 얻고자 한다. 그렇다고 해서 이 논리가 이를테면 메인법^{미국 메인 주에서 실시한 금주법} 같은 것을 정당화할 수는 없다.

누구든 자신의 일에 대해서는 자기가 하고 싶은 대로 할 자유를 누려야 한다. 다른 사람의 일이 자기 일이나 마찬가지라는 구실 아래 그 사람을 위한다면서 자기 마음대로 행동해서는 안 된다. 그러나 이런 의무 사항이 가족 관계에서는 거의 무시되고 있다. 남편들이 아내에게 폭군으로 군림한다는 사실은 재론할 필요도 없다. 이런 해악을 완전히 없애고 아내들도 다른 사람과 마찬가지로 권리를 누리고 법의 보호를 받도록 하는 것보다 중요한 일은 없다. 여기에 대해 기존의 정의롭지 못한 상황을 고수하려는 자들은 권력자의 횡포를 노골적으로 지지하는 것이며 자유를 운운할 자격이 없다.

내가 정부의 간섭을 반대하는 까닭은 다음과 같은 세 가지 이유 때문이다. 첫째는 정부보다 개인이 그 일을 더 잘할 만한 경우이다. 일반적으로 어떤 종류의 사업을 할지, 누가 어떻게 그 일을 할지 결정하는 문제에서 직접적인 이해 당사자보다 더 적합한 사람이 있을 수 없다. 그러나 이 문제는 경제학자들이 충분히 다루었고, 우리가 관심을 가지는 자유의 원리와 특별한 연관이 없다.

두 번째는 이 책의 주제와 좀 더 밀접한 관련이 있다. 일반 시민들보다는 공무원들의 능력이 대체로 앞서는 것이 사실이다. 그러나 이 경우에도 공무원보다는 능력이 모자라는 당사자가 직접 그 일을 하는 것이 더 바람직하다. 이를 통해 그 사람의 정신적 교육을 꾀할 수 있기 때문이다. 국민교육의 한 부분, 즉 개인적이고 가족 중심의 편협한 이해타산의 울타리에서 벗어나 공동의 이익에 대해 잘 알게 되고, 공동 관심사를 다루는 일에 익숙해지도록 만드는 일, 공익을 위해 행동하고, 서로를 고립시키지 않고 연대할 수 있도록 자신의 행동을 이끌어 가는 습관 등 자유인들에 대한 정치교육의 실천적 부분이라고 할 문제들에 대해 여기서 길게 이야기할 수는 없다. 이런 습관과 능력을 기르지 않으면 자유로운 정치제도를 유지하고 보존하기 어렵다. 같은 이유에서 순전히 지역적인 문제는 해당 주민들이 직접 처리하고, 규모가 큰 사업은 자발적으로 참여하는 사람들이 돈을 모아 경영해 나가는 것이 필요하다. 정부가 하는 일은 어디에서나 비슷하다. 그러나 개인과 자발적으로 결성된 단체들은 이런 과정을 거쳐 각종 실험과 끝없이 다양한 경험을 하게 된다. 국가가 특별히 할 일이 있다면, 개개인들이 무수한 시행착오를 거치면서 축적한 경험을 수집하고 보관, 관리하면서 다른 사람들이 불필요한 실수를 되풀이하지 않도록 도와주는 것이다.

정부의 간섭을 거부하는 세 번째이자 가장 명확한 이유는 이미 비대해진 정부의 권력을 더 키울 수 없다는 것이다. 정부가 벌써 많은 권한을 행사하고 있는데 여기에 또 다른 권한을 덧붙인다면, 사람들이 품는 희망과 불안에 대한 정부의 영향력이 더욱 커지며, 활동적이고 야심만만한 시민들을 점점 정부 혹은 집권당의 눈치나 보는 존재로 전락시킬 것이다. 만일 조직적인 협력이나 거시적이고 포괄적인 판단을 요구하는 사회의 모든 활동이 정부 관할이 되고 가장 유능한 사람들이 정부의 모든 부서를 채우게 되면 이 나라의 문화와 실천적 지식에 관련된 대규모 사업들이 관료 기구에 집중될 것이다.

그렇게 되면 나머지 보통 사람들은 자질구레한 일상의 지침을 얻기 위해, 그리고 능력 있고 야심 찬 사람들은 개인의 출세를 위해 틈만 나면 관료들을 만날 것이다. 그 결과 관료 사회의 일원으로 편입되는 것이, 일단 편입되고 나면 신분 상승을 꾀하는 것이 희망의 전부가 되고 만다. 이렇게 되면 관료 기구 바깥의 일반 시민들은 실무 경험이 전혀 없어서 관료들이 일하는 방식에 대해 비판하거나 견제하기가 어려워진다. 그뿐만 아니라 어떻게 하다가 전제적인 정치체제가 혹은 때때로 민주적인 제도가 자연스러운 활동을 통해 개혁적인 지도자들을 내세우게 되더라도 관료들의 이익과 상반되는 개혁은 시행할 수 없게 된다.

러시아제국이 바로 그런 딱한 처지에 있다. 차르_{러시아 황제}에게는 거대한 관료 기구를 통제할 힘이 없다. 그는 관료들 중 누구라도 시베리아로 날려 버릴 수 있지만 그들 없이는 혹은 그들의 뜻을 거슬러서는 정치를 할 수 없다. 사람들은 국가가 자기들을 위해 모든 것을 다 해 주리라고 기대하고 있다. 심지어는 국가에 최소한 어떤 일을 해도 되는지 물어보지도 않고 혼자 힘으로는 아무것도 하지 않는 데 익숙해져 있다. 그래서 자기들에게 좋지 않은 일이 생기면 전부 국가의 책임이라 생각하며, 혹 그 일이 자기들의 인내 수준을 넘어설 경우에는 정부에 대항해 혁명을 시도한다. 그 후 다른 사람이 권좌에 오른 뒤 관료들에게 명령을 내리지만 모든 것이 옛날과 똑같다. 관료제는 변함이 없고 그것을 대신할 사람도 없는 것이다.

스스로의 사업을 하는 데 익숙한 사람들의 모습은 이와 전혀 다르다. 프랑스의 경우에는 많은 국민이 군에 복무하였고, 그중 상당수가 하사관 이상의 계급까지 올라갔다. 그래서 이 나라에서는 인민 봉기가 있을 때마다 지도력을 발휘해 작전을 제시할 수 있는 사람들이 나타난다. 미국인들은 프랑스인들의 군대 경력과 비할 수 있을 만큼 잡다한 종류의 시민사회를 조직하고 운영하는 데 능숙하다. 미국인들은 만일 정부가 없더라도 즉석에서 조직을 하나 만들어 낸 뒤 충분한 지적 판단과 질서, 의사 결정 능력을 보여 주면서 각종 공공사업을 너끈히 해낼 능력을 누구든지 가지고 있다. 자유 국민이라면 이 정도는 되어야 한다. 이런 일을 할 수 있는 국민이 당연히 자유를 누려야 한다. 이런 국민이라면 그 어떤 관료 기구도 그들이 원치 않는 일을 밀고 나갈 수 없을 것이다.

아울러 한 나라의 중요한 능력을 모두 정부 기구 속으로 집중시키면 조만간 정부의 발전이 치명적인 타격을 받는다는 사실도 잊어서는 안 된다. 한통속으로 모인 관료 기구들은 복지부동의 게으름 속에 빠져들고 싶은 유혹에서 자유롭지 않다. 또는 어찌어찌 다람쥐 쳇바퀴 도는 것 같은 생활에서 벗어나더라도, 실제로는 어설프고 조잡하지만 그들 중 주도적 역할을 하는 사람이 훌륭하다고 생각하는 일에 달려든다.

겉으로는 상반된 것처럼 보이지만 사실은 밀접하게 연관되어 있는 이런 경향을 견제할 수 있는 유일한 길은, 그리고 그 기구의 능력을 일정한 수준 이상으로 끌어올릴 수 있는 유일한 자극제는, 그들 밖에서 대등한 능력을 가진 사람들이 주의 깊게 비판을 가하는 것이다. 따라서 유능한 사람들에게 중요한 현실 문제에 대해 올바른 판단을 내리는 데 필요한 기회와 경험을 제공해 줄 수 있는 수단이 정부 말고 또 있다는 것은 대단히 중요하다. 우리가 관료 기구를 계속 유능하고 효율적으로 유지하며 이들을 현학자 집단으로 전락시키지 않으려면, 이 조직이 정부를 유지하는 데 필요한 능력을 키우고 발전시키는 모든 업무를 독점하지 못하게 해야 한다.

밀은 공공의 이익을 위해 사회가 어느 정도 제약과 간섭을 할 수 있다고 생각합니다. 그러나 도가 지나쳐서 전제적인 정치로 전락한 경우가 많이 있습니다. 밀은 도대체 어떤 까닭으로 그런 일이 일어나는지 탐구하고자 하였습니다. 그러면서 사회의 간섭과 통제의 한계, 그것이 공공선을 넘어 전제적인 억압으로 전락하지 않는 경계를 찾아 그 범위 안으로 사회의 힘을 제한하고자 합니다. 이것이 오늘날까지도 이어지고 있는 자유주의 정치 이론의 핵심입니다.

사회는 발전을 가로막는 장애물들을 제거하기 위해 공인된 지도자를 앞세워 자신의 힘을 집단적으로 운용한다. 그렇다면 그 이점이 해악들에 압도되기 시작하는 시점은 언제일까? 어떻게 정부기관이 일상의 활동을 지나치게 관할하지 않도록 하면서도 권력의 집중과 지적 능력을 통해 얻을 수 있는 이점이 극대화할까? 이것들은 정치인이 풀어야 할 가장 어려운 문제들이다. 여기에 절대적인 규칙이 있을 수 없지만, 나는 다음의 명제로 안전한 실천 원리와 실현할 수 있는 이상, 난관을 극복하기 위해 고안된 모든 제도를 검증하는 기준을 정리할 수 있다고 본다. "권력은 효율성을 지키는 범위 안에서 최대한 분산하라. 그러나 정보는 가능한 한 중앙으로 집중시킨 뒤 그곳에서 분산시켜라."

그래서 뉴잉글랜드의 경우처럼, 각 도시의 행정은 이해 당사자가 담당해서는 안 되는 일들을 아주 작은 부서로 나누어 주민들이 선출한 공무원들에게 담당시키면 된다. 아울러 지방행정을 담당하는 각 부서에는 중앙정부에서 파견한 감독관이 필요하다. 이 감독관은 각 지역 행정 부서를 통해 축적되고, 외국에서 일어나고 있는 비슷한 사례와 정치학의 일반 원리에서 나온 다양한 정보와 경험을 집중적으로 다룰 것이다. 이 중앙 기관은 일어나고 있는 모든 일에 대해 알 권리가 있고, 한 곳에서 획득한 지식을 다른 곳에서도 이용할 수 있게 해 줄 의무가 있다.

중앙 기관의 충고가 상당한 권위를 가지는 것은 당연하지만 그들의 실제 권한은 지역 관리들을 법에 복종시키는 정도로 제한되어야 한다. 일반 규칙이 미처 언급하지 못한 모든 사항에 대해서는 관리들이 지역 주민에 대한 책임을 의식하며 스스로 판단해서 처리하도록 해야 한다. 중앙정부는 입법부가 만든 규칙이 잘 집행되는지 지켜보기만 해야 하며, 잘 집행되지 않을 경우 법정에 호소하거나 법의 정신에 따라 집행하지 않은 관리들의 해임을 지역 주민에게 요구해야 한다.

　　정부가 개인과 개별 조직의 활동과 권한을 장려하는 대신 그들이 할 일까지 해 버리며, 정보와 충고 혹은 질책 대신 족쇄를 채워 강요하거나 당사자를 제쳐 두고 그 일을 직접 해 버리는 것은 바람직하지 못한 결과를 가져온다. 국가의 힘은 국가를 구성하는 개인에게서 나온다. 국가가 시민들의 내면적 성장과 발전보다 소소한 실무 능력이나 기능적 효율을 우선한다면, 그리고 시민들을 국가 품 안의 왜소한 존재가 되도록 이끌어 순한 양처럼 국가에게 순종하게 만든다면, 이런 도토리 키 재기 하는 사람들을 데리고서는 어떤 크고 위대한 일도 성취할 수 없게 될 것이다. 국가는 모든 것을 다 희생하면서까지 완벽한 기계를 얻고자 하였다. 그리고 그 기계가 더욱 원활히 작동하는 데 도움이 된다고 생각해서 생명력을 포기해 버렸다. 그러나 국가는 생명력을 잃어버린 탓에 그 기계가 무용지물이 되는 것을 목격하게 될 것이다.(5장)

● 생각해보기

1. 사회가 개인의 자유를 제한할 수 있는 것은 어떠한 경우입니까?

2. 공공의 이름을 내건 제약과 간섭이 도가 지나쳐서 전제적인 정치로 전락한 사례를 정리해 보세요.

요약
노트

이 책에서 말하는 '자유'는 시민의 자유 또는 사회적 자유입니다. 사회적 자유는 사회가 개인을 상대로 정당하게 행사할 수 있는 권력에 제한을 가하는 것입니다. 이제 인민이 권력의 주체가 되었으므로 자유의 구현보다는 사회적 자유를 저해하는 요소를 분석해야 합니다. 이를테면 다수파가 소수파의 자유를 인민의 의지라는 이름으로 억압할 때 그것을 막는 것과 같은 경우입니다.

다른 사람의 물리적·도덕적 방해를 일체 받지 않으면서 각자의 생각대로 행동하는 자유가 필요합니다. 누구든지 원한다면 자신이 택한 삶의 양식이 가지는 가치를 실천적으로 증명해볼 수 있어야 합니다. 한 사회 속에서 남다른 개성이 자유롭게 피어날 가능성은 그 사회가 보여주는 탁월한 재능과 정신적 활력, 그리고 도덕적 용기와 비례합니다.

개인의 행동이 다른 사람과 아무 관계가 없고 단지 본인의 이익에만 영향을 미친다면 개인은 그 일과 그로 인한 결과에 대해 절대적인 자유를 누려야 합니다. 물론 어떤 행동이 다른 개인이나 공공에게 명백하게 해를 끼치거나 그럴 위험성이 분명하다면 그 행동은 자유의 영역에서 벗어나 도덕이나 법률의 적용 대상이 됩니다.

국가의 힘은 국가를 구성하는 개인에게서 나옵니다. 국가가 시민의 내면적 성장과 발전을 중요하게 여기기보다 사소한 실무 행정 능력이나 세세한 업무 처리를 위한 기능적 효율을 앞세운다거나 국가의 손바닥 위에서 말을 잘 듣는 온순한 도구로 만들기 위해 시민들을 왜소한 존재로 만들려고 해서는 안 됩니다. 그렇게 길들여진 시민들에 의해서는 크고 위대한 일을 성취할 수 없는 현실에 직면하게 될 것이기 때문입니다.

3장

민주주의는 경제적 불평등까지 해결해야 한다

마르크스 《공산당 선언》

Karl Heinrich Marx
Manifest der Kommunistischen Partei

《공산당 선언》을 읽기 전에

국제 노동운동 지도자가 될 수밖에 없었던 법학도 청년

카를 하인리히 마르크스Karl Heinrich Marx, 1818~1883는 후대에 큰 영향을 끼친 독일 출신의 혁명가이자 경제학자, 철학자, 사회학자입니다. 원래는 철학자였지만 훗날 사회학이라는 신흥 학문의 중요한 개념들을 생각해 내어 사회학의 창시자 중 한 사람으로 대접받으며, 애덤 스미스, 리카도, 밀과 함께 고전파 경제학의 주요 사상가인 동시에 비판자로 꼽힙니다.

1818년 독일의 작은 도시에서 유복한 변호사인 하인리히 마르크스의 아들로 태어난 그는 아버지의 길을 따라 베를린 대학 법학부에 진학하였습니다. 여기까지는 전형적이고 순탄한 인생이라 할 수 있지만, 당시 베를린의 지식인 사회를 지배하다시피 한 헤겔 철학에 심취하면서 그의 인생이 바뀝니다. 그는 헤겔 철학 클럽에서 청년 헤겔파라고 불리던 급진적인 자유주의자들과 교류하였고, 마침내 전공을 철학으로 바꾸었습니다.

1841년에 철학 박사 학위를 받고 대학교수가 되려 하였지만, 그의 지도 교수가 정치적 탄압을 받고 대학에서 쫓겨나고 맙니다. 대학교수 자리를 포기한 마르크스는 〈라인 신문〉의 기자로 입사하였고, 얼마 지나지 않아 편집장이 되었습니다. 마르크스는 취재를 다니면서 가난한 농민과 노동자의 비참한 삶을 살펴볼 수

19세기 노동자의 생활 노동자와 노예는 무엇이 다를까? 표면적으로 노동자는 자유의지에 의해 일을 하니 강제 노동을 하는 노예와는 다르다고 여긴다. 하지만 노동 외에 아무런 선택지가 없다면 그것이 과연 자유일까? 먹고 살기 위해 소수의 지배층을 위해 일해야 한다면 그것이 자유일까? 마르크스는 근대 민주주의가 표면상으로 드러나는 것과 다르게 실질적인 자유와 평등을 놓치고 있다고 문제 제기를 하였다.

있었으며, 사회의 부조리와 불평등한 부의 분배에 대해 분노를 느꼈습니다. 이때부터 자유주의에서 급진적인 사회주의 사상가로 전향하였으며, 이후 1848년 2월 혁명을 비롯하여 각종 혁명에 관여하고 인터내셔널을 설립하는 등 국제 노동운동의 지도자가 되었습니다. 그는 흔히 각종 사회주의, 공산주의 사상의 창시자처럼 알려져 있지만, 사실은 이미 유럽에 떠돌던 사상들을 체계화하고 사회과학적으로 정당화한 것입니다. 그의 동료인 프리드리히 엥겔스는 이를 '과학적 사회주의'라고 불렀습니다.

그의 사상과 학설은 훗날 옛 소련과 공산권 국가에서 공산당의 지도 이념이 되었을 뿐 아니라 서방세계에서도 다양한 진보 정치 세력과 사회과학 분야에서 적지 않은 영향을 끼쳤습니다. 공산권이 몰락한 오늘날에도 카를 마르크스는 사회학과 경제학에 많은 영감을 주고 있으며, 근대 자본주의 사회의 불평등과 불의의 문제를 해결하려는 개혁가들에게 큰 영향을 주고 있습니다.

마르크스는 매우 많은 글을 남겨서 그의 전집은 두툼한 책으로 30권이 넘습니다. 하지만 살아생전에 정식으로 출판한 책은 그렇게 많지 않습니다. 그의 저서들 중 중요한 것은 여기 수록된 《공산당 선언》 외에 《1844년의 경제학-철학 초고》와 《자본론》입니다. 《1844년의 경제학-철학 초고》는 마르크스가 젊은 시절 썼던 책이고, 《자본론》은 만년에 쓴 책으로 각각 청년기와 원숙기를 대표하는 저작입니다. 《1844년의 경제학-철학 초고》에는 근대 자본주의가 인간에게 보편적인 행복을 주는 것이 아니라 노동소외, 인간소외 현상을 가져온다는 날카로운 비판이 들어 있습니다. 어째서 사회의 진보가 인간의 행복에 이르지 않으며, 도리어 소외시키고 불행하게 만드는가 하는 이 문제의식은 이후 마르크스에게 평생의 화두가 됩니다. 《자본론》은 그 물음에 대한 답을 자본주의의 독특한 생산방식, 즉 임금노동을 구입하여 이윤을 창출하는 생산방식에서 찾고 있는 책입니다.

먹고사는 문제에서 자유와 평등을 이야기하다

여러분은 공산주의라고 하면 무엇을 생각하십니까? 아마도 북한이나 김정일 등을 떠올릴 것이며, 두려움과 공포, 금기의 대상으로 여길 것입니다. 하지만 북한에서 말하는 공산주의와 이 책에서 말하는 공산주의는 전혀 다른 것입니다. 이 책에서 말하는 공산주의는 민주주의의 연장선 위에 있습니다. 이 작은 책자가 발표되기 전까지만 해도 민주주의는 정치적인 것으로만 여겨졌습니다. 그래서 혁명은 항상 대표를 선출할 권리, 투표에 참가할 권리, 즉 참정권을 놓고 일어났습니다. 그 권리는 항상 시민의 권리로 주장되었습니다. 즉, 귀족이나 왕족 등 특권층을 제외하면 모두 시민으로서 평등하며, 따라서 이들이 평등하게 참가하는 보통선거를 통해 불평등이 사라질 것이라고 믿었습니다.

그러나 시민혁명 이후에도 빈부 차이는 더욱 심해졌으며, 특히 산업 노동자들의 삶은 이루 표현할 수 없을 만큼 비참하였습니다. 그리하여 자유와 평등은 단지 참정권의 문제가 아니라 경제적인 문제, 삶의 질에 대한 문제이기도 하다는 생각이 퍼지기 시작하였습니다. 참정권의 평등을 넘어 자원 분배의 평등까지 요구하는 이러한 사상을 당시에는 통틀어서 사회주의, 공산주의라고 불렀습니다. 그리고 마르크스는 당시 여러 사회주의자, 공산주의자들 중 가장 체계적이고 학문적인 문서를 남겼는데, 그게 바로 팸플릿 형태의 이 글입니다.

이 책은 크게 네 부분으로 이루어져 있습니다. 첫 번째 부분은 근대 부르주아 계급이 일구어 낸 놀라운 격변과 진보를 극적으로 묘사합니다. 부르주아는 낡은 중세의 흔적을 정말 깡그리 몰아내었습니다. 두 번째 부분은 부르주아계급이 자신들의 몰락을 재촉할 새로운 계급을 만들어 냈음을 보여 줍니다. 바로 노동자계급, 즉 프롤레타리아입니다. 부르주아에게 인간 이하의 취급을 받으며 비참하게 살고 있던 프롤레타리아계급이 부르주아를 타도하고, 마침내 계급 자체를 없애 버리는 평등의 세상을 만들 조건이 이루어졌다는 것이 이 부분의 핵심입니다. 그리고 세 번째 부분에서는 몇 가지 쟁점들을 다루고, 마지막 부분에서는 정치적인 슬로건과 함께 마무리합니다.

이 책은 마르크스가 비교적 젊은 시절에 쓴 것이며, 학술적이라기보다는 정치적인 저작이기 때문에 그의 학문과 사상의 진면모를 보여 준다고 보기는 어렵습니다. 그러므로 마르크스를 제대로 이해하기 위해서는 역시 《자본론》을 읽어야 할 것입니다. 물론 《자본론》은 경제학 책으로 분류됩니다. 하지만 마르크스가 경제 현상과 정치 현상이 같은 현상의 두 측면일 뿐임을 보여 주려고 하였음을 염두에 둔다면 이런 구별은 의미가 없을 것입니다.

⬛ 《공산당 선언》 발췌 부분

O1 | 사람을 교환가치로 해체하는 자본주의는 어떻게 될까?

 《공산당 선언》은 제목과 달리 공산주의에 대한 내용보다는 자본주의에 대한 내용이 더 많습니다. 마르크스는 다른 공산주의자들과 달리 자본주의를 저주하거나 증오하지 않습니다. 오히려 자본주의가 인류 사회의 역사적 발전의 한 단계라고 보았는데, 그렇지만 영원한 단계일 수는 없다고 말합니다. 그가 생각하는 자본주의에 대해 들어 봅시다.

공산주의라는 유령의 공개

하나의 유령이 유럽을 배회하고 있다. 공산주의라는 유령이.

낡은 유럽의 모든 세력, 즉 교황과 차르, 메테르니히와 기조, 프랑스의 급진파와 독일의 경찰이 이 유령을 사냥하려고 신성동맹을 맺었다.

반정부당치고 정권을 잡고 있는 적들에게서 공산당이라는 비난을 받지 않은 경우가 어디 있는가? 또 반정부당치고 더 진보적인 반정부당이나 반동적인 적들에게 거꾸로 공산주의라고 낙인찍으며 비난하지 않은 경우가 어디 있는가?

이 사실에서 두 가지 결론이 나온다.

공산주의는 이미 유럽의 모든 세력에게서 하나의 세력으로 인정받고 있다. 이제 공산주의자들이 전 세계를 향해 자신의 견해와 목적과 경향을 공개적으로 표명함으로써 공산주의의 유령이라는 소문을 당 자체의 선언으로 대치해야 할 절호의 시기가 닥쳐왔다.

이러한 목적으로 다양한 국적을 가진 공산주의자들이 런던에 모여서 다음과 같은 《선언》을 입안하고 그것을 영어와 프랑스어, 독일어, 이탈리아어, 플랑드르어와 덴마크어로 발간한다.(서문)

│ 부르주아와 프롤레타리아 │

부르주아bourgeois는 원래 중세 후기에 나타난 도시에 거주한 중산계급을 뜻합니다. 이들은 상공업을 통해 부를 쌓으면서 성직자, 귀족에 이어 제3의 계급을 형성합니다. 이후 시민혁명과 산업혁명을 거치면서 이들은 성직자, 귀족을 압도하고 사회를 주도하는 계급, 마르크스의 표현을 따르면 지배계급이 됩니다. 훗날 마르크스는 이런 모호한 용어보다는 좀 더 선명한 용어인 자본가capitalist라는 용어를 사용합니다. 오늘날에도 부르주아와 자본가는 다른 의미로 사용됩니다. 이 글에서는 자본가라는 의미로 사용되고 있습니다. 프롤레타리아prolétariat는 로마시대의 최하층 계급을 뜻하는 단어에서 비롯되어 흔히 무산자라고 번역됩니다. 그러나 마르크스는 단지 재산이 없고 가난하다는 의미가 아니라 자신의 노동력을 팔아서 임금을 받고 그것으로 생계를 유지해야 하는 계급으로 사용합니다. 부르주아의 경우와 마찬가지로 마르크스는 이 단어도 좀 더 분명한 단어인 노동계급working class이란 말로 대체합니다.

지금까지 모든 사회의 역사는 계급투쟁의 역사이다.

자유민과 노예, 귀족과 평민, 영주와 농노, 동업조합길드의 장인과 직인, 요컨대 서로 영원한 적대 관계에 있는 억압자와 피억압자가 때로는 은밀하게, 때로는 공공연하게 끊임없는 투쟁을 벌여 왔다. 이 투쟁은 항상 사회 전체가 혁명적으로 개조되거나 투쟁하는 계급들이 함께 몰락하는 것으로 끝났다.

예전에는 역사상의 각 시기마다 거의 어디에서나 사회가 각종 신분으로 완전히 분열된 상태인 각종 사회적 위계질서가 있었다. 고대 로마에는 귀족·기사·평민·노예가 있었고, 중세에는 봉건영주와 가신, 동업조합의 장인과 직인, 그리고 농노가 있었으며, 다시 이 계급들 하나하나가 특수한 등급들로 나뉘어 있었다.

봉건사회가 몰락하고 생겨난 현대 부르주아사회 또한 계급 모순을 폐기하지 못하였다. 이 사회는 다만 새로운 계급들, 억압의 새로운 조건들과 투쟁의 새로운 형태들을 낡은 것과 바꿔 놓은 데 지나지 않았다.

그러나 우리 시대, 즉 부르주아의 시대는 계급 모순을 단순화하였다는 점에서 특이하다. 사회 전체가 두 개의 적대 진영으로, 즉 서로 대립하는 두 계급인 부르주아와 프롤레타리아로 더욱더 분열되고 있는 것이다.

중세의 농노에서 초기 도시의 자유민이 생겨났고, 이 시민 계층에서 부르주아의 첫 번째 요소들이 발전하였다. 아메리카 대륙의 발견과 아프리카 회항로의 발견은 대두하는 부르주아에게 신천지를 열어 주었다. 동인도와 중국 시장, 아메리카의 식민지화, 식민지와의 교역, 교환수단과 상품의 증가는 상업과 항해, 공업에 전례 없는 충격을 주었으며, 그리하여 무너져 가던 봉건사회 안에서 혁명적 요소를 급격히 발전시켰다.

예전의 봉건적 또는 동업조합적 경영 방식은 새로운 시장과 함께 늘어난 수요를 더는 충족시킬 수 없었다. 그것을 대신한 것이 매뉴팩처산업혁명 이전의 공장였다. 동업조합의 장인들은 매뉴팩처 공업에 종사하는 중간계급에게 밀려났으며, 서로 다른 동업조합 사이의 분업은 개별 작업장별로 이루어지는 분업 앞에서 사라져 버렸다.

대공업은 아메리카 대륙의 발견으로 준비되고 있던 세계시장을 만들어 냈다. 세계시장은 상업, 해운과 육상 교통의 거대한 발전을 가져왔다. 이러한 발전이 이번에는 거꾸로 공업의 확장에 영향을 끼쳤다. 공업, 상업, 해운, 철도가 확대되는 만큼 부르주아도 발전하였으며, 부르주아는 자본을 늘림으로써 중세 때부터 내려오던 모든 계급을 뒷전으로 밀어내 버렸다.

부르주아는 역사에서 아주 혁명적인 역할을 해냈다.

부르주아는 자신들이 지배권을 얻어 낸 곳에서는 어디서나 모든 봉건적·가부장적·목가적 관계를 파괴하였다. 부르주아는 태어나자마자 얽매일 수밖에 없는 온갖 봉건적 속박을 가차 없이 토막 내어 버렸다. 그리하여 사람들 사이에는 노골적인 이해관계와 냉혹한 '현금 계산' 외에는 아무런 관계도 남지 않게 되었다.

부르주아는 종교적 광신, 기사적 열광, 속물적 감상 등의 성스러운 황홀경을 이기적인 타산이라는 차디찬 얼음물 속에 집어넣어 버렸다. 부르주아는 사람의 인격적 가치를 교환가치로 해체하였으며, 특허장으로 보장되거나 투쟁을 통해 얻어진 수많은 자유 대신에 단 하나의 파렴치한 자유, 즉 상거래의 자유를 내세웠다. 한마디로 부르주아는 종교적·정치적 환상에 의해 가려져 있던 착취를 공공연하고 파렴치하며 직접적이고도 잔인한 착취로 바꾸어 놓았다.

부르주아는 지금까지 영예로운 것으로 생각되어 왔고 사람들이 경건한 마음으로 보아 왔던 모든 직업에서 그것들이 가지고 있던 후광을 빼앗았다. 그들은 의사, 법률가, 성직자, 시인, 학자 들을 자신이 고용하는 임금노동자로 만들어 버렸다. 부르주아는 가족 관계에서 사람의 심금을 울리는 감상의 껍데기를 벗겨 순전히 금전 관계로 바꾸어 버렸다.

부르주아는 생산도구를 끊임없이 변혁하지 않고서는, 생산관계와 더 나아가 사회관계 전반을 혁신하지 않고서는 존재할 수 없다. 반면에 종전의 산업에 종사하던 모든 계급의 첫 번째 생존 조건은 낡은 생산양식을 그대로 유지하는 데 있었다. 생산의 계속적인 변혁, 모든 사회관계의 끊임없는 교란, 항구적인 불안과 동요가 부르주아 시대를 그전의 모든 시대와 구별해 준다. 굳어지고 녹슬어 버린 모든 관계는 그에 따르는 부산물들, 즉 아주 오래전부터 존중되어 온 관념이나 견해와 함께 해체되며, 새로 생겨나는 모든 것조차 미처 자리를 잡기도 전에 이미 낡은 것이 되고 만다. 신분적인 요소와 정체된 것은 모두 사라지고, 신성한 것은 모두 모욕당한다. 그리하여 사람들은 마침내 자기의 생활 상태와 서로의 관계를 냉정한 눈으로 바라볼 수밖에 없게 된다.

여기까지 논의를 따라오면 마치 부르주아는 정치적인 것을 모조리 경제적인 것으로 바꾸어 놓았다는 것처럼 들립니다. 정치적인 것은 적어도 공공의 이익,

공공의 선을 가정하는데, 부르주아는 모든 공적인 것에서 공공성이란 가상을 제거하고, 그것이 사실은 지배계급의 이익에 불과함을 노골적으로 드러냄으로써 모든 정치적 관계를 차디찬 경제적 계약관계, 거래관계로 바꾸어 놓았기 때문입니다. 이렇게 되면서 모든 정치적·사회적 관계는 생산관계의 영향을 받게 됩니다. 생산관계란 생산수단을 매개로 생산과정에서 맺게 되는 사람들의 상호작용의 유형을 말합니다. 인간은 혼자가 아니라 사회를 이루어 생산하며, 이 과정에서 여러 가지 상호작용을 하게 마련인데, 이것이 반복되어 제도화되면 생산관계가 됩니다. 어떤 도구를 이용해 생산하는가가 이 상호작용의 성격에 큰 영향을 끼친다는 것이 마르크스의 핵심 이론입니다.

부르주아는 모든 생산도구의 급속한 개선과 한없이 편리해지는 교통수단으로 모든 민족, 심지어는 가장 미개한 민족까지도 문명화한다. 그들 상품의 싼 가격은 모든 만리장성을 쳐부수고 외국인에 대한 야만인들의 집요한 증오까지도 여지없이 굴복시키고야 마는 무기다. 부르주아는 모든 민족에게 망하고 싶지 않거든 부르주아적 생산양식을 채용하라고 강요하며, 이른바 문명을 받아들이라고, 즉 부르주아가 되라고 강요한다. 한마디로 부르주아는 자신들의 모습대로 세계를 창조한다.

부르주아는 농촌을 도시의 지배 밑에 종속시켰다. 부르주아는 거대한 도시를 만들고 도시 인구를 농촌 인구에 비해 크게 늘림으로써 인구의 대부분을 우매한 농촌 생활에서 건져 냈다. 부르주아는 농촌을 도시에 종속시킨 것과 마찬가지로 미개국과 반미개국을 문명국에, 농업에 종사하는 인민을 부르주아적인 인민에, 동양을 서양에 종속시켰다.

부르주아는 생산수단과 재산, 인구의 분산 상태를 점차 없앤다. 그들은 주민을 집결시키고, 생산수단을 집중시키며, 재산을 몇몇의 손에 집중시켰다. 그 필연적 결과는 정치의 중앙집권화였다. 서로 다른 이해관계, 서로 다른 법률, 서로 다른 정부, 서로 다른 관세를 갖고 동맹 관계를 통해서만 겨우 연결되어 있던 독립적인 각 지방이 하나의 정부, 하나의 법률, 하나의 국민적인 계급 이해를 갖고 하나의 관세 구역 안에 사는 하나의 국민으로 결합되었다.

부르주아는 100년도 채 못 되는 계급 지배 동안에 과거의 모든 세대가 만들어 낸 것을 다 합친 것보다도 더 많고 더 거대한 생산력을 만들어 냈다. 자연력의 정복, 기계에 의한 생산, 공업과 농업에서 화학의 이용, 기선에 의한 항해, 철도, 전신, 세계 각지의 개간, 하천 항로의 개척, 마치 땅 밑에서 솟아난 듯한 엄청난 인구, 이와 같은 생산력이 사회적 노동의 태내에서 잠자고 있었다는 것을 과거의 어느 세기가 예감이나 하였겠는가!

봉건적 소유관계는 발전한 생산력에 이미 맞지 않게 되었다. 그것은 생산을 촉진하기는커녕 방해하였으며, 그만큼 생산의 족쇄로 바뀌어 버렸다. 그것은 분쇄되어야 하였으며, 분쇄되고 말았다. 그 자리를 대신한 것은 자유경쟁과 그에 상응하는 사회·정치 제도, 즉 부르주아계급의 경제적·정치적 지배였다.

이 부분에서 마르크스는 경제의 자본주의화와 국가의 민족국가화의 관계를 절묘하게 지적하고 있습니다. 사실 자본주의와 민족국가는 각각 경제와 정치의 변화로 따로 취급되었지만, 마르크스는 자본주의가 넓고 통일된 시장을 요구하며, 이것이 각 지역의 장벽을 허물어 거대한 민족국가를 수립하게 만드는 압력이 되었음을 통찰하였습니다. 그리고 같은 이유로 자본주의는 국가 간의 장벽을 무너뜨리고 통일된 세계시장을 만들고자 할 것임을 예측하여 세계화까지 내다보고 있습니다.

이런 식으로 부르주아는 100년 만에 1,000년간 내려온 성직자와 귀족의 통치를 무너뜨리고 시장에 의한 지배, 부르주아의 경제적·정치적 지배를 확립한 것입니다. 게다가 이 힘은 순식간에 세계로 퍼져 나가 온 세계를 시장의 지배 아래 둔 것입니다.

이와 비슷한 움직임이 우리 눈앞에서 진행되고 있다. 부르주아적 생산관계와 교환관계, 부르주아적 소유관계, 마치 마술을 부린 듯 그렇게도 강력한 생산수단과 교환 수단을 만들어 낸 현대 부르주아사회는 자기가 주문으로 불러낸 저승사자의 힘을 더는 감당할 수 없게 된 마술사와도 같다. 지난 수십 년 동안 이어져 온 공업과 상업의 역사는 현대의 생산관계에 대한, 즉 부르주아의 존립과 그 지배 조건인 현대의 소유관계에 대해 현대 생산력이 반항한 역사에 지나지 않는다. 이에 대해서는 주기적으로 되풀이되면서 부르주아사회 전체의 존립을 더욱더 위협하고 있는 상업공황을 언급하는 것만으로도 충분할 것이다. 상업공황이 일어날 경우, 제조된 생산물뿐만 아니라 이미 이룩된 생산력의 상당 부분도 규칙적으로 파괴된다. 공황 때에는 일종의 사회적 전염병, 즉 과거의 모든 시대에는 터무니없는 일로만 보였을 과잉생산이라는 전염병이 널리 퍼지게 된다.

사회는 잠시 동안 야만 상태로 후퇴하여 마치 기근과 전면적인 파괴전이 모든 생활수단을 쓸어 간 것같이 보이며, 공업과 상업이 전멸될 것같이 보인다. 그것은 무슨 까닭인가? 그것은 사회가 너무나 큰 문명을 가지고 있고, 생활수단이 너무나 많으며, 너무나 큰 공업과 상업을 가지고 있기 때문이다. 이제 사회가 가지고 있는 생산력은 이미 부르주아적 문명과 부르주아적 소유관계가 발전하는 데 봉사하지 않는다. 오히려 이러한 소유관계에 비하면 너무 방대해져서, 이제는 부르주아적 소유관계가 생산력의 발전을 억제하게 된다. 그리고 생산력이 이 질곡을 극복하기 시작하면 부르주아사회 전체를 혼란 상태에 빠뜨리며 부르주아적 소유가 존립하는 것을 위태롭게 한다. 부르주아적 관계는 자신이 만들어 낸 부를 포용하기에는 너무도 협소해진 것이다.

부르주아가 봉건제도를 무너뜨릴 때 사용한 그 무기가 이제는 부르주아 자신에게 겨누어진다.

 그런데 시장은 변덕스럽습니다. 시장의 힘은 너무도 강력해서 온 세계를 장악하지만, 이 힘을 사용하였던 부르주아계급의 뜻대로 움직이는 것은 아닙니다. 이제 부르주아는 시장을 통제하지 못할 지경에 이릅니다. 즉, 자본주의의 경제 체제가 더는 자본가계급의 말을 듣지 않는 것입니다. 이렇게 경제적 무질서 상태가 찾아온 것이 바로 공황입니다. 미르그스는 이제 부르주아계급이 자신들이 만들어 놓은 세계의 주인이 될 자격을 가지지 못한다고 선언하고 있습니다.

그러나 부르주아는 자신에게 죽음을 가져올 무기를 발전시켰을 뿐만 아니라 이 무기를 자신에게 겨눌 사람들, 즉 프롤레타리아라는 현대의 노동자들도 만들어

냈다. 부르주아, 즉 자본이 발전하는 정도에 비례하여 프롤레타리아, 즉 현대의 노동자계급도 발전한다. 현대의 노동자계급은 일거리가 있을 때만 생존할 수 있으며, 그들의 노동이 자본을 늘려 주는 한에서만 일거리를 얻을 수 있다. 자신을 토막으로 나누어 팔아야만 하는 노동자들은 다른 온갖 판매품과 마찬가지로 하나의 상품이며, 다른 상품과 마찬가지로 경쟁의 모든 성패와 시장의 모든 변동에 내맡겨져 있다. 늘어가는 기계의 사용과 분업으로 말미암아 프롤레타리아의 노동은 자립적 성격을 모두 잃어버렸으며, 이와 더불어 노동자가 느낄 수 있는 온갖 매력을 잃어버렸다. 노동자는 기계의 단순한 부속품이 되고, 그에게 요구되는 것은 가장 단순하고 단조로우며 가장 배우기 쉬운 동작뿐이다. 따라서 한 노동자에게 지출되는 비용임금은 거의 모두 그 자신을 유지하고 자손을 번식시키는 데 필요한 생활수단에 국한될 뿐이다.

그들은 부르주아계급, 부르주아 국가의 노예일 뿐 아니라 날마다 시간마다 기계와 감독, 무엇보다도 개별 부르주아 공장주에 의해 노예가 된다. 이 전제제도는 영리가 궁극적인 목적임이 노골적으로 선언되면 될수록 더욱더 인색하고 증오스러우며 잔인하게 된다.

육체노동에 필요한 기술과 힘이 점점 줄어들수록, 즉 현대 공업이 발전할수록, 남성 노동은 여성 노동과 아동 노동에 더욱더 밀려난다. 성별과 연령별 차이는 노동자계급에게 더는 아무런 사회적 의의도 갖지 못한다. 오직 연령과 성별에 따라 서로 다른 비용이 드는 도구로서의 노동자가 존재할 뿐이다.

 부르주아는 자신들이 불러낸 시장경제, 근대적인 생산력을 통제하지 못할 뿐 아니라 자신들을 대신하여 그 힘을 움직일 또 다른 계급까지 만들어 내었습니다. 마르크스가 바라보는 자본주의는 자본가가 노동자를 고용함으로써 생산이 가능한 체제입니다. 그러므로 자본가가 강력해진다는 것은 그만큼 더 많은 노동자를 고용한다는 의미이며, 자본주의의 역사는 노동자의 증가에 다름 아닙니다. 하지만 노동자는 비참한 삶을 공유하면서 자본주의에 적대적인 계급으로 성장합니다. 이로써 부르주아는 더 많은 이윤을 얻으려면 자신들에게 적대적인 세력을 더 많이 만들어야 하는 모순에 처하게 됩니다.

그러나 공업의 발전으로 프롤레타리아의 숫자만 늘어나는 것은 아니다. 그들은 더 거대한 집단 속에서 한데 뭉쳐 세력이 커지며, 차츰 자신의 힘을 스스로 깨닫게 된다. 기계가 여러 가지 노동의 차이를 없애고 임금을 거의 어디서나 똑같이 낮은 수준으로 떨어뜨림에 따라 프롤레타리아 내부의 이해관계와 생활 상태는 더욱더 똑같아진다. 부르주아들 사이에서 격화해 가는 경쟁과 이 경쟁으로 생겨나는 상업공황으로 노동자의 임금은 더욱 불안정해진다. 기계가 점점 빠른 속도로 끊임없이 개선되면서 프롤레타리아의 생활 처지는 더욱더 불안해진다. 개별 노동자와 개별 부르주아 사이의 충돌은 점점 더 두 계급의 충돌이라는 성격을 띠게 된다. 노동자들은 부르주아들에 대항하여 결사체, 즉 노동조합을 조직하는 일부터 시작한다. 그들은 자신들의 임금수준을 유지하려고 뭉친다. 그들은 앞으로 충돌이 일어났을 때 먹고살 것을 마련하려고 상설 단체까지 세운다. 따라서 투쟁은 폭동이 되기도 한다.

노동자들은 때때로 승리하지만 그 승리는 일시적일 뿐이다. 그들의 투쟁이 거두는 참된 성과는 직접적인 전과에 있는 것이 아니라 노동자들의 단결이 더욱더 넓혀지는 데 있다. 대공업으로 더욱더 발전해 가는 교통과 통신수단은 노동자들의 단결을 촉진하면서 각지의 노동자들을 맺어 준다. 이러한 연결이 이루어지기만 하면 어디에서나 같은 성격으로 벌어지고 있던 수많은 지방적 투쟁이 하나의 전국적 투쟁, 즉 계급투쟁으로 집중된다. 모든 계급투쟁은 정치투쟁이다. 빈약한 도로망을 가진 중세의 도시민들이 여러 세기에 걸쳐 이룩한 그 단결을, 현대 프롤레타리아는 철도 덕택에 몇 년 안에 이룩하고 있다.

일반적으로 낡은 사회 안의 충돌은 많은 점에서 프롤레타리아의 발전 과정을 촉진한다. 부르주아는 끊임없이 투쟁을 해 왔다. 처음에는 귀족과 투쟁하였고, 나중에는 공업 발전에 대립하는 이해관계를 가진 일부 부르주아와 투쟁하였으며, 언제나 외국의 부르주아 전체와 투쟁한다. 이 모든 투쟁에서 부르주아는 프롤레타리아에게 호소하고 그 도움을 받지 않을 수 없으며, 그들을 정치 운동에 끌어들이지 않을 수 없다. 그 결과, 부르주아는 자신들만이 누리던 정치적이고 일반적인 교양의 요소를, 즉 부르주아 자신에게 대항할 무기를 프롤레타리아에게 제공한다.

더군다나 이미 우리가 본 바와 같이, 공업의 발전으로 지배계급의 대부분이 프롤레타리아로 전락하거나 최소한 그들의 생활 조건이 위협받는다. 이들 또한 프롤레타리아에게 계몽적·진보적 요소를 대량으로 제공하게 되는 것이다.

계급투쟁이 결전의 시기에 가까워지면 결국 지배계급의 내부, 낡은 사회 전체의 내부에서 해체 과정이 아주 격렬하고 날카로운 성격을 띠는 까닭에, 지배계급의 일부가 지배계급에서 떨어져 나와 혁명적 계급, 즉 장래를 손안에 움켜쥔 계급에 가담하게 된다. 따라서 과거에 귀족의 일부가 부르주아에게로 넘어간 것처럼 지금 부르주아의 일부, 특히 역사적 운동의 모든 과정을 이론적으로 이해하게 된 부르주아 이데올로그의 일부가 프롤레타리아에게로 넘어가게 된다. 오늘날 부르주아와 대립하고 있는 모든 계급 가운데 오직 프롤레타리아만이 참으로 혁명적인 계급이다. 다른 모든 계급은 대공업이 발전하면서 몰락하여 멸망하지만, 프롤레타리아는 대공업 자체의 산물이다.(1)

부르주아가 자신들의 이익의 원천인 대공업을 발전시킬수록 프롤레타리아는 점점 늘어나며 결집됩니다. 마침내 이 두 계급 사이에 계급투쟁이 일어납니다. 이후 자본주의의 역사는 노동자와 자본가가 벌이는 계급투쟁의 역사가 됩니다. 부르주아는 봉건귀족과의 투쟁에서 프롤레타리아를 끌어들일 수밖에 없었지만 이제 프롤레타리아에 의해 밀려날 처지에 빠진 것입니다.

이렇게 마르크스는 그전까지는 다만 '인민'이라고 불리던 하나의 거대한 집합이 사실상 대립하고 투쟁하는 '계급들'로 이루어져 있으며, 이 계급들은 경제적인 요인에 의해 만들어진다는 점을 밝히고 있습니다. 근대 계몽사상가들은 일부 귀족이나 봉건세력을 제거하면 나머지 시민들은 모두 하나의 인류 공동체가 될 수 있다고 믿었습니다. 그리하여 모든 이의 참정권을 보장하는 자유민주주의를 통해 자유와 평등이 이루어진다고 믿었습니다. 그러나 마르크스는 근대 민주주의 사회에서도 여전히 경제적 이해관계에 얽힌 대립하는 계급이 있으며, 근대 민주주의 역시 이 계급들 중 지배하는 계급의 통치 도구라는 점을 역설하였습니다.

다음 부분은 마르크스와 엥겔스가 자신들이 기존의 사회주의자나 공산주의자와 무엇이 다른지를 상세하게 설명한 부분입니다. 당시 마르크스는 프루동, 바

쿠닌 등 다양한 사회주의 분파와 논쟁 중이었고, 이들을 논파함으로써 자신의 과학적 사회주의를 내세우려 하였습니다. 하지만 오늘날에는 19세기 사회주의 운동들의 논쟁에 대해 자세히 알 이유가 없기 때문에 생략합니다.

● **생각해보기**

1. '지금까지 모든 사회의 역사는 계급투쟁의 역사이다.'라는 이 글의 주장에 따라 다음 표를 완성해 보세요.

시대	지배계급	피지배계급
고대 노예제사회		
중세 봉건사회		
근대 산업사회		

2. 이 글에서 근대 산업사회의 부르주아계급이 어디에서 발생하였는지 찾아서 정리해 보세요.

3. 이 글에서 말하고 있는 부르주아가 지배하는 사회의 특징들을 정리하여 서술해 보세요.

4. 부르주아사회가 안고 있는 모순은 어떤 형태로 드러납니까?

5. 부르주아사회에서 성장한 새로운 계급은 무엇이며, 그들의 특징은 무엇입니까?

O2 | 세계 노동자들의 단결이
가능한 까닭은?

자본주의가 역사적 소명을 다하면 공산주의의 시대가 옵니다. 대체 공산주의란 어떤 정치·경제 체제를 말하는 것일까요? 그리고 그것은 우리가 흔히 생각하는 공산주의와 어떻게 다를까요?

프롤레타리아와 공산주의자

사실 마르크스나 엥겔스는 모두 유복한 가정의 출신이지, 노동자계급과는 거리가 멉니다. 이는 이 선언에 참가한 공산주의자들도 마찬가지입니다. 게다가 당시에는 이미 노동자계급의 이익을 대변하는 정당들이 형성되고 있었습니다. 그러므로 공산당과 노동자계급의 관계가 문제가 됩니다.

공산주의자들은 프롤레타리아 전체와 어떠한 관계를 맺고 있는가?
공산당은 다른 노동자당들과 대립하는 특별한 당이 아니다. 그들은 프롤레타리아 전체의 이해관계와 동떨어진 이해관계를 갖고 있지 않다.

그들은 어떤 유별난 원칙을 세워서 프롤레타리아 운동을 이 원칙에 뜯어 맞추려고 하지 않는다. 공산당이 다른 노동자당과 다르다면, 그들이 한편으로는 여러 나라에서 진행되는 프롤레타리아의 투쟁에서 국적에 상관없이 프롤레타리아 전체의 공통된 이해관계를 내세우고 고수하며, 다른 한편으로는 프롤레타리아와 부르주아 사이의 투쟁이 여러 발전 단계를 거치는 동안에 늘 운동 전체의 이익을 대변한다는 점에서만 그렇다.

공산당은 실천적으로 볼 때 각국 노동자당의 가장 단호하고 늘 선진적인 부분이며, 이론적으로도 프롤레타리아 운동의 여러 조건과 과정, 전반적 결과를 나머지 프롤레타리아 대중보다 한 발 앞서 통찰한다.

공산당의 당면 목적은 다른 모든 프롤레타리아 당들의 당면 목적과 같다. 즉, 프롤레타리아를 계급으로 형성시키고, 부르주아의 지배를 뒤엎으며, 프롤레타리아의 손으로 정치권력을 장악하는 것이다.

마르크스는 공산당은 국가의 정책에 참여함으로써 노동자계급의 이익을 대변하는 여타 노동자 정당과 다르다고 선을 그었습니다. 공산당은 국가와 무관하게 전 세계 노동자계급을 대변하는 당이며, 국가의 권력을 차지하려는 당이 아니라 부르주아계급의 지배를 끝내려는 당, 즉 혁명을 목적으로 하는 당입니다. 따라서 노동자 한 사람 한 사람의 당면한 이해관계를 대변하는 당이 아니라 노동자계급 전체의 해방을 목적으로 하는 당입니다. 여기서 마르크스주의의 독특한 정당 이론이 등장합니다. 이후 레닌, 마오쩌둥, 카스트로에 이르기까지 대부분의 마르크스주의자는 공산당을 선거를 통해 권력을 차지하는 정당이 아니라 노동자계급을 대표하여 혁명을 이끄는 정당으로 간주합니다. 이는 훗날 일당독재의 정당화에 남용되었습니다.

모든 소유관계는 끊임없는 역사적 변동, 끊임없는 역사적 변화를 겪어 왔다. 예컨대 프랑스혁명은 봉건적 소유를 폐지하고 그것을 부르주아적 소유로 바꾸어 놓았다. 공산주의의 특징은 소유 일반을 폐지하는 것이 아니라 부르주아적 소유를 폐지하는 것이다.

오늘날 부르주아의 사적 소유는 계급 적대, 즉 소수가 다수를 착취하는 방식에 기초를 두고 있는 생산과 점유 형태가 최종적이고도 가장 완전하게 표현된 것이다. 이런 의미에서 공산주의자들은 자신들의 이론을 사적 소유의 철폐라는 한마디로 요약할 수 있다.

임금노동의 평균가격은 최저임금, 다시 말하면 노동자가 노동자로서 생활을 유지하는 데 필요한 생활 수단의 총액이다. 그러므로 임금노동자가 자기 활동의 결과로 얻는 것은 고작 자신의 생명을 재생산할 만큼에 지나지 않는다. 우리는 결코 생명을 재생산하는 데 직접 필요한 노동 생산물의 이러한 개인적 점유, 즉 다른 사람의 노동에 대한 지배권을 가져다 줄 만한 순이익을 전혀 남기지 않는 점유를 폐지하려는 것이 아니다. 우리는 다만 노동자로 하여금 자본의 증식을 위해서 생존하게 만들며 지배계급의 이익이 요구하는 한에서만 생존하게 만드는 점유의 비참한 성격을 철폐하려는 것이다.

부르주아사회에서는 살아 있는 노동이 축적된 노동을 늘리는 수단일 뿐이고, 공산주의 사회에서는 축적된 노동이 노동자의 생활을 폭넓게 하고 풍요롭게 하며 장려하는 수단일 뿐이다.

살아 있는 노동과 축적된 노동, 혹은 산 노동과 죽은 노동은 마르크스가 즐겨 사용한 수사입니다. 산 노동은 노동자의 신체와 정신에 깃들어 있는 노동력이며, 축적된 노동, 죽은 노동은 그 노동의 결과 나타난 것, 즉 상품이나 기계 따위를 말합니다.

당신들은 우리가 사적 소유를 폐지하려 한다고 해서 놀라고 있다. 그러나 오늘날 당신들의 사회에서 사회 구성원의 90퍼센트에게는 이미 사적 소유가 폐지되어 있다. 소수에게 사적 소유가 존재하는 것은 오직 이들 90퍼센트에게는 사적 소유가 없기 때문이다. 그러므로 당신들은 우리가 사회 구성원 대다수의 무소유를 필수 조건으로 하는 소유를 폐지하려 한다고 우리를 비난하는 셈이다. 한마디로 우리가 당신들의 소유를 폐지하려 한다고 비난하는 것이다. 그렇다. 우리는 실제로 그렇게 하려고 한다.

당신들은 노동이 더는 자본으로, 화폐로, 지대로, 간단히 말하면 독점할 수 있는 사회적 힘으로 바뀔 수 없게 되는 그 순간부터, 다시 말해서 개인적 소유가 더는 부르주아적 소유로 바뀔 수 없게 되는 그 순간부터 인격이 없어진다고 말한다. 그러므로 당신들은 부르주아, 즉 부르주아적 소유자 말고는 그 누구의 인격도 인정하지 않는다고 자백하는 셈이다. 그러한 인격이라면 마땅히 없어져야 한다.

공산주의는 그 누구에게서도 사회적 생산물을 점유할 힘을 빼앗지는 않는다. 공산주의는 다만 이러한 점유로 다른 사람의 노동을 자신에게 예속시키는 힘을 빼앗을 따름이다.

사적 소유를 폐지하면 그와 함께 모든 활동이 멈추고, 전반적으로 게으름이 지배하게 될 것이라는 반박이 있어 왔다. 그렇다면 부르주아사회는 이미 오래전에 게으름 때문에 멸망해야 하였을 것이다. 왜냐하면 부르주아사회에서는 일하는 사람들이 아무것도 얻지 못하는 반면에 무언가를 얻는 자들은 일하지 않기 때문이다. 그러한 모든 걱정은 결국 자본이 없어지면 임금노동도 없어진다는 말을 되풀이하는 것이 된다.

 공산당의 목표는 사람이 다른 사람의 노동력을 이용하여 이윤을 챙기는 착취 체제 자체를 없애는 것입니다. 그러기 위해 공산당은 사적 소유의 폐지를 공식적인 정책으로 제시합니다. 이 부분이 이후 많은 논란을 일으킵니다. 로크를 비롯한 근대 민주주의 사상은 한결같이 재산권을 가장 중요한 기본권으로 제시하고 있습니다. 그러므로 사적 소유의 철폐를 공공연히 선언하는 정당의 출현은 유럽의 자유주의자들을 경악하게 하기에 충분하였습니다. 하지만 마르크스가 주장하는 것은 재산권의 폐지가 아님에 유념해야 합니다. 다만 다른 사람을 착취하는 수단으로 사용되는 사적 소유를 폐지한다는 것입니다.

다음으로 공산주의자들은 조국과 국적을 없애 버리려 한다는 비난을 받고 있다. 노동자들에게는 조국이 없다. 그들이 갖고 있지 않은 것을 그들에게서 빼앗을 수는 없다. 민족들 사이의 민족적 격리와 대립은 이미 부르주아의 발전, 상업의 자유와 세계시장, 공업 생산과 그에 따르는 생활 상태의 평준화와 함께 점점 사라져

가고 있다.

프롤레타리아의 지배는 이러한 격리와 대립을 더욱더 사라지게 할 것이다. 적어도 문명국가들 안에서는 통일된 행동이 프롤레타리아의 해방을 위한 첫 번째 조건 가운데 하나이다.

한 사람에 의한 다른 사람의 착취가 폐지되는 정도에 따라 한 민족에 의한 다른 민족의 착취도 폐지될 것이다. 한 민족 안에서는 계급 대립이 없어짐과 아울러 민족들 간의 적대적 관계도 없어질 것이다.

우리는 이미 앞에서 노동자혁명의 첫걸음은 프롤레타리아를 지배계급으로 끌어올리는 것과 민주주의를 쟁취하는 것이라는 점에 대해 살펴보았다. 프롤레타리아는 자신의 정치적 지배를 이용하여 부르주아에게서 모든 자본을 차례차례 빼앗고 모든 생산도구를 국가의 손안에, 즉 지배계급으로 조직된 프롤레타리아의 손안에 집중시키며, 될 수 있는 대로 빨리 생산력을 높이게 될 것이다.

이것은 물론 처음에는 소유권과 부르주아적 생산관계를 전제적으로 침해해야만 이루어질 수 있다. 즉, 경제적으로는 충분하지 않고 안정되지 못한 것처럼 보일지도 모르지만 운동을 거치는 동안 자기 자신을 뛰어넘어 생산양식 전체를 변혁하는 수단으로 꼭 필요하게 되는 방책들을 통해서만 이루어질 수 있는 것이다.

발전을 거치는 가운데 계급적 차이가 사라지고 모든 생산이 연합된 개인들의 손안에 집중되면 공권력은 그 정치적 성격을 잃어버리게 될 것이다. 본래 정치권력이란 한 계급이 다른 계급을 억압하려고 사용하는 조직된 폭력이다. 만일 프롤레타리아가 부르주아에 대항하는 투쟁에서 반드시 계급으로 한데 뭉쳐 혁명을 통해 스스로 지배계급이 되고, 또 지배계급으로서 낡은 생산관계를 폭력적으로 폐지하게 된다면, 그들은 생산관계와 아울러 계급적 대립의 존재 조건과 계급 일반도 폐지하게 될 것이며, 자기 자신의 계급적 지배까지도 폐지하게 될 것이다.

계급들, 그리고 계급 간의 대립으로 얼룩진 낡은 부르주아사회 대신 각자의 자유로운 발전이 전체의 자유로운 발전의 조건이 되는 연합체가 나타나게 될 것이다.

공산주의자들은 자신의 견해와 의도를 감추는 것을 경멸받을 일로 여긴다. 공산주의자들은 자신들의 목적이 현존하는 모든 사회질서를 폭력적으로 타도함으로써만 이루어질 수 있다는 것을 공공연하게 선언한다. 지배계급들로 하여금 공산주의 혁명 앞에서 벌벌 떨게 하라. 프롤레타리아가 혁명에서 잃을 것이라고는 쇠사슬뿐이요, 얻을 것은 세계 전체다.

만국의 프롤레타리아여, 단결하라!(2)

 마르크스는 민족 단위로 경계가 그어진 근대국가에 대한 충성을 거부합니다. 근대국가는 부르주아의 이익을 마치 국민의 이익인 것처럼 호도하는 통치 수단일 뿐입니다. 그렇다고 어떤 정부나 공동체도 필요 없다는 무정부주의에 찬성하는 것도 아닙니다. 마르크스의 국가관은 국민국가와 무정부주의의 중간쯤에 있습니다. 국경을 가로지르는 노동자계급끼리의 동맹, 그것이 마르크스의 국가입니다. 예를 들면 한국의 노동자는 한국의 자본가와는 적이지만 미국의 노동자와는 동지입니다. 이들은 모두 노동자계급의 해방을 위해 동맹을 맺어야 하는 공동 운명체입니다. 따라서 그는 기만적인 민족에 대한 충성을 철회하고 경제적인 이해관계를 함께하는 노동자계급의 국제적인 동맹을 역설하게 되는 것입니다.

● 생각해보기

1. 이 글에서 밝힌 공산주의자들의 활동 목적은 무엇입니까?

2. 이 글에서 말하는 "부르주아적 소유를 폐지한다."라는 의미는 무엇인지 예를 들어 설명해 보세요.

3. 프롤레타리아계급에 의한 혁명의 과정을 이 글에서 찾아 정리해 보세요.

지금까지 모든 사회의 역사는 계급투쟁의 역사입니다. 부르주아의 시대는 계급 모순을 단순하게 만들어 사회 전체가 서로 대립하는 두 계급인 부르주아와 프롤레타리아로 더욱더 분열되고 있습니다. 부르주아는 사람의 인격적 가치를 교환가치로 해체하였으며, 특허장으로 보장되거나 투쟁을 통해 얻어진 수많은 자유 대신 상거래의 자유를 내세웠습니다. 부르주아는 종교적·정치적 환상에 의해 가려져 있던 착취를 공공연하고 파렴치하며 직접적이고도 잔인한 착취로 바꾸어 놓았습니다. 부르주아는 생산도구를 끊임없이 변혁하지 않고서는, 생산관계와 더 나아가 사회관계 전반을 혁신하지 않고서는 존재할 수 없기 때문에 생산의 계속적인 변혁, 모든 사회관계의 끊임없는 교란, 항구적인 불안과 동요가 부르주아 시대를 그전의 모든 시대와 구별해 줍니다.

그런데 이제는 사회가 가지고 있는 생산력이 부르주아적 문명과 소유관계가 발전하는 데 봉사하지 않습니다. 오히려 너무 방대해져서 생산력의 발전을 억제하기에 이릅니다. 봉건적 소유관계가 부르주아적 생산관계로 바뀐 것처럼, 부르주아적 생산관계도 그 생산력의 발달을 감당하지 못하는 단계에 이르게 됩니다. 공업이 발달할수록 프롤레타리아의 수가 늘고, 결속력이 강해지면 부르주아계급과의 투쟁 속에서 프롤레타리아계급이 발전하게 됩니다.

부르주아사회에서 성장한 프롤레타리아계급은 공업과 교통의 발달로 거대한 집단 속에서 한데 뭉쳐 세력이 커지며 자신의 힘을 스스로 깨닫게 됩니다. 다른 모든 계급은 대공업이 발전하면서 몰락하여 멸망하지만, 프롤레타리아는 대공업 자체의 산물이기 때문에 몰락하지 않습니다.

결국 계급투쟁의 결전의 시기가 되면 낡은 사회 전체의 내부에서 해체의 과정이 격렬해

지고, 지배계급의 일부가 떨어져 나와 혁명적 계급에 가담하게 됩니다. 부르주아의 일부가 역사적 운동 과정을 이론적으로 이해하게 되면 그들 이데올로그의 일부가 프롤레타리아에게로 넘어가게 되는 것입니다. 그럼으로써 부르주아사회가 안고 있는 모순이 드러납니다. 그렇게 되면 프롤레타리아의 혁명적 단결이 이루어지고, 마침내 부르주아는 역사의 뒤편으로 물러나게 되며, 프롤레타리아에 의한 혁명이 일어날 것입니다. 이 혁명은 한 계급이 다른 계급을 착취하는 시대의 종언을 고할 것입니다.

4장

인간에게서 법적·도덕적 인격을 제거하면서 전체주의는 시작된다

아렌트 《전체주의의 기원》

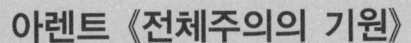

Hannah Arendt

Elemente und Ursprünge totaler Herrschaft

《전체주의의 기원》을 읽기 전에

복수로 존재하는 인간, 자신의 정체성을 고민하다

한나 아렌트Hannah Arendt, 1906~1975는 독일 출신의 정치 이론가입니다. 정치 이론가라고는 하지만 철학자들도 매우 중요하게 여기는 학자이며, 실제로 철학자로 분류되는 경우도 많습니다. 하지만 아렌트 자신은 철학은 '홀로 존재하는 인간'에 관심을 갖는 학문이라면서 자신을 철학자로 부르는 것을 거부하였습니다. 아렌트는 항상 '복수로 존재하는 인간'에서 출발하며, 이는 필연적으로 정치적 인간이기 때문에 자신은 정치 이론가라고 주장하였습니다.

아렌트는 1906년 독일의 하노버에서 유대인의 딸로 태어났습니다. 그러나 그녀의 부모는 유대교와 관련이 없었기에 유대인이라는 정체성은 크지 않았습니다. 이후 아렌트 일가는 칸트의 고장인 쾨니히스베르크를 거쳐 베를린으로 이주하였습니다. 그녀는 당대 최고의 철학자인 마르틴 하이데거가 교수로 있던 마르부르크 대학에서 공부하였는데, 그의 제자이면서 연인이기도 하였습니다. 그러나 하이데거와 사이가 벌어지면서 하이델베르크로 이주하였으며, 여기서 유명한 실존주의 철학자인 카를 야스퍼스의 지도를 받아 박사 학위를 받습니다.

아렌트가 학위를 받던 무렵은 나치가 등장하여 반유대주의가 극성을 부리던 시절이었습니다. 당시 유럽 최고의 철학자였던 에드문트 후설이 유대인이라는 이유만으로 대학에서 쫓겨나던 시절이었기에, 아렌트 역시 유대인이라는 이유로 교수 자격의 취득과 대학에서 강의하는 것이 금지되었습니다. 이러한 경험은 자신을 유대인이라기보다는 독일인으로 여겼던 그녀가 정체성에 대해 고민하게 만들었고, 실제 독일에 동화된 많은 유대계 지식인들이 서로 연대하는 계기가 되었습니다.

아렌트는 나치를 피해 프랑스로 이주하지만 그 평화는 오래가지 못하였습니다. 제2차 세계대전이 일어나고 프랑스가 독일에 점령되자, 그녀는 끝내 유대인 강제수용소에 이송되었습니다. 다행히 기적적으로 탈출한 그녀는 1941년에 미국으로 망명하였습니다. 이후 독일 출신 유대인 공동체에서 활발하게 활동하다가 아우슈비츠 등의 참혹한 소식으로 큰 충격을 받았습니다.

이후 아렌트는 미국 시민권을 획득하고 미국 시민으로 살았습니다. 프린스턴 대학과 시카고 대학 등에서 강의하면서 정치철학자로서 높은 평가를 받았으며, 특히 말년에는 듀이와 베블런이 설립한 진보적인 대학인 뉴스쿨의 교수로 활동하였습니다.

아렌트는 많은 책을 남기지는 않았으나 루소 이후 정치사상사에서 가장 중요한 책을 남긴 사상가입니다. 아렌트를 가장 유명하게 만든 책은 《전체주의의 기원》이 처음이며, 그 이후 독일 나치 전범들의 사고방식을 통해 '절대악', '악의 평범성' 같은 중요한 개념을 소개한 《예루살렘의 아이히만》으로 세계적인 명성을 얻습니다. 그 외에 《혁명론》과 《폭력론》 등이 유명하며, 아렌트의 사상을 집대성한 책으로는 《인간의 조건》이 손꼽힙니다.

전체주의, 대량 학살과 야만의 세기

20세기의 전반부는 근대인들에게 충격의 세기였습니다. 20세기는 18~19세기 근대화가 절정에 이르렀을 때 인류가 당연히 도달하리라 믿었던 완전한 문명의 세기가 아니라 도리어 대량 학살과 야만의 세기가 되었던 것입니다. 특히 1930~1940년대는 자유민주주의와 사회주의가 모두 약속을 어기고 참혹한 야만으로 바뀐 모습을 보여 주었습니다. 바로 독일의 나치즘과 소련의 스탈린주의입니다. 나치는 자유민주주의가 대의제라는 틀을 통해 야만적인 집단을 권좌에 올린 뒤, 도리어 그들에 의해 파괴되는 모습을 보여 주었습니다. 스탈린주의는 노동자들이 혁명을 통해 자신을 해방시킨 것이 아니라 강력한 억압자에게 권력을 몰아주는 역설을 보여 주었습니다. 이들은 각각 자본주의, 공산주의에서 나왔지만 결국 전체 집단을 위해 개인을 한낱 견본처럼 취급하는 파멸적인 정치체제로 나아갔습니다. 실제 나치의 수용소 생활을 겪은 아렌트는 이러한 야만이 어떻게 가장 문명국가라는 독일 한복판에서 일어날 수 있었는지, 그리고 계급을 없애고 평등한 사회를 이루겠다던 공산주의의 약속이 어떻게 숨 쉴 틈조차 없는 수용소 사회로 바뀌었는지 의문을 던지고서 이 책을 썼습니다. 이를 통해 민주주의라는 것이 저절로 지켜지는 튼튼

나치 수용소 나치의 유대인 수용소의 특징은 모두 똑같은 옷을 입히고, 똑같은 머리 모양을 만들어 각자의 개성을 말살한 것이다. 이렇게 개성이 없는 인간이 집단으로 모여 있으면 어떠한 인간 존중도, 민주주의도 불가능해진다. 아렌트는 사회 전체를 이런 수용소로 만드는 전체주의에 대해 경고하며 각자의 개성과 다양성을 인정하지 않으려는 태도가 바로 전체주의의 기원이라고 질타하였다.

한 정치체가 아니라 조금의 빈틈만 있으면 순식간에 억압체로 바뀔 수 있다는 경계심을 높이고자 하였던 것입니다.

이 책은 원래 두 권으로 이루어져 있습니다. 1권에서는 유럽에서 파시즘과 나치즘이 등장하게 된 역사적 배경을 설명하고 있으며, 2권에서는 전체주의의 실상과 특징을 설명하고 있습니다. 이 중 1권은 유럽의 반유대주의가 특히 만연하게 된 역사적 배경을 매우 상세하게 서술하고 있습니다. 하지만 우리 입장에서는 전체주의의 실상과 특징을 서술한 2권이 더 중요하다고 판단하여 여기에서는 2권의 몇몇 부분을 발췌합니다.

아렌트는 전체주의라는 용어로 통칭하고 있지만, 실제로는 파시즘과 공산주의, 그리고 여타의 억압적 정치체들은 상당히 차이가 있습니다. 또 아렌트와 달리 전체주의적 인성을 공감 능력의 부족, 생각 없음에서 찾는 것이 아니라 욕구의 억압에서 찾는 학자들도 있습니다. 빌헬름 라이히의 《파시즘의 대중심리》는 이 점에서 아렌트의 이 책과 비교해 볼 만한 책입니다. 정치학자인 아렌트와 심리학자인 라이히가 파시즘을 어떻게 다르게 보고 있는지 비교해 봅시다.

일러두기

이 책은 이진우·권미애 선생님이 번역한《전체주의의 기원》을 기본 텍스트로 사용하였습니다. 다만 청소년에게 생소하거나 어려운 단어와 문장은 일부 수정하였습니다.

01 | 대중은 전체주의 운동에 어떻게 동원되는가?

 전체주의는 하나의 운동이며, 이 운동을 바탕으로 권력을 장악합니다. 그런데 하나의 운동이 일어나려면 그 운동에 동원될 사람들이 있어야 합니다. 전체주의에 동원될 사람들은 어떻게 생겨날까요?

대중의 출현

전체주의 운동은 여러 이유로 인해 정치조직에 대한 욕구를 가진 '대중'이 있는 곳이라면 어디에서나 나타날 수 있다. 대중에게는 확고하고 성취될 수 있는 특정한 목표로 표현되는 특수한 계급의식이 없다. 대중은 단순히 수가 많거나 공공 업무에 대한 무관심 때문에, 아니면 둘 다의 이유로 인해 정당이나 자치 정부, 전문직조합 또는 노동조합처럼 공동 관심에 기초한 조직으로 통합될 수 없는 사람들을 상대할 때에만 적용되는 용어이다. 대중은 잠재적으로 어느 국가에나 존재하며, 정당에 참여하지 않을 뿐 아니라 투표조차 하지 않는 중립적인 정치적 무관심층이 다수를 형성한다.

독일의 나치 운동과 1930년 이후 유럽 공산당 운동의 특징은 다른 정당들이 너무 냉담하거나 어리석다고 판단해서 주목하지 않고 포기한 무관심한 대중에게서 그 구성원들을 충원한 결과 구성원 대다수가 한 번도 정치 무대에 나선 적이 없는 사람들로 이루어졌다는 점이다. 이 때문에 이들은 전혀 다른 정치 선전 방법을 도입할 수 있었고, 특히 정치적 반대자들의 논증에 신경 쓰지 않아도 되었다.

공공 업무에 대한 무관심과 정치 문제에 대한 중립성만으로 전체주의 운동의 발생 원인을 충분히 제시할 수는 없다. 부르주아사회는 경쟁적이고 탐욕스러워서 원래 공적 생활에 대한 무관심, 심지어 적의까지 수반하였다. 부르주아의 세계관은 무자비한 경쟁에서 개인이 성공하느냐 실패하느냐 하는 문제가 중심을 이루기 때문에 시민의 의무와 책임은 안 그래도 제한된 에너지와 시간을 낭비하는 것으로 여겨지기 쉽다. 이런 부르주아의 태도는 공공 업무라는 성가신 책임을 강한 사람이 스스로 떠맡는 모든 형태의 독재에 매우 유용하다.

대중과 폭민은 단 한 가지 특징만 공유한다. 양자는 모든 사회적 분화와 정상적인 정치적 대의제의 바깥에 있다. 폭민과 달리 대중은 지배계급의 기준과 태도를 계승하지는 않지만 그것을 모든 계급의 공적 문제에 반영시키고 왜곡시킨다. 대중의 기준은 그가 한때 속하였던 계급에 의해 일차적으로 결정되지 않으며, 오히려 사회의 모든 계급이 불분명하지만 암묵적으로 공유하는 널리 퍼져 있는 신념에 의해 결정된다.

계급이라는 보호 장벽의 붕괴는 정당을 지지하던 다수, 즉 성난 개인들로 구성되었지만 조직되지도 않고 분화되지도 않을 다수를 하나의 거대한 대중으로 변형시켰다. 이들은 당원들의 희망이 수포로 돌아갈 것이며, 존경받고 논리적인 정치 대표자들이 사실은 바보이고 모든 권력자는 사악한 것이 아니라 어리석은 사기꾼이라는 사실을 어렴풋이 알아채고 있다는 것을 제외하면 아무런 공통점이 없었다. 이 새로운 부정적 연대가 탄생하는 과정에서 실업자들이 현 상태와 사회민주당 권력을 증오하고, 재산을 빼앗긴 소자산가들은 중도·우파 정당을 미워하며, 옛 중산층과 상류층은 전통적인 극우 정당을 증오하였다는 사실은 거의 문제가 되지 않았다. 불만에 차고 절망적인 이 대중의 숫자는 제1차 세계대전 이후 독일과 오스트리아에서 빠르게 늘었다. 설상가상으로 인플레이션과 실업이 나타났다.

계급사회가 붕괴하는 이런 분위기에서 유럽 대중의 특수한 심리가 탄생하였다. 스스로를 문제 삼지 않는다는 의미에서의 무욕, 즉 희생할 수 있다는 감정은 이제 개인적 이상주의의 표현이 아니라 대중적 현상이 되었다. '가난하고 억압받는 자는 굴레 외에는 잃을 것이 없다.'는 옛 속담은 이제 대중에게 적용되지 않았다. 그들이 자신들의 복지에 관한 관심을 잃어버렸을 때 고난의 굴레보다 더 많은 것을 잃어버렸기 때문이다. 인간의 삶을 고통스럽고 고뇌에 차게 만드는 걱정과 근심의 원천은 사라져 버렸다. 그들은 "매일의 일상사"에는 관심이 없고, "수십 년, 수백 년 동안 중요한 이데올로기 문제에만 관심이 있어서, 인간은 자신이 2,000년에 단 한 번만 일어나는 위대한 임무를 위해 일하고 있음을 안다."

대중이 고도로 원자화된 사회의 분열에서 생겨났다는 것은 사실이다. 이 사회의 경쟁 구조와 그로 인한 개인의 고독은 어떤 계급의 구성원이 됨으로써만 해소될 수 있었다. 대중적 인간의 주요 특징은 야만과 퇴보가 아니라 고립과 정상적 사회관계의 결핍이다. 대중은 민족주의 감정으로 골을 메운 국민국가의 계급 지배 사회에서 왔기 때문에 이 새로운 경험에 속수무책이었다. 그래서 자연스럽게 폭력적인 민족주의로 기울었다. 대중 지도자들은 순전히 선동을 위해 자신들의 본능과 목적과는 반대로 이 폭력적 민족주의에 굴복하였다.

매우 다른 상황에서 각국에서 시작된 볼셰비즘과 나치즘을 비교해 보면 전체주의 운동이 대중사회의 비체계성보다 원자화되고 개인화된 대중의 특별한 조건에 의존한다는 사실을 명확하게 볼 수 있다. 스탈린은 레닌의 혁명적 독재체계를 완전한 전체주의 통치로 바꾸기 위해 우선 원자화된 사회를 인위적으로 만들어 내야만 하였다.

소비에트 사회는 실제적인 집단 제거에 반드시 선행되는 거듭된 숙청을 능숙하게 사용함으로써 대중의 원자화를 이루었다. 연좌제라는 간단하고 교묘한 장치가 가져온 필연적 결과는 어떤 사람이 고발되면 그의 예전 친구들이 곧바로 가장 가혹한 적들로 변한다는 점이다. 자기 목숨을 위해 그들은 자발적으로 정보를 제공하고 중상모략을 하기 위해 몰려든다.

전체주의 운동은 원자화되고 고립된 개인들의 대중 조직이다. 다른 모든 당과 운동을 비교할 때 전체주의 운동의 가장 뚜렷한 외적 특징은 개별 구성원에게 총체적이고 무제한적이며 무조건적이고 변함없는 충성을 요구한다는 것이다. 전체주의 운동의 지도자들은 심지어 권력을 잡기도 전에 이것을 요구한다. 그러한 충성심은 완전히 고립된 인간에게서만 기대할 수 있다. 그런 사람은 가족이나 친구, 동료와는 사회적 유대 관계도 없고 심지어 단순히 아는 사람도 없이, 다만 운동에 속해 있다는 사실과 당원 자격에서 사회적 존재의 의식, 즉 이 세상에 자기 자리가 있다는 의식을 끌어낸다.

사생활 속에 은거하고 가정과 출세 문제에만 헌신하는 태도는 사적 이해관계가 제일이라고 믿는 부르주아계급의 타락한 부산물이다. 속물은 자기 계급에서 고립된 부르주아이고, 부르주아계급 자체가 무너짐으로써 생겨난 원자화된 개인들이다. 대중은 자신의 세계가 허물어지는 와중에 가장 먼저 자신의 사적 안정을 걱정하던 부르주아계급이었고, 조그만 자극에도 신념과 명예, 존엄성 등 모든 것을 희생할 각오가 되어 있는 사람들이었다. 사생활을 보호하는 데만 정신이 팔린 사람들의 프라이버시와 사적 도덕보다 파괴하기 쉬운 것은 없었다. 권력을 잡고 체계적인 획일화를 시도한 몇 년이 지난 후 나치는 정확하게 이렇게 천명하였다. "독일에서 여전히 사생활을 가진 유일한 사람은 잠자고 있는 사람들이다."(3부 10장 1)

여기에서 아렌트는 가혹한 전체주의의 기원이 집단주의가 아니라 철저히 원자화된 개인주의에 있었음을 지적하고 있습니다. 물론 이 개인주의는 자주적인 개인주의가 아니라 사회의 유대에서도 단절된 고립되고 원자화된 개인주의입니다. 이렇게 고립되고 원자화된 개인들은 불안감을 느끼지만 이 사회에서 그들이 유대 관계를 형성할 어떤 틀도 남아 있지 않습니다. 따라서 이들은 추상적이고 모호하지만 위대하고 그럴듯한 이념이나 이상을 중심으로 모여들기 쉬우며, 전체주의는 이런 이념과 이상을 향한 운동으로서 이들을 동원하는 데 쉽게 성공합니다. 이들은 하나의 이념 아래 같아지며, 그들의 원래 처지와 생각 따위가 잡다하게 섞여 있는데도 무차별적이 됩니다. 이렇게 동원되는 무차별적인 사람의 무리를 아렌트는 대중이라고 불러서 공중, 시민, 인민 등과 구별합니다.

전체주의 국가에서 선전과 테러가 동전의 양면을 이룬다는 사실은 일찍부터 알려지고 자주 이야기되어 온 바이다. 그러나 이것은 부분적으로만 진리다. 전체주의는 절대 통제권을 가지게 되면 반드시 선전을 교화로 대체한다. 전체주의는 사람들을 위협하기 위해 폭력을 사용하는 것이 아니라 이데올로기 교의와 실천적 거짓말을 끊임없이 실현하기 위해 폭력을 사용한다. 전체주의는 사실과 정반대인데도 실업자가 없다고 거짓 주장을 하는 데 만족하지 않는다. 전체주의는 선전의 일부로 실업자에 대한 지원을 폐지한다. 나치가 폴란드 지식인들을 제거한 것은 이들이 저항하였기 때문이 아니라 폴란드 사람은 지성이 없다고 한 그들의 교의 때문이었다.

선전은 심리전의 일부분이지만 테러는 그 이상이다. 테러는 심리 목표가 성취되었을 때에도 전체주의 정권에 의해 계속 이용된다. 완전히 정복된 사람들 위에 군림한다는 점이 테러의 진정한 공포이다. 강제수용소에서처럼 테러 통치가 완벽에 이른 곳에서 선전은 완전히 사라지며, 나치 독일에서는 명백히 금지되기까지 하였다. 다른 말로 하면 선전은 비전체주의 세계를 다루기 위해 전체주의가 사용하는 하나의, 아마도 가장 중요한 도구이다. 그 반대로 테러는 전체주의 통치 형식의 본질이다.

자신들의 주장이 과학적이라고 강하게 강조하는 전체주의 선전은 광고 기법과 대중을 대상으로 한다는 점에서 같기 때문에 종종 비교되어 왔다. 모든 신문 광고란은 실제로 이런 과학성을 과시한다. 제조업자는 과학성을 근거로 사실과 연구 부서의 도움을 받아 자사 제품이 세계 최고라는 사실을 증명한다. 광고인의 상상적인 과장 속에는 실제로 이미 폭력의 요소가 들어 있다. 이 특정 상품의 비누를 사용하지 않는 소녀들은 평생 동안 여드름투성이로 시집도 못 가고 살 것이라는 주장 뒤에는 난폭한 독점의 꿈이 도사리고 있다.

전체주의 선전은 이데올로기적 과학성과 예언 형태의 진술 기법을 방법적 효율성과 내용적 부조리의 극치로 끌어올린다. 선동적으로 말하자면, 미래만이 그 이점을 드러낼 것이라고 말하면서 어떤 논증을 현재의 통제에서 면제시키는 것보다 토론을 피할 수 있는 더 좋은 방법은 거의 없기 때문이다. 개인의 행위나 행동의 예측 불가능성을 없앨 수 있는 '역사 발전의 자연 법칙'이 나타나기를 바란 사람들은 대중의 '집단주의'를 환영하였다.

세계에서 안식처를 잃고 이제는 모든 것을 지배하는 영원한 힘에 다시 통합될 준비가 되어 있는 대중의 욕구는 예언적 과학성의 선전과 일치하였다. 이 힘이 홀로 재난의 파도 위에서 허우적대는 사람들을 안전한 해변으로 실어 나른다는 것이다. 볼셰비키가 경제적 힘이 역사를 평결하는 권력을 가진다는 말로 추종자들을 안심시킨 것처럼, 나치는 "우리는 유전학의 판결에 따라 우리 국민의 삶과 우리의 법률을 만든다."라고 말하였다.

그렇기 때문에 그들은 특정한 사업에서 '일시적'으로 패배하거나 실패하는 것과는 전혀 상관 없는 성공을 약속한다. 왜냐하면 대중은 계급과는 반대로 가장 추상적인 형식이라도 승리와 성공 자체를 원하기 때문이다. 계급은 집단으로 생존하려면 특수한 집단 이익이 반드시 필요하다고 생각하고, 그래서 불화를 피할 수 없는 상황에서도 그것을 주장한다. 그러나 대중은 집단 이익 때문에 하나로 묶여 있는 것이 아니다. 승리를 가져올 수 있는 운동 또는 성공할 수도 있는 특수한 사업보다 그들에게 중요한 것은 어떤 운동이나 사업이든 상관없이 성공 그 자체이다.

그들은 눈에 보이는 명백한 것을 믿지 않으며, 그들 자신이 경험한 현실도 믿지 않는다. 그들은 자신들의 상상을 제외하고는 자신들의 눈과 귀조차 믿지 않는다. 대중은 어떤 것을 파악하고 기억하는 능력에서 열등하다는 일반적인 믿음 때문에 어느 정도 과대평가되기는 하였지만, 반복은 그들에게 오직 시간적인 일관성을 확신시켜 주기 때문에 중요하다. 대중이 인정하지 않는 것은 현실에 만연해 있는 우연성이다. 이데올로기는 사실을 법칙의 단순한 예로 설명하고, 또 모든 사건의 밑바탕에 있다고 여겨지는 포괄적인 능력을 발명함으로써 우연의 일치를 제거하기 때문에 대중은 온갖 이데올로기에 빠지기 쉽다. 전체주의 선전에는 현실에서 허구로의 도피, 우연의 일치에서 일관성으로의 도피와 같은 도피들이 무성해진다.

달리 말해 본질적인 고향을 잃었다고 느끼는 대중은 우연으로 가득하고 납득할 수 없는 현실의 상황을 더는 견딜 수 없기 때문에 현실도피의 욕망에 사로잡혔다는 것이 사실이라면, 허구에 대한 그들의 열망이 인간 정신의 능력과 관계가 있다는 것 역시 진실이다. 인간 정신의 구조적 일관성은 단순한 사건보다 우월하다. 대중의 현실도피는 살아가도록 강요받지만 실존할 수 없는 세계에 대해 그들이 내리는 평결이다.

전체주의 선전은 상식이 타당성을 잃은 곳에서만 상식을 잔인무도하게 모욕하였다. 무질서한 성장과 쇠퇴의 자의성에 대처하는가, 아니면 가장 강직하고 놀라울 정도로 허구적인 이데올로기의 일관성 앞에 굴복하는가 하는 양자택일에서 대중은 아마 후자를 택하고, 그것을 위해 개인적인 희생을 치를 준비가 되어 있을 것이다. 그들이 어리석거나 사악하기 때문이 아니라 일반적인 불행 속에서 이런 도피가 그들에게 최소한의 자존심을 허락하기 때문이다.

나치의 선전은 새롭고도 장래성 있는 이 모든 전망을 민족 공동체라는 개념 속에 집중시켰다. 민족 공동체는 어느 정도 계급 없는 사회라는 공산주의자들의 약속에 대적하기 위한 나치의 시도였다. 만약 우리가 모든 이데올로기적 함의를 무시한다면, 서로에 대한 선전적 호소는 명백해 보인다. 그런데 양자 모두 모든 사회적 차이와 재산의 차이를 평준화하겠다고 약속하였다. 계급 없는 사회가 모든 사람이 공장노동자의 지위로 평준화될 것이라는 분명한 함의를 가지고 있다면, 세계 정복 음모를 함축한 민족 공동체는 모든 독일인이 결국 공장 소유자가 될 수 있다는 합당한 희망을 제공하였다. 그러나 민족 공동체의 커다란 이점은 그것이 미래의 언젠가 설립될 날을 기다리지 않아도 된다는 것이며, 또 그 설립이 객관적 조건에 의존하지 않는다는 것이다. 그것은 운동의 허구 세계 안에서 즉각 실현될 수 있었다.

취약하고 믿을 수 없는 논증의 목소리에 끊임없이 '조직의 힘을 덧붙이는' 선전의 장점, 그렇게 함으로써 선전이 무엇을 말하든지 그것을 즉석에서 실현하는 선전의 장점은 논증할 필요도 없다. 운동이 어차피 변화시킬 것이라고 약속한 현실에 바탕을 두고 있는 논증, 즉 반대 선전은 게으른 대중이 수용할 수 없으며, 또 수용하지 않으려는 세계에 속해 있거나 현 세계를 변호한다는 사실만으로도 타당성을 빼앗기기 때문에, 전체주의 선전은 오직 더 강하거나 더 좋은 다른 현실에 의해서만 반증될 수 있다.

전체주의 선전의 본질적 약점이 드러나는 것은 패배의 순간이다. 운동의 힘이 없다면 운동 구성원들은 어제까지만 해도 자신들의 생명을 희생할 준비가 되어 있던 교리에 대한 믿음을 단번에 거둬들인다. 운동, 다시 말해 대중을 보호해 준 허구 세계가 파괴되는 순간, 대중은 예전의 고립된 개인의 지위로 되돌아간다. 이들은 변화의 세계에서 겪게 될 새로운 기능을 행복하게 받아들이거나 예전의 절망적이고 불필요한 존재로 추락한다. …… 그들은 운동을 가망성 없는 것으로 조용히 포기하고, 다른 유망한 허구를 찾거나 예전의 허구가 다시 다른 대중 운동을 일으킬 수 있을 만큼 충분히 강해질 때까지 기다린다.(3부 11장 1)

이 부분은 전체주의를 설명한 여러 문헌 중 가장 설득력 있고 강력한 대목입니다. 전체주의는 선전으로 속이고 테러로 겁을 주어서 사람들을 굴복시키는 체제가 아닙니다. 대중은 전체주의에 굴복한 것이 아니라 스스로 자부심을 가지고 참여하고 있는 것입니다. 현실에서 설 자리를 잃어버린 사람들, 현실에서 살아가기는 하지만 의미 있는 존재로 살아갈 자격을 빼앗긴 사람들에게 아무리 허황된 꿈이라 할지라도 그 꿈에 기여할 수 있다고 달콤하게 속삭이는 이데올로기가 있다면, 그들은 그것을 위해 무슨 짓이든 할 것입니다. 그것을 통해 자신들이 다만 하나의 몸뚱이가 아니라 뭔가에 기여하는 의미 있는 존재라고 느낄 것이기 때문입니다. 특히 이들은 모든 것이 불확실하고 불안한 현실에 지쳤습니다. 이런 현실을 떠나고 싶습니다. 그런데 전체주의의 이데올로기는 머지않은 장래에 반드시 찾아올 멋진 미래의 청사진을 보여 줍니다. 그리고 이 청사진은 온갖 과학적인 방법을 동원하여 정당화됩니다. 현실에서 도피하고자 하는 대중, 달콤한 미래의 청사진, 그리고 과학적인 외양, 이 셋이 모여서 전체주의 운동이 일어납니다.

전체주의의 조직

전체주의 운동이 일어나면 전체주의 조직이 만들어집니다. 이 조직의 특성에서 전체주의의 진정한 모습이 드러납니다. 한마디로 이 조직은 자신들과 조직의 이념 및 가치, 청사진을 동일시하는 맹신자 그룹과 그들을 경멸하면서 자신들도 믿지 않는 엘리트, 그리고 이들을 이용하여 적절하게 조작하는 교묘한 지도자로 이루어져 있습니다. 지도자는 맹신하는 대중과 자주 직접적으로 접촉함으로써 대의제 시스템, 관료제 시스템을 모두 무력화시킵니다. 관료적으로 조직되어 있으나 언제든지 지도자와 대중의 직접 만남을 통해 그 결정 사항이 무력화되는 것이 전체주의 조직의 특징입니다.

운동의 중심에는 그것을 작동시키는 원동력으로서 지도자가 자리 잡고 있다. 그는 내막을 잘 아는 측근들에 의해 엘리트 집단과 분리되어 있는데, 이 측근들은 지도자의 주변에 신비의 오라를 확산시킨다. 이 오라는 지도자의 '막연한 주도권'과 일치한다. 이 측근 그룹 안에서 지도자의 위상은 이들을 상대로 음모를 꾸밀 수 있는 능력과 측근을 수시로 바꿀 수 있는 기술에 달려 있다.

지도자의 가장 중요한 임무는 운동의 모든 층이 가지고 있는 고유한 특징인 이중 기능의 개인적인 구현, 그리고 운동을 외부 세계로부터 보호하는 마법의 방어벽이면서 동시에 운동과 외부 세계를 직접 연결하는 가교가 되는 데 있다. 그는 운동원이나 간부들이 공적인 자격으로 저지른 모든 악행과 행위, 활동에 대해 스스로에게 책임이 있다고 주장한다. 이 총체적 책임이 이른바 지도자의 원칙에서 가장 중요한 조직적 측면이다. 이 원칙에 따르면, 모든 간부는 지도자가 임명할 뿐 아니라 지도자의 살아 있는 화신이며, 모든 명령은 영원히 존재하는 이 하나의 출처에서 나오는 것이다. 지도자는 자기 부하에 대한 비판을 용납하지 않는다. 그들은 항상 자신의 이름으로 행동하기 때문이다.

지도자가 그 자신의 실수를 바로잡기를 원한다면 그 일을 수행한 사람들을 제거해야 한다. 그가 다른 사람들에게 저지른 자신의 실수를 비난하고자 한다면 그들을 죽여야 한다. 이런 조직적 틀 안에서 '실수'는 단지 사기일 뿐이다. 즉, 사기꾼이 지도자의 뜻을 빙자한 것이다. 외부 사람들이 전체주의 운동이나 정권에 대처할 일이 있을 때마다 지도자와의 개인적 논의에 희망을 건다는 것은 참으로 이해할 만하다. 전체주의 지도자의 진정한 비밀은 조직에 있다. 즉, 엘리트 집단이 저지른 모든 범죄에 대한 전적인 책임을 지도자에게 떠맡기고, 동시에 운동의 가장 단순한 동조자들에게 정직하고 순수한 존경심을 요구하는 조직에 있는 것이다.

대중은 모든 것을 믿기도 하면서 동시에 아무것도 믿지 않으며, 모든 것이 가능하다고 생각하는 동시에 어떤 것도 진실이 아니라고 생각한다. 대중 선전이 발견한 것은 청중이 모든 것을, 그것이 아무리 불합리하게 보일지라도, 쉽게 믿을 자세가 되어 있으며, 모든 말은 어차피 거짓이라고 생각하기 때문에 특별히 속임을 당해도 싫어하지 않는다는 것이었다. 전체주의 대중 지도자들은 이런 조건 아래서 어느 날 사람들이 가장 환상적인 말도 믿게 만들 수 있으며, 그 다음 날 그 말이 틀렸다는 확실한 증거를 보면 냉소주의로 도피할 것이라는 심리학적 가정에 기초하여 선전 전략을 세운다. 그들은 자신들을 속인 지도자를 버리는 대신 자신들도 그 말이 거짓임을 항상 잘 알고 있고, 그렇게 영리하게 사람을 속이는 수완을 가진 지도자에게 감탄한다고 말할 것이다.

운동 조직을 엘리트 집단, 당원과 동조자들로 구분하지 않았다면 지도자의 거짓말은 효과가 없었을 것이다. 경멸의 위계질서로 표현되는 냉소주의의 등급은 거짓말을 끊임없이 반박하는 현실에 직면하여 적어도 단순한 경외만큼 필수적이다. 요점은 일선 조직의 동조자들은 일반 시민들을 입문하지 않았다고 경멸하고, 당원들은 동조자들이 쉽게 믿고 급진성이 부족하다며 경멸하고, 엘리트 조직은 비슷한 이유로 당원들을 경멸하고, 엘리트 조직 내에서도 비슷한 경멸의 위계질서가 새 조직이 창설되어 발전할 때마다 등장한다는 것이다. 이 시스템으로 인해 동조자들의 경신은 외부 세계에 대해 거짓을 믿을 만한 것으로 만들지만, 엘리트 조직의 냉소주의는 지도자가 자신의 선전의 무게에 눌려 자신의 진실과 꾸며 낸 진실성을 실제로 이행해야만 한다는 강박감의 위험을 제거한다.

엘리트는 이데올로기 연구가들로 이루어지지 않는다. 엘리트 교육은 진리와 거짓, 현실과 허구를 구분하는 이론가적 능력을 없애는 데 맞추어져 있다. 그들의 우수성은 모든 사실 진술을 즉각 목적 선언으로 해체할 수 있는 능력에 있다. 예컨대 다수를 구성하는 당원들에게 유대인을 죽일 것을 부탁하려면 먼저 유대인종의 열등함에 대한 증거를 보여 주어야 하지만, 엘리트 집단은 모든 유대인은 열등하다는 진술이 모든 유대인을 죽여야 한다는 뜻임을 바로 이해한다. 그들은 모스크바에만 지하철이 있다는 말을 들을 때, 이 말의 참뜻은 모든 지하철은 파괴되어야 한다는 것임을 알아차리며, 그래서 파리에도 지하철이 있다는 사실을 알아도 크게 놀라지 않는다.(3부 11장 2)

● **생각해보기**

1. 이 글에서 '계급 없는 사회'는 사회주의가 말하는 계급 없는 사회와 어떻게 다릅니까?

2. '대중'의 개념을 정의해 보세요.

3. 독일의 나치 운동과 1930년 이후 유럽 공산당 운동의 특징을 찾아서 정리해 보세요.

4. 계급 붕괴가 어떻게 대중을 출현시켰는지 그 형성 과정을 본문의 내용을 참고로 설명해 보세요.

5. 사생활의 보호와 사적 도덕의 파괴가 쉬운 이유는 무엇인지 자신의 생각을 적어 보세요.

6. 전체주의의 선전이 가지는 특징을 열거하고, 이 글에 나타나 있는 예를 들어 보세요.

O2 | 권력을 장악한 전체주의의 총체적 지배는 어떻게 가능한가?

 이제 전체주의가 권력을 차지하였습니다. 전체주의는 어떻게 많은 사람들을 그토록 무기력하게 만들어서 복종하게 할 수 있었을까요? 그리고 그것을 통해 우리는 전체주의의 어떤 점을 두려워하고 경계해야 할까요?

│ 권력을 장악한 전체주의 │

사실을 말하자면 권력을 장악한 전체주의의 역설은 한 나라에서 정부의 모든 권력 수단과 폭력 수단을 소유하는 것이 전체주의 운동에게 축복만은 아니라는 것이다. 사실을 무시하는 경향, 허구 세계의 규칙들을 엄격하게 지키는 경향을 그대로 유지하기가 더 어려워지지만, 그것들은 이전과 마찬가지로 여전히 운동의 본질로 남아 있다. 권력은 현실과의 직접적인 대결을 의미하고, 권력을 잡은 전체주의는 꾸준히 이 도전을 극복하는 일에 관심을 기울인다. 불가능한 것이 가능하고, 믿기지 않는 것이 옳은 것이며, 광기의 일관성이 세계를 지배한다고 역설하기에 선전과 조직만으로는 충분하지 않다. 전체주의 허구를 지지하는 중요한 심리 요소인 기존

질서에 대한 대중의 부정과 그것에 대해 표출되는 적극적인 분노는 이제 없다. 비전체주의 진영에서 밀려드는 위협적인 '사실'의 홍수를 막기 위해 세워 놓은 철의 장막을 뚫고 스며들어 오는 모든 사실 정보가 전체주의 지배에 가하는 위협은 반대 선전이 전체주의 운동에 가한 위협보다 더 크다.

　　모든 비전체주의적 현실을 제거하는 것은 전체주의 정권이 가지고 있는 고유의 속성이다. 궁극적 목표로서 세계 통치를 추구하지 않는다면 그들은 이미 장악한 권력조차 잃기 십상이다. 단 한 사람의 개인도 전체주의가 전 세계적으로 지배하는 조건 아래에서만 절대적으로 확실하게 지배될 수 있다. 전체주의 정권은 국가행정을 자신의 원대한 목표인 세계 정복을 위해, 또 운동의 지부들을 지도하기 위해 이용한다. 전체주의 정권은 현실을 끊임없이 허구로 바꾸는 국내 실험에서 집행자이며 후견인으로 비밀경찰을 만든다. 그리고 결국 절대적인 지배를 직접 실험해 보는 특수한 실험실로서 강제수용소를 세운다.(3부 12장 도입)

조직을 이루었던 전체주의가 국가권력을 장악하면 전체주의 국가를 이루게 됩니다. 하지만 전체주의 국가의 특징은 여전히 운동이 중심에 있으며, 국가는 단지 그 운동의 수단으로 여겨진다는 비정치성에 있습니다. 결국 국가의 기능은 운동의 대의를 거스르는 배신자를 색출하여 처단하는 경찰 기구에 집중되며, 배신자의 규정은 지도부가 자의적으로 정하기 때문에 대중은 언제 처단될지 모르는 불확실한 위험 속에서 완전한 복종에 이르게 됩니다.

전체주의 국가기관

전체주의 국가에서 누구나 확실하게 아는 단 하나의 규칙은 더 널리 알려진 통치기구일수록 권력이 적고, 그 존재가 공개되지 않은 기구일수록 권력이 더 크다는 것이다. 이 규칙에 따르면, 성문법에 의해 국가 최고 주권 기구로 인정된 소비에트 정부는 볼셰비키당보다 권력이 약하고 당원들을 공개적으로 충원하며, 지배계급으로 공인된 볼셰비키당은 비밀경찰보다 권력이 약하였다. 비밀이 시작되는 곳에 실질적인 권력이 존재한다. 이런 점에서 나치와 볼셰비키 국가는 유사점이 많다.

한편에서는 히믈러 한 사람이 비밀경찰 업무를 독점하였고, 다른 쪽에서는 겉으로는 서로 관련이 없고 연결점이 없는 경찰 활동들이 서로 얽혀 미궁을 만들었다는 것이 이들의 주된 차이점이다.

전체주의 지배는 자유의 말살을 목표로 하고, 심지어 인간의 자발성 자체를 없애려 하지만, 결코 자유의 제한을 의도하지 않는다. 기술적으로 전체주의 시스템에서 권위나 위계질서가 없다는 것은 최고 권력과 피지배자들 사이에 믿을 만한 중간 단계들, 각각 정당한 몫의 권위나 복종의 의무를 부여받은 중간 단계들이 없다는 사실에서 잘 드러난다. 지도자의 의지는 모든 곳에서 언제나 구현될 수 있으며, 지도자는 어떤 위계질서에도, 심지어 그 스스로 만든 것에도 묶이지 않는다. 모든 시민은 자신의 결정을 집행할 기관을 자의적으로 선택하는 지도자의 의지와 직접 대면하기 때문에 제3제국 곳곳의 150만 '지도자들'은 제대로 돌아가는 위계질서의 중간 단계 없이 자신들의 권위가 직접 히틀러에게서 파생한다는 것을 잘 알고 있었다.

통치 기술로서 전체주의 장치는 단순하고 효과적이다. 이 장치들은 절대적인 권력 독점뿐 아니라 모든 명령이 반드시 실행된다는 절대적인 확실성을 보장해 준다. 명령 전달 통로의 다양성, 위계질서의 혼란으로 인해 독재자는 자신의 부하들에게 전혀 의존하지 않으며, 정책에서 예상외의 재빠른 변화를 가능하게 한다. 전체주의는 이런 특징으로 유명하다. 나라의 정치체제는 그 무정형 때문에 어떤 충격에도 끄떡하지 않는다.

이렇게 엄청난 효율성을 가진 통치 기술이 과거에 시도되지 않은 까닭은 그 기술만큼이나 간단하다. 관청의 중복은 모든 책임감과 전문적인 능력을 파괴한다. 그것은 경제적 부담이 크고 비생산적인 행정 절차를 늘리며, 지도자의 명령이 사안을 결정할 때까지 서로 상충되는 명령들이 실질적인 작업을 늦추기 때문에 생산성을 떨어뜨린다. 엘리트 간부 집단의 광신주의는 운동의 기능에는 절대적으로 필요하였지만, 이제 특수한 업무에 대한 모든 진정한 관심의 싹을 체계적으로 잘라 버리며 모든 가능한 행위를 전혀 다른 것을 위한 도구로 생각하는 정신적 태도를 낳는다. 이런 정신 태도는 엘리트에게만 국한된 것이 아니라 전 주민에게 확산된다. 국민의 생산 문제는 일신상의 세부 사항에 이르기까지 정치적 결정, 다시 말하면 업적 자체와는 아무 상관이 없는 원인과 배후의 동기에 달려 있는 것이다. 끊임없는 이동, 좌천과 승진은 확실한 팀워크를 불가능하게 만들며 경험의 개발을 막는다.

전체주의 정권의 문제점은 그것이 유난히 무자비한 방식으로 권력을 휘둘러서가 아니라 그들의 배후에 전혀 새로운 미증유의 권력 개념이 자리 잡고 있기 때문이다. 그것은 마치 그들의 현실 정치 뒤에 과거에는 전혀 없었던 새로운 현실 개념이 버티고 있는 것과 같다. 무자비함보다는 직접적인 결과를 전혀 고려하지 않는다는 점이 더 문제가 되며, 민족주의보다 민족 이익을 무시하는 태도와 어느 한 곳에 뿌리를 내리지 않고 있다는 점이 더 큰 문제다. 자기 이익만 추구하는 태도보다는 실용주의 동기를 경멸하는 태도가, 또 권력욕보다는 '이상주의', 이데올로기 허구 세계에 대한 확고한 신념이 더 문제점이 많다.

전체주의가 생각하는 권력은 오로지 조직을 통해 나오는 힘에 있다. 스탈린이 소련 최고의 보물은 넓은 국토도 거대한 노동력의 생산성도 아니고 당의 '간부집단', 즉 경찰이라고 생각한 것과 마찬가지로, 히틀러도 일찍이 1929년 운동의 '위대함'은 6만 명의 사람들이 "거의 하나의 단일체가 된 것으로 보였고, 실제로 그 구성원들은 똑같이 생각할 뿐 아니라 얼굴 표정까지도 거의 동일하다."는 데 있다고 생각하였다. "그들의 웃는 눈을, 이 열광을 보라. 그러면 너는 운동의 수십만 회원들이 단 한 가지 유형의 사람이 되었다는 것을 발견할 것이다."

권력을 잡은 전체주의는 국가를 비전체주의 세계에 자신들을 대표하는 외적 간판으로 이용한다. 전체주의 국가 자체는 전체주의 운동의 논리적 후계자이며 운동에서 조직 구조를 빌려 온다. 더 넓은 국제 무대 위에서이긴 하지만, 전체주의 지배자들은 권력을 잡기 전에 의회 정당들이나 당 내부의 여러 분파를 다루었던 방식 그대로 비전체주의 정권들을 다룬다. 그들은 운동의 허구 세계전체주의 국가를 사실의 영향에서 차단하면서도 정상적인 외부 세계를 향해 그들을 정상적이고 상식적인 외관으로 보여야 하는 이중 문제에 직면한다.

국가 상위에, 표면적인 권력의 간판 뒤에, 여러 겹으로 중복된 관청들의 미로 한가운데에 모든 권력 이동의 배후에, 그리고 비능률의 혼돈 가운데에 국가권력의 핵심인 능률적이며 유능한 비밀경찰의 부서들이 자리 잡고 있다. 전체주의 정권의 특징은 경찰이 유일한 권력기관으로서 강조되며, 군대는 겉보기에는 더 큰 권력을 가진 듯이 보이지만 실제로는 경시된다는 것이다.

공포정치는 실질적인 적들의 제거 작업이 완성되고 '객관적인 적'에 대한 추적이 시작된 이후에 비로소 전체주의 정권의 실질적인 내용이 된다. 일국사회주의 건설이라는 구실 아래 영토를 혁명적 실험을 위한 실험실로 이용하거나, 민족 공동체 실현이라는 명분을 내세우면서 총체적인 지배에 대한 주장이 실행에 옮겨진다.

전체주의 비밀경찰은 그 나라를 평정한 이후에 일을 시작하기 때문에 외부 관찰자들에게는 완전히 쓸데없는 것처럼 보이기도 하고, 또는 그들로 하여금 은밀한 저항이 있다고 착각하게 만든다. 비밀경찰의 불필요성은 어제오늘의 일이 아니다. 그들은 항상 자신들의 유용함을 입증해야 한다는 강박감에 시달렸고, 원래의 임무가 끝난 후에도 일자리를 지키려 애썼다.

전제국가의 비밀경찰과 전체주의 비밀경찰의 주요 차이점은 '용의자'와 '객관적인 적'의 차이에 있다. 후자는 정부의 정책으로 정해지는 것이지, 이들이 국가 전복을 원하였다고 해서 정해지는 것이 아니다. 그의 생각이 의혹을 불러일으키거나 그의 과거 행적이 의심스러워서 그가 객관적인 적이 되는 것은 아니다. 그는 '질병의 매개자처럼 어떤 경향의 매개자'이기 때문에 그렇게 되는 것이다. 실제 전체주의 통치자는 어떤 사람을 지속적으로 모욕하여 이 사람이 그의 적이라는 사실을 모두가 알게 되도록 일을 진행시키며, 그렇게 함으로써 일종의 정당방위로 그를 죽일 수 있다. 이것은 분명 다소 조잡하긴 해도 효과적이다.

새로운 객관적인 적들이 상황의 변화에 따라 재발견된다. 나치는 유대인 말살이 완성되리라 예상하면서 벌써 폴란드인 제거를 위해 필요한 예비 조치를 취하였다. 히틀러는 심지어 특정 범주의 독일인들을 제거할 궁리를 하고 있었다.

이런 범주의 선택이 전부 자의적으로 이루어지는 것은 아니다. 이들은 잠재적인 적으로 그럴듯하게 보여야 하였다. '객관적으로' 확인된 적들에게서 주관적인 유죄 자백을 받아내기 위해 벌어진 쇼나 다름없는 재판들의 목적이 바로 이런 것들이다. 이런 재판 쇼의 최적의 공연자는 전체주의 교육을 주입받아 자신들의 '객관적인' 유해성을 주관적으로 이해하고 '사태를 위해' 고백하려고 한 사람들이었다. '객관적인 적'이라는 개념은 전체주의 통치자들이 거듭 언급한 사실 상황과 정확하게 일치한다. 이 적의 정체는 일반적인 상황에 따라 수시로 변하기 때문에 한 범주가 청산되자마자 다른 범주와의 전쟁이 선포된다. 다시 말해 그들의 정권은 전통적 의미의 정부가 아니라 운동이며, 운동의 앞길에는 끊임없이 새로운 장애물이 나타나는데, 이것은 반드시 제거되어야 한다는 것이다. 전체주의 시스템 안에 어떤 법적인 사유가 있다고 말한다면 그 중심 이념은 '객관적인 적'이다.

전체주의 경찰의 과제는 범죄를 적발하는 것이 아니라 정부가 특정한 범주의 주민들을 체포하기로 결정할 때를 기다리고 있는 것이다. 그들이 누리는 중요한 정치적 영예는 그들만이 최고 권위의 신임을 받고 있다는 것이며, 어떤 정치 노선이 실시될지 먼저 안다는 것이다. 어떤 산업체의 NKVD내무인민위원회 요원들만이 모스크바가 파이프 공장의 능률을 올리라고 지시할 때 실제로 원하는 것이 무엇인지, 즉 더 많은 파이프를 원하는지, 공장장을 파멸시키려는 것인지, 아니면 전체 경영진을 제거하려는 것인지, 이 공장만 폐쇄하려는 것인지, 또는 새로운 숙청이 시작될 수 있도록 명령이 전국으로 반복하여 하달되는 것인지 알고 있다는 것은 전체주의 아래에서 이루어지는 일상생활에서는 상당히 중요한 일이다.

이 객관적인 적은 유대인이거나 폴란드인일 수도 있고, 고발된 사람의 행동에 대한 어떤 의문이 생기기도 전에 이미 그 죄과가 확실히 입증되어 있는 이른바 반동분자들일 수도 있다.

이처럼 철저한 자의성과 독단성은 어떤 압제정치가 할 수 있었던 것보다 더 효과적으로 인간의 자유를 부정한다. 압제정치의 처벌을 받으려면 적어도 압제정치의 적이 되어야 한다. 이론적으로는 전체주의 정권에서도 반대를 선택할 수 있다. 그러나 자발적인 행위가 단지 그 밖의 모든 사람이 어떤 식으로든 견뎌야 하는 '형벌'만 불러온다면 그런 자유는 무효가 된다. 이 체제에서 자유란 자유를 파괴할 수 없는 마지막 담보물, 즉 자살의 가능성으로 축소되었을 뿐이다. 자유를 실행한 결과를 완전히 무고한 사람들도 공유하기 때문이다.

죄와 범죄자라는 개념의 의미 변화가 전체주의 비밀경찰의 무섭고 새로운 집행 방식을 결정한다. 범죄자는 형벌을 받고 탐탁지 않은 사람들은 지구상에서 사라진다. 이들이 남긴 유일한 흔적은 이들을 알고 사랑한 사람들의 기억이며, 비밀경찰의 가장 어려운 과제 중 하나는 그런 흔적조차 저주받은 사람과 함께 확실하게 없애는 것이다. 살인자는 시체를 남기고 설령 그가 자기 신분의 흔적은 없앤다 해도 살아남은 세상의 기억으로부터 희생자의 정체를 지울 힘은 없다. 이와 반대로 비밀경찰의 작전은 기적처럼 희생자를 이 세상에 전혀 존재하지 않은 인물로 만든다.(3부 12장 1)

│ 총체적 지배 │

총체적 지배는 무수히 많고 다양한 인간들을 마치 하나의 개인인 것처럼 조직하고자 한다. 이 총체적 지배는 모든 개인이 각각 항상 변함없는 반응들의 동일성으로 축소되어 이 반응 다발들이 다른 다발과 임의로 교환될 수 있을 때에야 가능하다. 문제는 존재하지 않는 어떤 것, 다시 말하면 '종족 보존'이 유일한 '자유'인 어떤 동물 종과 유사한 인간 종을 만들어 내야 한다는 것이다. 전체주의 지배는 이 목적을 엘리트 집단의 이데올로기 주입교육과 수용소의 절대적인 공포정치를 통해 이루고자 한다. 수용소는 사람들을 말살하고 인간의 품위를 떨어뜨릴 목적으로 만들어진 것이 아니다. 그것은 과학적으로 통제된 조건에서 인간 행동의 표현인 자발성 자체를 없애고 인격을 단순한 사물, 동물조차 아닌 사물로 만드는 무서운 실험실이다.

우리는 강제수용소의 피수용자와 나치 친위대 대원의 행동을 심리학적으로 이해하려 하지만, 여기서 반드시 알아야 할 것은 육체를 가진 인간이 파괴되지 않았는데도 영혼은 파괴될 수 있다는 것이다. 실제로 영혼, 성격, 개성은 어떤 특정 조건 아래서의 붕괴 속도를 통해 드러난다. 어떤 경우든 최종 결과는 생명 없는 인간이다. 즉, 심리학적으로 이해할 수 없는 인간이며, 심리학적으로 또는 다른 방식으로 파악할 수 있는 인간으로 돌아오는 것이 예수가 죽음에서 살린 나자로의 부활과 거의 유사한 인간이다.

강제수용소나 집단 학살 수용소가 정말 무서운 것은 피수용자들이 설령 목숨을 부지한다 해도 죽은 것보다 더 효과적으로 산 자들의 세계와 단절되어 있다는 것이다. 테러는 망각을 강요한다. 여기에서 살인은 모기 한 마리를 눌러 죽이는 것처럼 비개인적인 일이다. 누구는 체계적인 고문 때문에, 누구는 굶주림 때문에, 누구는 단지 수용소 인원이 너무 많아서 죽을 수 있다. 그 반대로 새로운 사람이 들어오지 않아 수용소의 인원이 줄어들 위험이 생기면 무슨 수를 써서라도 사망률을 낮추라는 지시가 내려질 수도 있다. 다비드 루세는 독일 강제수용소 시절에 관한 기록을 '우리의 죽음의 날'이라고 부르는데, 마치 죽어 가는 과정 자체를 늘려서 죽는 것도 사는 것도 똑같이 효과적으로 방해하는 상태의 강요가 가능하였던 것 같다.

총체적 지배를 향한 최초의 중요한 행보는 법적 인격의 살해다. 일차적인 방법은 일정한 범주의 사람들을 법적으로 보호하지 않고 동시에 국적 박탈이라는 수단을 통해 비전체주의 국가들에 위법을 인정하도록 강요하는 것이다. 또 다른 방법은 강제수용소를 정상적인 형벌 체계의 밖에 두고 피수용자를 정상적인 법적 절차, 즉 일정한 범죄에 예측할 수 있는 처벌이 따르는 절차 밖에서 선발하는 것이다.

산송장을 마련하는 일에서 그다음 결정적인 단계는 인간 내면의 도덕적 인격의 살해다. 역사상 처음으로 순교를 불가능하게 만들면서 도덕적 인격의 살해가 자행되었다. "얼마나 많은 사람들이 여기에 아직도 저항이 역사적으로 중요하다고 믿을까? 이런 의심이 나치 친위대의 진정한 걸작이다." 목격자들이 남아 있지 않다면 증언도 없을 것이다. 죽음을 더는 미룰 수 없을 때 시위하는 것은 죽음에 의미를 부여하려는 시도이며, 자신의 죽음을 극복하려는 시도이다. 성공하려면 이 행동이 사회적 의미를 가져야 한다. 서구 세계는 가장 어두운 시기에도 이제까지 살해한 적에게 기억될 수 있는 권리는 부여하였다. 기억될 수 있는 권리는 우리 모두가 인간이라는 사실을 분명하게 인정하는 것이었다. 아킬레스도 헥토르의 장례식에 갔기 때문에, 로마인도 기독교인들에게 순교의 역사를 쓰도록 허락하였기 때문에, 또 이단자들이 사람들의 기억 속에 남도록 교회가 허용하였기 때문에, 그 모든 것이 사라지지 않고 사라질 수 없었던 것이다. 강제수용소는 죽음 자체를 익명으로 만들기에 죽음에서 완성된 삶의 종말이라는 의미를 빼앗았다. 그들은 한 개인의 고유한 죽음조차 가져가 버렸다. 그의 죽음은 그가 한 번도 실제로 존재한 적이 없다는 사실을 시인할 뿐이다.

도덕적 인격에 대한 이런 공격은 살인 관료로 살기보다 희생자로 죽는 것이 낫다고 말하는 인간의 양심으로 막을 수 있을 것이다. 전체주의의 공포정치는 도덕적인 인간에게 이런 개인주의적 도피의 길을 막고 양심의 결정을 의심스럽고 모호한 것으로 만들면서 가장 무서운 승리를 쟁취하였다. 아내나 아이들을 죽음으로 내모는 것과 친구를 속여 살해해야 하는 것 중에서 하나를 선택해야 할 상황에 직면한다면? 나치에게 세 자식 가운에 어느 아이를 죽일지 선택을 강요당한 그리스인 엄마의 도덕적 딜레마를 누가 해결할 수 있는가?

양심이 부적절해지는 조건, 전혀 선을 행할 수 없는 조건을 만듦으로써 전체주의 정권의 범죄에 모든 사람이 의식적으로 조직적인 가담을 하게 되고, 이 공모 관계는 희생자에게까지 확대되며, 그렇게 하여 진정한 의미에서 전체주의적이 된다.

도덕적 인격이 살해되었을 때 인간이 산송장이 되지 못하게 하는 유일한 것은 개인의 차이, 즉 그의 유일무이한 정체성이다. 인간 인격의 이 부분은 본질적으로 자연에 의존하고, 또 의지로 통제할 수 없는 힘에 의존하기 때문에 분명 가장 파괴하기 힘들다.

인간의 유일무이한 고유성을 다루는 방식은 수없이 많다. 그 방식은 먼저 괴상한 수송 조건에서부터 시작된다. 수백 명의 사람들을 벌거벗은 채로, 말 그대로 서로 완전히 달라붙은 상태로 실은 가축 수송용 열차. 미리 계획된 충격이 가해진다. 삭발을 시키고 이상한 죄수복을 입힌다. 그리고 정확하게 계산하여 죽지 않을 정도로, 어쨌든 빨리 죽지는 않을 정도로 육체에 가해지는 끔찍한 고문들로 이 방식들은 마무리된다. 과거의 즉흥적인 잔인함은 인간 신체의 냉혹하고 체계적인 파괴에 자리를 내주었다. 신체의 파괴는 궁극적으로 인간의 존엄성을 파괴하는 것을 목적으로 하였다. 실제로 강제수용소의 경험은 인간이 동물 종의 표본으로 바뀔 수 있으며, 인간의 '천성'은 인간에게 극히 부자연스러운 것, 즉 인간이 될 수 있는 가능성을 열어 놓는 한에서만 '인간적'이 된다는 것을 보여 주었다.

도덕적 인격과 법적 인격을 살해한 후 개성의 파괴는 항상 성공적이었다. 수백만의 사람들은 아무런 저항도 없이 가스실로 걸어 들어갔으며, 어떤 심각한 반항도 없었고, 해방의 순간에조차 나치 친위대 대원들을 학살하려는 보복 시도도 거의 없었다. 개성을 파괴하는 것은 자발성을 파괴하는 것이며 스스로 새로운 일,

즉 환경과 사건에 대한 단순한 반응의 토대 위에서 설명되지 않는 어떤 것을 시작할 수 있는 힘을 파괴하는 것이다. 그렇게 하여 남는 것은 인간의 얼굴을 한 무시무시한 꼭두각시 인형들이다. 모두가 파블로프의 개들처럼 행동하고 반응 외에는 아무것도 하지 않는 인형들이다. 이것이 시스템의 진정한 승리다.

무제한적 권력을 요구하는 것은 전체주의 정권의 본성이다. 이런 권력은 말 그대로 단 한 사람의 예외도 없이 모든 사람이 그들 삶의 모든 측면에서 확실하게 지배당할 때에만 확보될 수 있다. 중립적 입장, 즉 자연스럽게 생긴 우정은 전체주의 지배의 관점에서 공개적인 적대보다 더 위험하다. 자발성 자체가 예측하기 힘들어서 인간에 대한 총체적 지배에 가장 큰 장애가 되기 때문이다. 신념에 찬 공산주의자는 소련 정권에게는 우스꽝스러운 존재일 뿐 아니라 위험한 존재가 된다. 어떤 종류의 확신이나 견해도 전체주의 상황에서 우스꽝스럽거나 위험한 이유는 전체주의 정권은 그런 것을 필요로 하지 않음에, 혹은 어떤 종류의 인간적 도움도 필요하지 않다는 것에 자부심을 가지기 때문이다. 인간이 단순한 동물적 반응과 기능의 수행자 이상이 된다면, 그들은 전체주의 정권에 전혀 소용없는 존재가 된다. …… 전체주의 권력을 얻고 지킬 수 있는 곳은 조건반사의 세계, 자발성의 흔적이라고는 조금도 없는 꼭두각시의 세계뿐이다. 인간의 힘은 크기 때문에 인간이 완전히 지배될 수 있는 것은 그가 인간이라는 동물 종의 한 표본이 될 경우뿐이다.

우리는 극단적인 악이 모든 인간이 똑같이 무용지물이 되는 시스템과 관련하여 출현하였다고 말할 수 있다. 이 시스템을 조작하는 사람들은 다른 모든 사람처럼 자신들 역시 불필요하다는 사실을 믿는다. 그래서 전체주의의 살인자들은 그들 스스로가 살아 있는지, 죽은 것인지, 또는 이제까지 살아 왔는지, 아니면 태어나지도 않았는지 상관하지 않기 때문에 더욱 위험한 존재들이다. 오늘날 곳곳에서 인구가 늘고, 그에 따라 고향을 잃은 사람들이 늘면서 많은 사람들이 끊임없이 불필요한 존재가 되는 상황에 시체 공장과 망각의 구멍이라는 위험이 항상 노사리고 있다.

많은 국가에서 대중은 너무나 절망하여 죽음을 두려워하지 않는다. 나치와 볼셰비키는 과잉 인구 문제, 경제적으로 불필요하고 뿌리를 잃은 대중의 문제를 해결할 수 있는 가장 신속한 처방을 제시한 자신들의 말살 공장이 경고이기도 하지만 매력적인 유혹도 된다고 확신한다. 전체주의의 해결책은 강한 유혹의 형태로 전체주의 정권의 몰락 이후에도 생존할 것이다. 즉, 인간다운 방식으로 정치적, 사회적, 또는 경제적 고통을 완화하는 일이 보일 때면 언제나 나타날 강한 유혹의 형태로 생존할 것이다.(3부 12장 3)

 전체주의 국가는 마침내 총체적 지배에 이릅니다. 총체적 지배란 몸뿐 아니라 영혼까지 완전히 지배하여 모든 사람의 개별성을 말살하고 한 몸처럼 조직이 흡수하여 장악하는 것입니다. 이를 위해서는 모든 사람의 개별성의 근간인 법 인격과 도덕성, 양심, 개성이 말살되어야 하며, 이를 말살하기 위한 실험실로 운용되었던 것이 바로 악명 높은 강제수용소입니다. 강제수용소야말로 전체주의 최후의 귀결인 것입니다.

● 생각해보기

1. 전체주의의 선전이 가지는 특징은 무엇입니까?

2. 전체주의 조직의 특징은 무엇입니까?

3. 총체적 지배란 어떤 지배를 말합니까?

{ 요약
노트 }

'대중'이란 특수한 계급의식이 없는 사람들, 공동 관심에 기초한 조직으로 통합될 수 없는 사람들, 정당에 참여하지 않을 뿐만 아니라 정치적으로 무관심한 사람들입니다. 부르주아계급이 무너짐으로써 원자화된 개인은 사생활 보호에만 정신이 팔려 있는데, 프라이버시와 사적 도덕보다 파괴하기 쉬운 것은 없습니다.

전체주의 선전은 이데올로기적 과학성과 예언 형태의 진술 기법을 방법적 효율성과 내용적 부조리의 극치로 끌어올려 대중에게 성공을 약속합니다. 대중은 전체주의 선전의 일관성 앞에 굴복하고 개인적인 희생을 치를 준비가 되어 있는데, 그들이 어리석거나 사악하기 때문이 아니라 일반적인 불행 속에서 이러한 도피를 필요로 하기 때문입니다.

전체주의 조직은 운동의 중심에 그것을 작동시키는 원동력으로서 지도자가 자리 잡고 있다는 특징이 있습니다. 그는 측근들에 의해 엘리트 집단과 분리되어 있는데, 이 측근들은 지도자의 주변에 신비의 오라를 확산시킵니다. 지도자의 최고 임무는 이중 기능의 개인적인 구현과 운동을 외부 세계로부터 보호하는 마법의 방어벽이자 동시에 운동과 외부 세계를 직접 연결하는 가교가 되는 데 있습니다.

전체주의 조직은 경멸의 위계질서가 특징입니다. 일선 조직의 동조자들은 일반 시민들을 경멸하고, 당원들은 동조자들을 급진성이 부족하다며 경멸하고, 엘리트 조직은 비슷한 이유에서 당원들을 경멸하고, 엘리트 조직 안에서도 비슷한 경멸의 위계질서가 새 조직이 창설되어 발전할 때마다 등장한다는 것입니다. 엘리트의 우수성은 모든 사실 진술을 즉각 목적 선언으로 해체할 수 있는 능력에 있습니다. 예컨대 엘리트 집단은 모든 유대인은 열등하다는 진술이 모든 유대인을 죽여야 한다는 뜻임을 바로 이해한다는 것입니다.

　　전체주의 국가의 단 하나의 규칙은 더 널리 알려진 통치 기구일수록 권력이 적고, 그 존재가 공개되지 않은 기구일수록 권력이 더 크다는 것이며, 전체주의 시스템에서 권위나 위계질서가 없다는 것은 최고 권력과 피지배자들 사이에 믿을 만한 중간 단계들이 없다는 사실에서 잘 드러납니다. 국가 상위에, 표면적인 권력의 간판 뒤에, 국가권력의 핵심인 비밀경찰의 부서들이 자리 잡고 있습니다. 전체주의 경찰의 과제는 범죄를 적발하는 것이 아니라 정부가 특정한 범주의 주민들을 체포하기로 결정할 때를 기다리고 있는 것입니다. 이처럼 철저한 자의성과 독단성은 어떤 압제정치가 할 수 있었던 것보다 더 효과적으로 인간의 자유를 부정합니다.

　　총체적 지배는 무한히 많고 다양한 인간들을 마치 하나의 개인인 것처럼 조직하고자 하는 것입니다. 총체적 지배를 향한 최초의 중요한 행보는 사람에게서 법적 인격을 죽이는 것입니다. 도덕적 인격이 살해되었을 때 마지막으로 남는 것은 개인의 차이, 즉 정체성을 파괴하는 것입니다. 무제한적 권력을 요구하는 것은 전체주의 정권의 본성입니다. 말 그대로 단 한 사람의 예외도 없이 모든 사람이 그들 삶의 모든 측면에서 확실하게 지배당할 때에만 확보될 수 있습니다.

부록

세계의 인권 선언문

지금까지 근대 민주주의 사상의 기반이 되는 계몽사상가들의 몇몇 저작을 살펴보았습니다. 이 저작들은 단지 사상으로만 그친 것이 아니라 절대왕정을 무너뜨리고 근대 민주주의를 수립하는 거대한 시민혁명의 기반이 되었습니다. 여기에 소개하는 글들은 시민혁명과 관련된 각종 선언문입니다. 이들은 혁명을 정당화하기 위해 널리 발표되었습니다. 대부분의 시민혁명은 시민들이 기존의 정부를 무너뜨리고 새로운 정부를 수립한 사건이기 때문에 봉건적인 관점에서는 반란이 분명하였습니다. 그래서 이들은 자신들이 반란을 일으킨 것이 아니라 주권자로서 정당한 권리를 선언한 것임을 밝혀야 했습니다. 여기에 계몽사상의 인민주권 사상, 천부인권 사상이 중요한 근거를 제공하였음은 쉽게 짐작할 수 있습니다. 이들 선언문들은 모두 인민이 주권을 가지고 있고, 정부에 그것을 위임한 것이며, 정부가 주권자인 인민을 거스를 경우에는 인민이 정부를 교체할 권리가 있으며, 현 정부가 거슬렀기 때문에 새로운 정부를 수립할 수밖에 없음을 천명하고 있습니다. 시민혁명 당시의 시대적 배경 등을 염두에 두고, 이들의 용기가 오늘날 민주주의의 첫걸음을 딛게 만들었음을 느끼면서 읽어 봅시다.

가장 마지막에 소개하는 것은 유엔의 세계인권선언입니다. 제1, 2차 세계대전이라는 미증유의 인간 파괴를 경험한 인류는 유엔을 통해 다시는 그런 일이 일어나지 않도록 세계 공용의 인권 표준을 정하고 모든 나라가 지켜야 할 기준으로 선언하였습니다. 말하자면 국가별로 발표되었던 시민혁명의 선언문들이 마침내 인류의 이름으로 발표된 중요한 사건입니다. 따라서 세계인권선언 역시 시민혁명 문헌들의 연장선에서 무엇이 계승되고 추가되었는지 따져 보며 읽어 볼 가치가 있습니다.

✠ 명예혁명과 영국의 권리장전

An Act Declaring the Rights and Liberties of the Subject and Settling the Succession of the Crown

권리장전은 영국의 명예혁명 때 발표된 일종의 계약서입니다. 여기에는 전 국왕이 인민과의 계약을 위반했으며, 새 국왕이 인민과 계약에 동의하였기 때문에 국왕을 교체한다는 내용이 있습니다. 사건의 개요는 이렇습니다. 제임스 2세는 1685년 왕위에 오른 후 노골적인 가톨릭 편중 정책을 펴 영국인들의 인기를 잃었습니다. 캔터베리 대주교 윌리엄 샌크로프트와 다른 여섯 명의 주교들은 제임스 2세에게 이 같은 조치에 반대하는 청원을 제출하였으나 선동 비방죄로 기소당하였습니다. 토리당의 던비 백작과 헨리 컴프턴 런던 주교를 포함한 일곱 명의 저명인사들은 윌리엄 3세에게 편지를 보내 군대를 이끌고 와서 국내 문제를 바로잡아 줄 것을 요청하였고, 영국 내의 불만 세력 지도자들과 1년 넘게 긴밀한 접촉을 유지해 오고 있던 윌리엄 3세는 그들의 제의를 수락하였습니다. 그러자 영국 내 많은 세력이 윌리엄 3세를 지지하였고, 제임스 3세는 프랑스로 달아났습니다. 이에 윌리엄 3세는 1689년 1월 22일 의회를 소집하고 제임스 2세의 국외 탈출을 왕위 포기로 간주하고 권리선언에 따라 왕위를 윌리엄 3세와 그의 아내 메리에게 공동으로 이양한다는 데 합의가 이루어졌습니다. 이 합의 내용에는 국왕의 법률 효력 정지 권한의 폐지, '여태껏 시행되어 온' 법률에 구애받지 않는 국왕의 특권 폐지, 평화 시 상비군 유지를 불법화, 의회의 빈번한 소집과 자유선거의 보장 등의 내용이 들어 있어서 사실상 국왕의 권한이 의회가 제정하는 법률의 테두리 안에 있음을 선언하였습니다. 이는 정부는 본질적으로 국왕과 의회로 대표되는 국민 사이의 사회적 계약이라는 로크의 주장이 처음으로 실제 정치에 반영된 사건이었습니다. 이 모든 과정이 어떤 무력 충돌 없이 이루어졌다는 의미에서 '명예혁명'이라고 불립니다.

국민의 권리와 자유를 선언하고 왕위 계승을 정하는 법

성직자 상원의원, 세습 귀족 상원의원, 그리고 하원의원은 이 나라의 모든 인민과 신분을 합법적이고 자유롭게 대표하여 1688년 2월 13일 웨스트민스터에 모여 오라녜 대공 윌리엄과 메리 공주 두 분 폐하께 제안을 드렸습니다. 이는 귀족과 평민들이 작성한 일단의 선언 속에 나타난 바, 다음과 같습니다.

제임스 2세 국왕은 그가 임명한 사악한 조언자와 장관들의 조력을 통해 신교와 이 왕국의 법과 자유를 박멸하고 뒤엎으려고 하였습니다. / 의회의 동의 없이 법을 중단시키거나 집행하는 권력을 언급하고 이를 집행함으로써, / 위에서 언급한 권력에 동조하는 것에서 면제해 달라고 청원하였다는 이유만으로 훌륭한 성직자들을 감금하고 기소함으로써, / 종교위원회의 재판소를 설립하기 위해 국새가 날인된 위임장을 발행하고 집행하도록 명령함으로써, / 절대 권력을 빙자하여 의회가 허용한 것과 다른 시간과 방법으로 국왕을 위한 돈을 징발함으로써, / 평화로운 시기에 의회의 동의도 없이 상비군을 늘리고 유지하며, 법을 위반하면서 이들을 주둔시킴으로써, / 법을 위반하면서 일부 가톨릭교도가 무장을 하고 사병을 고용할 때 몇몇 선량한 신교도들을 무장해제시킴으로써, / 의원 선출의 자유를 침해함으로써, / 의회에서만 심의할 수 있는 사안을 왕실 재판소에서 기소함으로써, / 또 자의적이고 불법적으로 여러 절차를 진행함으로써, / 그리고 근래에 편견에 사로잡히고 자격이 없는 인물이 배심원으로 선정되어 심리를 진행하였고, / 특히 토지 보유자가 아닌 자들이 대역죄를 심리하는 배심원을 맡았습니다. / 그리고 인민의 자유를 보장하기 위해 제정된 법의 혜택으로부터 배제하기 위해 형사사건으로 수감된 사람들에게 과도한 보석금을 요구하였습니다. / 그리고 과도한 벌금이 부과되었습니다. / 그리고 불법적이고 잔혹한 형벌이 가해졌습니다. / 그리고 유죄 평결을 받기도 전에 동일인에게 부과될 벌금이나 몰수가 여러 차례 보장되고 약속되었습니다.

이 대목들을 읽으면 당시 의회의 불만이 단지 민주주의적인 것만은 아니었음을 알 수 있습니다. 당시 의회파들은 국왕의 횡포에는 큰 불만을 가지고 있었지만, 자신들보다 사회적 지위가 낮은 토지 비소유자들의 국정 참여에도 역시 불만을 표시하고 있었고, 가톨릭교와의 갈등도 불만의 한 요소가 되어 있었습니다. 이런 점에서 명예혁명과 권리장전의 모든 내용이 오늘날 민주주의와 연결된다고 보기는 어려우니 가려서 읽을 필요가 있습니다.

이 모든 것은 이미 알려진 이 나라의 법률과 규칙, 그리고 자유와 완전히 반대되는 것입니다. 지난 왕 제임스 2세가 이미 통치를 포기하였고 이제 보위가 비었기에, 전지전능하신 하느님으로부터 이 나라를 구교도와 자의적인 권력에서 해방시킬 영광스러운 도구가 될 것을 기꺼이 받아들인 오라녜 대공 전하께서는 성직 상원의원과 세습 귀족 상원의원과 몇몇 주요 하원의원의 진언에 따라, 다음과 같은 목적에서 이들 의원들에게 다음과 같은 공문을 작성하셨을 뿐 아니라, 여러 주와 도시와 대학과 자치도시와 다섯 개의 특별 항구에도 나머지 공문을 교부하셨습니다. 이는 자신들의 종교와 법률과 자유가 다시는 파괴될 위험에 처하지 않도록 하기 위해 1688년 1월 22일 웨스트민스터에서 소집될 의회에 참석할 수 있는 자격을 지닌 대표자를 선출하는 것에 대한 것이었습니다. 그 공문에 따라 선거가 이루어졌습니다.

그 결과, 각각의 존경할 만한 공문과 선거에 따라 이제 이 나라를 완전하고도 자유롭게 대표하여 소집된 성직 상원의원, 세습 귀족 상원의원과 하원의원은 앞에서 언급한 목적을 달성하기 위한 최선의 수단을 대단히 신중하게 고려하고, 우선 이와 같은 상황에서 조상들이 대체로 해 왔던 바처럼, 과거에 우리가 가졌던 권리와 자유를 옹호하고 주장하기 위한 목적에서 다음과

같이 선언하는 바, / 의회의 동의 없이 법률이나 법률의 집행을 정지시키는 거짓된 권력은 불법적임을, / 근래에 주장되고 행사되었던 것처럼 왕권에 의해 법률이나 법률의 집행이 중단되는 것은 불법적임을, / 최근에 종무위원회 재판소를 설립하기 위해 발행된 위임장을 포함하여 그와 유사한 종류의 모든 위임장과 재판소는 불법적이며 유해함을, / 의회의 승인 없이 절대 권력을 빙자하여 의회가 이미 승인했거나 장차 승인할 내용과 달리 기간을 연장하거나 편법을 써서 국왕을 위한 돈을 징수하는 행위는 불법임을, / 모든 인민은 국왕에게 청원할 권리가 있으며, / 이를 핑계 삼아 수감하거나 기소하는 것은 불법적임을, / 의회의 동의 없이 평화 시에 국내에 상비군을 징집하고 유지하는 것이 불법적임을, / 신교를 믿는 인민은 상황에 따라 법률의 테두리 안에서 자기방어를 위해 무장할 수 있음을, / 의회 의원의 선거는 자유롭게 실시되어야 함을, / 의회에서 진행된 발언과 토론, 절차는 재판소나 의회를 벗어나서 책임을 묻거나 문제 삼아서는 안 됨을, / 과도한 보석금이 요구되어서는 안 되며, / 과도한 벌금이 부과되어서도 안 되며, / 잔혹하고 상식 이하의 형벌이 가해져서도 안 됨을, / 정당한 방법으로 배심원이 선출되어야 하며, / 대역 죄인을 심리하는 배심원은 토지 보유자라야 함을, / 유죄 평결 이전에 특정인에게 부과되는 벌금과 몰수를 인정하고 확약하는 조치는 불법이고 무효임을, / 이러한 모든 요구 사항을 처리하고 법률을 수정하고 유지하기 위해 의회는 빈번하게 소집되어야 함……

제임스 2세의 불법행위를 12개조로 열거하였고, 의회의 동의 없이 왕권에 의하여 이루어진 법률이나 그 집행 및 과세의 위법, 의회의 동의 없이 평화 시에 상비군의 징집 및 유지의 금지, 국민의 자유로운 청원권의 보장, 의원 선거의 자유 보장, 의회에서의 언론 자유의 보장, 지나친 보석금이나 벌금 및 형벌의 금지 등을 규정하였습니다.

✖ 시민혁명과 프랑스의 인권선언

Declaration des droits de l'homme et du citoyen

유명한 1789년 프랑스혁명 직후 발표된 선언입니다. 당시 배경은 이렇습니다. 1787년 2월 프랑스 국왕 루이 16세는 재정난에 처하자 명사회고위 성직자, 대귀족, 소수의 시민 대표들로 구성된 의회를 소집해 세금을 늘리는 안을 통과시키려 하였습니다. 그러자 명사회는 이를 거부하고 대신 1614년 이래 소집된 일이 없는 성직자, 귀족, 제3신분으로 이루어진 삼부회의 소집을 요구하였습니다. 국왕은 이에 굴복하고 1789년 5월 5일 베르사유 궁전에 삼부회를 소집하였습니다. 그러나 두 특권 계층이 국왕의 편을 들자 제3신분은 6월 20일 왕을 무시하고 테니스 코트에서 회합을 갖고 프랑스에 새로운 헌법이 제정될 때까지 흩어지지 않기로 서약테니스 코트의 서약하였습니다. 왕은 마지못해 굴복하고 성직자와 귀족들에게 제3신분과 합류해 헌법 제정 국민의회를 구성하라고 권유하면서 몰래 이를 해산시킬 군대를 소집하기 시작하였습니다. 이에 분노한 시민들이 1789년 7월 14일에 봉기하여 왕의 폭정을 상징하는 바스티유를 점거하였습니다. 국왕은 다시 한 번 굴복하고 국민주권을 승인해야 하였습니다. 국민의회는 인간과 시민의 권리선언을 채택해 자유, 평등, 사유재산의 불가침성, 압제에 저항할 권리 등을 천명하였습니다.

인간과 시민의 권리선언

국민의회를 구성하고 있는 프랑스 인민의 대표자들은, 인권에 관한 무지와 망각 또는 멸시가 공공의 불행과 정부 부패의 원인이라는 것에 유의하면서, 하나의 엄숙한 선언을 통해 인간의 자연적이고 양도할 수 없으며 신성한 권리들을 밝히려 결의하거니와, 그 의도하는 바는, 사회의 모든 구성원이 항상 이 선언에 준하여, 항상 그들의 권리와 의무를 상기할 수 있도록 하며, 입법권과 행정권의 여러 행위를 수시로 모든 정치 제도의 목적과 비교하기 위한 기준을 마련함으로써, 이후 시민의 요구가 단순하고 명확한 원리들에 기초한 것으로서 존중받도록 하여 헌법의 유지와 모두의 행복에 이바지할 수 있도록 하기 위함이다.

이에 국민의회는 지고의 존재 앞에서 또 그의 비호 아래 다음과 같은 인간과 시민의 제 권리를 승인하고 선언한다.

제1조 인간은 자유롭고 평등한 권리를 가지고 태어나서 살아간다. 사회적 차별은 오직 공동 이익을 근거로 해서만 가능하다.

제2조 모든 정치적 결사의 목적은 인간의 자연적이고 소멸될 수 없는 권리를 보전함에 있다. 그러한 권리란 자유, 재산, 안전, 그리고 억압에 대한 저항이다.

제3조 모든 주권의 원리는 본질적으로 국민에게 있다. 어떠한 단체나 어떠한 개인도 국민으로부터 명시적으로 유래하지 않는 권위를 행사할 수 없다.

제4조 자유는 타인에게 해롭지 않은 모든 것을 행할 수 있음이다. 따라서 각자의 자연권 행사는 사회의 다른 구성원에게 같은 권리의 향유를 보장하는 것 이외의 제약을 갖지 아니한다. 그 제약은 법에 의해서만 규정될 수 있다.

여기까지 네 조항은 인민주권과 기본권의 원리를 천명하고, 다른 사람의 기본권을 침해하지 않는 범위 안에서 기본권의 자유로운 행사라는 근대 민주주의의 핵심을 밝히고 있습니다.

제5조 법은 사회의 유해한 행위가 아니면 금지할 권리를 갖지 아니한다. 법에 의해 금지되지 않은 것은 어떤 것이라도 방해될 수 없으며, 또 누구도 법이 명하지 않은 것을 행하도록 강제될 수 없다.

제6조 법은 일반의지의 표명이다. 모든 시민은 스스로 또는 대표자를 통해 그 작성에 협력할 수 있는 권리를 갖는다. 법은 보호를 부여하는 경우에도 처벌을 가하는 경우에도 모든 사람에게 동일한 것이어야 한다. 모든 시민은 법 앞에서 평등하므로, 그 능력에 따라서, 그리고 덕성과 재능에 의한 차별 이외에는 평등하게 공적인 위계, 지위, 직무 등에 취임할 수 있다.

제7조 누구도 법에 의한 규정이나 법이 정한 형식에 의하지 아니하고는 소추, 체포 또는 구금될 수 없다. 자의적 명령을 간청, 공포, 집행하는 자는 처벌된다. 그러나 법에 의해 소환되거나 체포된 시민은 모두 즉각 순응해야 한다. 이에 저항하는 자는 범죄자가 된다.

제8조 법은 엄격히, 그리고 명백히 필요한 형벌만 설정해야 하고, 누구도 범죄 이전에 제정·공포되고 또 합법적으로 적용된 법률에 의하지 아니하고는 처벌될 수 없다.

제9조 모든 사람은 범죄자로 선고되기까지는 무죄로 추정되는 것이므로, 체포할 수밖에 없다고 판정되더라도 신병을 확보하는 데 꼭 필요하지 않은 모든 강제 조처는 법에 의해 준엄하게 제압된다.

제10조 누구도 그 의사에 있어서 종교에 관련된 것일지라도 그 표명이 법에 의해 설정된 공공질서를 교란하지 않는 한 방해될 수 없다.

제11조 사상과 의사의 자유로운 소통은 인간의 가장 귀중한 권리의 하나이다. 따라서 모든 시민은 자유로이 발언하고 기술하고 인쇄할 수 있다. 다만 법에 의해 규정된 자유의 남용에 대해서는 책임을 져야 한다.

제12조 인간과 시민의 권리 보장은 공공 무력을 필요로 한다. 따라서 이는 모든 사람의 이익을 위해 설치되는 것으로서, 그것이 위탁되는 사람들의 특수 이익을 위해 설치되지 아니한다.

제13조 공공 무력의 유지를 위해, 그리고 행정의 여러 비용을 위해 일반적인 조세는 피할 수 없다. 이는 모든 시민에게 그들의 능력에 따라 평등하게 분배되어야 한다.

제14조 모든 시민은 스스로 또는 그들의 대표자를 통해 공공 조세의 필요성을 검토하며, 그것에 자유로이 동의하며, 그 용도를 추급하며, 또한 그 액수와 기준, 징수, 그리고 존속 기간을 설정할 권리를 갖는다.

제15조 사회는 모든 공직자에게 그 행정에 관한 보고를 요구할 수 있는 권리를 갖는다.

제16조 권리의 보장이 확보되지 않고, 권력의 분립이 확정되어 있지 아니한 사회는 헌법을 가지지 않은 것이다.

제17조 침범할 수 없고 신성한 권리의 하나인 소유권은 합법적으로 확인된 공공 필요성이 명백히 요구하면서 정당한 사전 보상의 조건에서가 아니라면 침해되지 않는다.

앞에서 천명한 원리에 따라 구체적인 권리들이 제시되었습니다. 이 권리들은 법에 의해 엄격하게 보장받으며, 이에 대한 제한은 오직 인민이 승인한 법률에 의해서만 가능하다는 법치의 원리가 제시되었습니다. 여기에서 우리는 최고법을 통해 권리를 보장하는 입헌주의가 대헌장보다 한결 구체적이고 힘 있게 전개되었음을 확인할 수 있습니다.

◈ 미국의 독립 선언문

Declaration of Independence

이 글은 아메리카의 영국 식민지가 영국 본국과 독립 전쟁을 일으킨 뒤 스스로 독립국가임을 선언한 문서입니다. 이 문서는 1776년에 발표되었지만, 사건은 1763년으로 거슬러 올라갑니다. 1763년 프랑스와의 7년전쟁에서 승리한 영국은 식민지에서 세금을 거두어 그동안의 전쟁 비용을 충당하려 하였습니다. 이에 식민지인들은 "No taxation without representation대표 없이는 과세 없다."는 구호를 내걸고 영국의 과도한 조세 정책에 반발하였습니다. 즉, 미국 식민지에서는 영국 의회에 대표를 보낸 적이 없으니 이러한 법을 인정할 수 없다는 것입니다. 특히 주민들에게 필수품이었던 차tea에 고액의 세금을 부과하자 불만이 폭발하였습니다. 이러한 불만이 쌓여 마침내 1773년에는 미국 독립 전쟁에 결정적인 도화선이 된 보스턴 차 사건이 발생하였습니다. 이렇게 하여 식민지와 영국 본국 사이에 전쟁이 일어났습니다. 당시 영국을 견제하던 프랑스, 에스파냐, 네덜란드가 식민지를 지지하는 등 전세가 식민지에 유리하게 전개되자 식민지 대표들은 필라델피아에 모여 정식으로 영국으로부터 독립을 선언하고 조지 워싱턴을 대통령으로 추대하였습니다. 이로써 미국이 탄생하게 된 것입니다.

원문 읽기

대표 없이 과세 없다

인류의 역사에서 한 민족이 다른 한 민족과의 정치적 결합을 해체하고 세계의 여러 나라 사이에서 자연법과 신법이 부여한 독립, 평등의 지위를 차지하는 것이 필요하게 되었을 때, 인류의 신념에 대한 엄정한 고려는 우리로 하여금 독립을 요청하는 여러 원인을 선언하지 않을 수 없게 한다.

우리는 다음과 같은 것을 자명한 진리라고 생각한다. 즉, 모든 사람은 평등하게 태어났으며, 조물주는 몇 개의 양도할 수 없는 권리를 부여하였으며, 그 권리 중에는 생명과 자유와 행복의 추구가 있다. 이 권리를 확보하기 위해 인류는 정부를 조직하였으며, 이 정부의 정당한 권력은 인민의 동의에서 나오는 것이다.
또 어떠한 형태의 정부이든 이러한 목적을 파괴할 때에는 언제든지 정부를 변혁 내지 폐지하여 인민의 안전과 행복을 가장 효과적으로 가져올 수 있는, 그러한 원칙에 기초를 두고 그러한 형태로 기구를 갖춘 새로운 정부를 조직하는 것은 인민의 권리이다. 진실로 인간의 심려는 오랜 역사를 가진 정부를 천박하고도 일시적인 원인으로 변경해서는 안 된다는 것, 인간에게는 악폐를 참을 수 있는 데까지는 참는 경향이 있다는 것을 가르쳐 줄 것이다.
그러나 오랜 기간에 걸친 학대와 착취가 변함없이 같은 목적을 추구하고 인민을 절대 전제정치 아래에 예속시키려는 계획을 분명히 하였을 때에는, 이와 같은 정부를 타도하고 미래의 안전을 위해 새로운 보호자를 마련하는 것은 그들의 권리이며 또한 의무인 것이다.

여기까지는 로크의 《통치론》, 루소의 《사회계약론》을 한 쪽도 안 되는 분량으로 압축해 놓은 명문입니다. 근대 민주주의의 모든 정신과 원리가 이 짧은 한 단락에 다 포함되어 있다고 해도 과언이 아닙니다. 제퍼슨은 이렇게 미국이 독립을 선언할 수밖에 없는 이유를 민주주의의 원리로 정당화하고 있습니다.

민주주의의 원리에 따라 인민이 정부를 교체할 정당한 권리를 얻을 수 있는 상황이 영국 정부에 의해 행해졌다는 것입니다. 그 악행은 다음과 같습니다.

- 국왕은 공익을 위해 대단히 유익하고 필요한 법률을 허가하지 않았다.

- 국왕은 긴급하게 요구되는 중요한 법률이라 할지라도 그가 동의하지 않으면 시행할 수 없다고 식민지 총독에게 명령하였다.

- 국왕은 우리를 괴롭혀 결국은 그의 정책에 복종시키기 위해 입법기관의 양원을 공문서 보관소로부터 멀리 떨어진 유별나고 불편한 장소에 동시에 소집하였다.

- 국왕은 인민의 권리를 침해한 데 대해 민의원이 단호하게 반발하면 몇 번이고 민의원을 해산하였다.

- 국왕은 민의원을 이렇게 해산한 뒤 오랫동안 대의원의 선출을 허가하지 않았다. 그러나 입법권이라는 것은 완전히 폐지할 수 없으므로, 입법권은 결국 인민 일반에게 돌아와 다시 행사하게 되었지만, 그동안에 식민지는 내우외환의 온갖 위협에 당면하지 않을 수 없었다.

- 국왕은 식민지의 인구를 억제하는 데에도 힘을 썼다. 이를 위해 외국인의 귀화법에 반대하였고, 외국인의 이주를 장려하는 법률도 허가하지 않았으며, 토지를 새로이 취득하는 데에도 여러 가지 조건을 붙여 까다롭게 하였다.

- 국왕은 사법권을 수립하는 데 관한 법률을 허가하지 않음으로써 사법행정에도 반대하였다.

- 국왕은 판사의 임기, 봉급의 액수와 지불에 관해 오로지 국왕의 의사에만 따르도록 하였다.

- 국왕은 우리 인민을 괴롭히고 인민의 재산을 축내기 위해 수많은 새로운 관직을 만들고, 수많은 관리를 식민지에 보냈다.

- 국왕은 평화 시에도 우리 입법기관의 동의 없이 상비군을 주둔시켰다.

- 국왕은 다른 기관과 결탁하여 우리의 헌정이 인정하지 않고 우리의 법률이 승인하지 않는 사법권에 예속시키려 하였고, 식민지에 대해 입법권을 주장하는 영국 의회의 여러 법률을 허가하였다. 즉, 대규모의 군대를 우리 사이에 주둔시키고, 군대가 우리 주민을 살해해도 기만적 재판을 해서 이들을 처벌받지 않도록 하고, 우리와 전 세계와의 무역을 막고, 우리의 동의 없이 세금을 부과하고, 수많은 사건에서 배심 재판을 받는 혜택을 박탈하고, 허구적인 범죄를 재판하기 위해 우리를 본국으로 소환하고, 우리와 인접한 식민지에서 영국의 자유로운 법률제도를 철폐하고, 전제적 정부를 수립하여 다시 그 영역을 넓혀 이 정부를 모범으로 삼아 이 식민지에도 똑같은 절대적 통치를 도입하는 적절한 수단으로 삼고, 우리의 특허장을 박탈하고, 우리의 귀중한 법률을 철폐하고, 우리의 정부 형태를 변경하고, 우리의 입법기관의 기능을 정지시키고, 어떠한 경우든 우리를 대신하여 법률을 제정할 수 있는 권한이 있다고 선언하는, 이러한 법률을 허가한 것이다.

- 국왕은 우리를 그의 보호 밖에 둔다고 선언하고, 우리에게 전쟁을 벌임으로써 식민지에 대한 통치를 포기하였다.

- 국왕은 우리의 바다에서 약탈을 자행하고, 우리의 해안을 습격하고, 우리의 도시를 불사르고, 우리 주민의 생명을 빼앗았다.

- 국왕은 가장 야만적인 시대에도 그 유례가 없고 문명국의 원수로는 도저히 어울리지 않는 잔학과 배신의 상황을 만들고, 이와 더불어 이미 착수한 죽음과 황폐와 포학의 과업을 완수하기 위해 이 시간에도 외국 용병 대부대를 수송하고 있다.

- 국왕은 해상에서 포로가 된 우리 동포 시민에게 그들이 사는 식민지에 대해 무기를 들거나, 우리의 벗과 형제자매의 사형을 집행하거나, 그렇지 않으면 그들의 손에 죽기를 강요하였다.

- 국왕은 우리 사이에 내란을 선동하였고, 변경의 주민에 대해서는 연령과 남녀, 신분의 여하를 막론하고 무차별로 살해하는 것을 전쟁의 규칙으로 하는, 무자비한 인디언을 자기편으로 하려고 하였다.

한마디로 왕이 인민의 뜻을 묻지 않고 모든 것을 독단적으로 행하였으며, 특히 인민의 기본적인 권리를 멋대로 침해하였다는 것입니다.

이러한 탄압을 받을 때마다 그때그때 우리는 겸손한 언사로 시정을 탄원하였던 것이다. 그러나 여러 차례의 진정에 대해 돌아온 것은 여러 차례의 박해에 지나지 않았다. 이와 같이 그 성격이 모든 행동에서 폭군이라는 정의를 내리지 않을 수 없는 국왕은 자유로운 인민의 통치자로서는 적합하지 않은 것이다.

우리는 또한 영국의 형제자매에게도 주의를 환기시키는 데 부족함이 없었다. 우리는 영국 의회가 우리를 억압하려고 부당한 사법권을 넓히려고 하는 데 대해서도 수시로 경고를 하였다. 우리는 우리가 아메리카로 이주하여 식민을 하게 된 제반 사정을 다시 한 번 상기시켰다. 우리는 그들의 타고난 정의감과 아량에도 호소한 바 있었다. 그리고 그들의 피를 같이 나누고 있다는 것에 호소하여 우리와의 연결과 결합을 결국에는 단절시키는 것을 피할 수 없는 이러한 탄압을 거부해 줄 것을 탄원하기도 하였다. 그러나 이들 또한 정의와 혈연의 소리에 귀를 기울이지 않았다. 그러므로 우리는 우리가 영국으로부터 독립해야 할 사정을 고발할 필요성을 묵묵히 받아들이면서 세계의 다른 국민에게 대하듯이 영국인에 대해서도 전시에는 적으로, 평화 시에는 친구로 대하지 않을 수 없다는 것을 주장하는 바이다.

이에 아메리카 연합 여러 주의 대표들은 전체 회의에 모여 우리의 공정한 의도를 세계의 최고 심판에 호소하는 바이며, 이 식민지의 선량한 인민의 이름과 권능으로 엄숙히 발표하고 선언하는 바이다. 이 연합한 여러 식민지는 자유롭고 독립된 국가이며, 또 권리에 의거해 자유롭고 독립된 국가여야 한다. 이 국가는 영국의 왕권에 대한 모든 충성의 의무를 벗으며, 대영제국과의 모든 정치적 관계는 완전히 해소되고 또 해소되어야 한다. 따라서 이 국가는 자유롭고 독립된 국가로서 전쟁을 개시하고 평화를 체결하고 동맹 관계를 협정하고 통상 관계를 수립하여 독립국가가 당연히 해야 할 모든 행동과 사무를 할 수 있는 완전한 권리를 갖고 있는 바이다. 우리는 이에 우리의 생명과 재산과 신성

한 명예를 걸고 신의 가호를 굳게 믿으면서 이 선언을 지지할 것을 서로 굳게 맹세하는 바이다.

▨ 세계대전과 세계인권선언

Universal Declaration of Human Rights

세계인권선언은 제2차 세계대전이 끝난 후 전체주의 정권과 같은 인권 파괴적인 정부가 등장하는 것을 예방하기 위해 국제적인 인권의 표준을 만들고 이를 준수하기로 여러 국가가 동의하는 과정에서 탄생하였습니다. 오랜 협의 끝에 1948년 12월 10일 유엔 총회에서 당시 가입국 58개국 중 50개국이 찬성하여 채택된 이 선언은 비록 직접적인 법적 효력은 없으나 그 영향력은 적지 않습니다. 특히 1966년에 발표된 국제인권규약이 국제법으로 발효되어 법적 실효성을 갖추었기 때문에 어떤 의미에서 이 선언문은 세계의 헌법이라고도 할 수 있습니다. 오늘날 대부분의 국가는 심지어 독재국가라 할지라도 이 선언의 내용을 자국의 헌법 또는 기본법에 반영하고 있습니다.

원문 읽기

인류 모두의 양도할 수 없는 고유한 존엄성 선언

제1조 모든 사람은 태어날 때부터 자유로우며 존엄성과 권리에서 평등하다. 사람은 이성과 양심을 부여받았으며 형제의 정신으로 서로를 대해야 한다.

제2조 모든 사람은 인종, 피부색, 성, 언어, 종교, 정치적 또는 그 밖의 견해, 민족적 또는 사회적 출신, 재산, 출생, 기타의 지위 등에 따른 어떠한 종류의 구별도 없이, 이 선언에 제시된 모든 권리와 자유를 누릴 자격이 있다. 나아가 개인이 속한 나라나 영역이 독립국이든 신탁통치 지역이든, 비자치 지역이든 또는 그 밖의 다른 주권의 제한을 받고 있는 지역이든, 그 나라나 영역의 정치적, 사법적, 국제적 지위를 근거로 차별이 행해져서는 안 된다.

제3조 모든 사람은 생명권과 신체의 자유와 안전을 누릴 권리가 있다.

제4조 어느 누구도 노예나 예속 상태에 처하지 아니한다. 모든 형태의 노예제도 및 노예 매매는 금지된다.

제5조 어느 누구도 고문이나, 잔혹하거나, 비인도적이거나, 모욕적인 취급 또는 형벌을 받지 아니한다.

제6조 모든 사람은 어디에서나 법 앞에 인간으로서 인정받을 권리를 가진다.

제7조 모든 사람은 법 앞에 평등하고, 어떠한 차별도 없이 법의 평등한 보호를 받을 권리를 가진다. 모든 사람은 이 선언을 위반하는 어떠한 차별에 대해서도, 또한 어떠한 차별의 선동에 대해서도 평등한 보호를 받을 권리를 가진다.

제8조 모든 사람은 헌법 또는 법률이 부여하는 기본권을 침해하는 행위에 대해 해당 국가의 법원을 통해 적절한 구제를 받을 권리를 가진다.

제9조 어느 누구도 자의적인 체포, 구금 또는 추방을 당하지 아니한다.

제10조 모든 사람은 자신의 권리와 의무, 그리고 자신에 대한 형사상의 혐의를 결정하는 데 독립적이고 편

견 없는 법정에서 공정하고도 공개적인 심문을 전적으로 평등하게 받을 권리를 가진다.

제11조 1. 형사 범죄로 기소당한 모든 사람은 자기 변호를 위해 필요한 모든 장치를 갖춘 공개된 재판에서 법률에 따라 유죄로 입증될 때까지 무죄로 추정될 권리를 가진다.

2. 어느 누구도 행위를 할 당시의 국내법이나 국제법 상으로 범죄를 구성하지 아니하는 작위 또는 부작위를 이유로 유죄가 되지 아니한다. 또한 범죄가 행해진 때에 적용될 수 있는 형벌보다 무거운 형벌이 부과되지 아니한다.

제12조 어느 누구도 자신의 사생활, 가정, 주거 또는 통신에 대해 자의적인 간섭을 받지 않으며, 자신의 명예와 신용에 대해 공격을 받지 아니한다. 모든 사람은 그러한 간섭과 공격에 대해 법률의 보호를 받을 권리를 가진다.

제13조 1. 모든 사람은 각국의 영역 안에서 이전과 거주의 자유에 관한 권리를 가진다.

2. 모든 사람은 자국을 포함한 어떤 나라로부터도 출국할 권리가 있으며, 또한 자국으로 돌아올 권리를 가진다.

제14조 1. 모든 사람은 박해를 피해 타국에서 피난처를 구하고 보호받을 권리를 가진다.

2. 이 권리는 비정치적인 범죄 또는 유엔의 목적과 원칙에 반하는 행위만으로 제기된 소추의 경우에는 활용될 수 없다.

제15조 1. 모든 사람은 국적을 가질 권리를 가진다.

2. 어느 누구도 자의적으로 자신의 국적을 박탈당하거나 그의 국적을 바꿀 권리를 부인당하지 아니한다.

제16조 1. 성년에 이른 남녀는 인종, 국적 또는 종교에 따른 어떠한 제한도 받지 않고 혼인해 가정을 이룰 권리를 가진다. 이들은 혼인 기간 중 및 그 해소 시 혼인에 관해 동등한 권리를 가진다.

2. 결혼은 양 당사자의 자유롭고도 완전한 합의에 의해서만 성립된다.

3. 가정은 사회의 자연적이며 기초적인 구성단위이며, 사회와 국가의 보호를 받을 권리를 가진다.

제17조 1. 모든 사람은 단독으로는 물론 타인과 공동으로 자신의 재산을 소유할 권리를 가진다.

2. 어느 누구도 자신의 재산을 자의적으로 박탈당하지 아니한다.

제18조 모든 사람은 사상, 양심 및 종교의 자유에 대한 권리를 가진다. 이러한 권리는 자신의 종교 또는 신념을 바꿀 자유와 선교, 행사, 예배, 의식에서 단독으로 또는 다른 사람과 공동으로, 공적으로 또는 사적으로 자신의 종교나 신념을 표명하는 자유를 포함한다.

제19조 모든 사람은 의견과 표현의 자유에 관한 권리를 가진다. 이 권리는 간섭받지 않고 의견을 가질 자유와 모든 매체를 통해 국경에 관계없이 정보와 사상을 추구하고, 접수하고, 전달하는 자유를 포함한다.

제20조 1. 모든 사람은 평화적 집회와 결사의 자유에 관한 권리를 가진다.

2. 어느 누구도 어떤 결사에 소속될 것을 강요받지 아니한다.

제21조 1. 모든 사람은 직접 또는 자유롭게 선출된 대표를 통해 자국의 통치에 참여할 권리를 가진다.

2. 모든 사람은 자국의 공무에 취임할 동등한 권리를 가진다.

3. 국민의 의사는 정부의 권위의 기초가 된다. 이 의사는 보통 및 평등 선거권에 의거하며, 또한 비밀투표 또는 이와 동등한 자유로운 투표 절차에 따라 실시되는 정기적이고 진정한 선거를 통해 표현된다.

여기까지는 대헌장, 인권선언, 미국독립선언 등을 통해 천명된 기본권들을 총 정리해 놓았다고 볼 수 있습니다. 이 기본권들은 주로 자유권과 참정권을 중심으로 이루어져 있으며, 권리의 주체는 개인입니다. 이렇게 개인의 자유, 개인들 간의 평등을 기반으로 하는 인권을 흔히 1세대 인권이라고 합니다.

제22조 모든 사람은 사회의 일원으로서 사회보장제도에 관한 권리를 가지며, 국가적 노력과 국제적 협력을 통해, 그리고 각국의 조직과 자원에 따라 자신의 존엄성과 인격의 자유로운 발전을 위해 꼭 필요한 경제적, 사회적 및 문화적 권리의 실현에 관한 권리를 가진다.

제23조 1. 모든 사람은 근로의 권리, 자유로운 직업 선택권, 공정하고 유리한 근로조건에 관한 권리 및 실업으로부터 보호받을 권리를 가진다.

2. 모든 사람은 어떠한 차별도 받지 않고 동등한 노동에 대해 동등한 보수를 받을 권리를 가진다.

3. 모든 근로자는 자신과 가족에게 인간적 존엄에 합당한 생활을 보장해 주며, 필요할 경우 다른 사회적 보호의 수단에 의해 보완되는, 정당하고 유리한 보수를 받을 권리를 가진다.

4. 모든 사람은 자신의 이익을 보호하기 위해 노동조합을 결성하고 가입할 권리를 가진다.

제24조 모든 사람은 근로시간의 합리적 제한과 정기적인 유급 휴일을 포함한 휴식과 여가에 관한 권리를 가진다.

제25조 1. 모든 사람은 식량, 의복, 주택, 의료, 필수적인 사회 서비스를 포함해 자신과 가족의 건강과 안녕에 적합한 생활수준을 누릴 권리를 가지며, 실업, 질병, 불구, 배우자와의 사별, 노령, 기타 자신이 통제할 수 없는 상황에서와 다른 생계 결핍의 상황에서 사회보장을 누릴 권리를 가진다.

2. 모자는 특별한 보살핌과 도움을 받을 권리를 가진다. 모든 어린이는 부모의 혼인 여부에 관계없이 동등한 사회적 보호를 향유한다.

제26조 1. 모든 사람은 교육받을 권리를 가진다. 최소한 초등 기초 단계의 교육은 무상이라야 한다. 초등교육은 의무교육이라야 한다. 기술교육과 직업교육은 일반적으로 이용할 수 있어야 하며, 고등교육도 능력에 따라 모든 사람에게 평등하게 개방되어야 한다.

2. 교육은 인격의 완전한 발전과 인권 및 기본적 자유에 대한 존중의 강화를 목표로 해야 한다. 교육은 모든 국가와 인종적 또는 종교적 집단 간의 이해, 관용 및 친선을 증진시키고 평화를 유지하기 위한 유엔의 활동을 촉진시켜야 한다.

3. 부모는 자녀에게 제공되는 교육의 종류를 선택하는 데 우선권을 가진다.

1세대 인권이 개인의 권리를 강조하였다면, 2세대 인권에서는 사회의 책임을 강조합니다. 즉, 2세대 인권은 사회나 국가가 그 구성원에게 보장해야 할 것이 무엇인지를 명시하고 있습니다. 여기에는 기본적인 자유와 평등뿐 아니라 인간으로서의 존엄성을 유지할 수 있는 최소한의 삶을 사회나 국가가 보장해야 한다는 요청이 포함되어 있습니다. 이를 흔히 사회권이라고 통칭합니다.

제27조 1. 모든 사람은 공동체의 문화생활에 자유롭게 참여하고, 예술을 감상하며, 과학의 진보와 그 혜택을 향유할 권리를 가진다.

2. 모든 사람은 자신이 창조한 모든 과학적, 문학적, 예술적 창작물에서 생기는 정신적, 물질적 이익을 보호받을 권리를 가진다.

제28조 모든 사람은 이 선언에 제시된 권리와 자유가 완전히 실현될 수 있는 사회적, 국제적 질서에 대한 권리를 가진다.

제29조 1. 모든 사람은 자신의 인격을 자유롭고 완전하게 발전시킬 수 있는 공동체에 대해 의무를 가진다.

2. 모든 사람의 권리와 자유 행사의 제한은 타인의 권리와 자유에 대한 적절한 인정과 존중을 보장하고, 민주사회에서의 도덕심, 공공질서, 일반의 복지를 위한 정당한 필요의 충족을 목적으로 하면서 법률에 규정될 경우에 한한다.

3. 이러한 권리와 자유는 어떤 경우에도 유엔의 목적과 원칙에 반하여 행사될 수 없다.

제30조 이 선언의 그 어떠한 조항도 특정한 국가나 집단 혹은 개인이 이 선언에서 규정한 어떤 권리와 자유를 파괴하는 목적의 활동에 종사하거나 그러한 행위를 행할 어떤 권리를 가지는 것으로 해석될 수 없다.

정치사상사 연표

민주주의를 만든 생각들, 행적	우리나라 주요 사건	세계사의 주요 사건
		약 3000 메소포타미아 문명과 이집트 문명 성립
		약 2500 인더스 문명과 황허 문명 성립
	약 2333 고조선 건국	
	약 1000 청동기 문화 전개	
551 공자 태어남		
495 페리클레스 태어남		
		492 그리스−페르시아 전쟁 발발
479 공자 사망		
469 소크라테스 태어남		
461 페리클레스 집권		
431 페리클레스 추모 연설		431 펠로폰네소스 전쟁 발발
429 페리클레스 사망		
428 플라톤 태어남		
		404 펠로폰네소스 전쟁 종결
399 소크라테스 사형 당함		
387 플라톤 아카데메이아 설립		
384 아리스토텔레스 태어남		
약 372 맹자 태어남		
367 아리스토텔레스 아카데메이아 입학		
348 플라톤 사망		
		334 마케도니아의 알렉산드로스, 동방 원정 시작
322 아리스토텔레스 사망		
	약 300 철기 문화 보급	
약 289 맹자 사망		
		264 로마, 카르타고와 포에니 전쟁
		221 진秦, 중국 통일
		202 중국, 한 건국
	194 위만 조선 성립	
	108 고조선 멸망	146 로마, 포에니 전쟁에서 승리
106 키케로 태어남		
		약 91 사마천, 《사기》 완성
64 키케로 로마 집정관이 됨		
43 키케로 암살됨		
		27 로마, 제정 수립

기원전 B.C.

300

		220 한 멸망, 삼국시대 시작
		280 진晉, 중국 통일
	313 고구려, 낙랑군을 멸망시킴	313 로마제국, 기독교 공인(밀라노 칙령)
		316 중국, 5호16국시대 시작
354 아우구스티누스 태어남	372 고구려, 전진에서 불교 전래, 국립대학인 태학 설치	375 게르만족, 로마제국으로 이동 시작
		395 로마제국, 동·서로 분열
396 아우구스티누스 히포의 주교가 됨	427 고구려, 평양으로 천도	439 중국, 남북조시대 시작
430 아우구스티누스 사망		476 서로마제국 멸망
		약 481 프랑크왕국 건국
	503 신라, 국호와 왕호를 정함	534 동로마제국, 유스티니아누스 법전 편찬
		589 수, 중국 통일
		610 이슬람교 창시
	612 고구려, 살수대첩	618 중국, 당 건국
		645 일본, 다이카 개신
	660 백제 멸망	
	668 고구려 멸망	
	676 신라, 삼국 통일	
	698 발해 건국	755 당, 안사의 난
	828 신라의 장보고, 청해진 설치	843 프랑크왕국 분열
		907 당 멸망, 5대10국 시작
	926 발해 멸망	
	935 신라 멸망	
	936 고려, 후삼국 통일	960 중국, 송 건국
	958 과거제 실시	962 신성로마제국 성립
	1019 고려, 귀주대첩	1054 기독교, 동·서 교회로 분열
		1096 십자군 전쟁 발발
		1115 여진족, 금 건국
		1127 송 멸망, 강남에 남송 건국
	1135 묘청, 서경 천도 운동	1192 일본, 가마쿠라 막부 성립

정치사상사 연표 | 301

		1206 칭기즈 칸, 몽골 통일
		1215 영국, 대헌장 제정
	1236 팔만대장경판 제작 시작	1271 원 제국 성립
		1279 남송 멸망, 원의 중국 통일
		1337 영국과 프랑스, 백년전쟁 발발
		1338 일본, 무로마치 막부 성립
	1392 고려 멸망, 조선 건국	1405 원, 정화의 남해 원정 시작
		약 1450 독일, 구텐베르크 인쇄술
	1446 훈민정음 반포	1453 동로마제국 멸망
1469 마키아벨리 태어남	1485 《경국대전》 간행	1492 에스파냐, 콜럼버스가 서인도 제도에 도착
		1517 독일, 루터의 종교개혁
		1519 에스파냐, 마젤란의 항해 시작
1527 마키아벨리 사망		1543 폴란드, 코페르니쿠스가 지동설 발표
1531 마키아벨리 《로마사 논고》 출간		
1532 마키아벨리 《군주론》 출간		1590 도요토미 히데요시, 일본 통일
1588 홉스 태어남	1592 임진왜란	1600 영국, 동인도회사 설치
	1610 허준, 《동의보감》 완성	1618 독일, 30년전쟁 시작
	1623 인조반정	
1632 로크 태어남	1636 병자호란	1642 영국, 청교도혁명
		1644 명 멸망, 청 제국 수립
1651 홉스 《리바이어던》 출간		
1679 홉스 사망		1688 영국, 명예혁명
1690 로크 《통치론》 출간		
로크 《인간 오성론》 출간		
1704 로크 사망	1708 대동법, 전국적으로 확대 실시	
1712 루소 태어남	1725 영조, 탕평책 실시	
	1750 영조, 균역법 실시	
1755 루소 《인간 불평등의 기원》 출간		약 1760 영국, 산업혁명 시작
1762 루소 《사회계약론》 출간	1776 정조, 규장각 설치	1776 미국, 독립선언
1778 루소 사망	1784 이승훈, 천주교 전도	1789 프랑스혁명
1805 토크빌 태어남		1804 나폴레옹 1세의 황제 즉위
1806 밀 태어남	1811 홍경래의 난	
1818 마르크스 태어남		
1835 토크빌 《미국의 민주주의》 1권 출간		1830 프랑스, 7월혁명

1840	토크빌 《미국의 민주주의》 2권 출간	**1840** 청, 아편전쟁 시작
1848	마르크스 《공산당 선언》 출간	**1848** 프랑스, 2월혁명
1859	토크빌 사망	**1860** 최제우, 동학 창시

- **1840** 토크빌 《미국의 민주주의》 2권 출간
- **1848** 마르크스 《공산당 선언》 출간
- **1859** 토크빌 사망
- **1867** 마르크스 《자본론》 출간
- **1883** 마르크스 사망
- **1906** 아렌트 태어남
- **1951** 아렌트 《전체주의의 기원》 출간
- **1958** 아렌트 《인간의 조건》 출간
- **1975** 아렌트 사망

가운데 단

- **1860** 최제우, 동학 창시
- **1863** 고종 즉위, 흥선대원군 집권
- **1876** 강화도조약 체결
- **1897** 대한제국 설립
- **1905** 을사조약 체결
- **1910** 한일 병합
- **1919** 3·1 운동
- **1932** 이봉창·윤봉길 의거
- **1945** 8·15 광복
- **1948** 대한민국 정부 수립
- **1950** 한국전쟁 발발
- **1960** 4·19 혁명
- **1961** 5·16 군사 쿠데타
- **1972** 유신헌법 제정 및 시행
- **1979** 박정희 대통령 피살
- **1980** 5·18 광주 민주화운동
- **1987** 6월 민주항쟁

오른쪽 단

- **1840** 청, 아편전쟁 시작
- **1848** 프랑스, 2월혁명
- **1860** 청, 영국·프랑스와 베이징조약 체결
- **1868** 일본, 메이지 유신
- **1871** 독일 통일
- **1894** 청·일전쟁
- **1904** 러·일전쟁
- **1911** 청, 신해혁명
- **1914** 제1차 세계대전 발발
- **1918** 미국의 윌슨 대통령, 14개 평화 원칙 발표 / 제1차 세계대전 종식
- **1919** 중국, 5·4운동
- **1929** 미국, 대공황 발생
- **1939** 제2차 세계대전 발발
- **1941** 미국과 영국, 대서양헌장 발표
- **1945** 제2차 세계대전 종료
- **1948** 세계 인권 선언 선포
- **1949** 중화인민공화국 수립

참고 문헌

이 책을 엮기 위해 다음의 문헌들을 사용하였습니다. 그리스어, 독일어, 프랑스어, 이탈리아어 등으로 된 각 책의 원전을 사용하는 것이 원칙이겠으나, 엮은이들의 능력에 한계가 있어 원본으로는 영어로 된 문헌들을 사용하였습니다. 이 과정에서 시중에서 구할 수 있는 여러 종류의 번역본을 참고하였습니다. 또 원문 이해에 도움을 줄 해설을 쓰기 위해 정치학과 정치사상에 대한 책들도 참고하였습니다. 이 책을 완성하기 위해 사용한 참고 문헌을 다음과 같이 밝힙니다.

I. 원본

● 마키아벨리《로마사 논고》
  Niccolo Machiavelli, translates by Ninian H. Thomson, *Discourses on the first Decade of Titus Livius*(http://www.gutenberg.org/files/10827/10827-8.txt)

● 홉스《리바이어던》
  Thomas Hobbes, *Leviathan* (http://www.gutenberg.org/files/3207/3207-h/3207-h.htm)

● 로크《통치론》
  John Locke, Second Treatise of Government(http://www.gutenberg.org/etext/7370)

● 루소《사회계약론》
  Jean Jacques Rousseau, tanslated by: G. D. H. Cole, *The Social Contract Or Principles of Political Right* (http://www.marxists.org/reference/subject/economics/rousseau/social-contract/index.htm)

● 토크빌《미국의 민주주의》
  Alexis de Tocqueville, translated by Henry Reeve, *Democracy in America 1&2*(http://www.gutenberg.org/files/815/815-h/815-h.htm).

● 밀《자유론》
  John Stuart Mill, *On Liberty*(http://www.utilitarianism.com/ol/one.html)

● 마르크스《공산당 선언》
  Karl Heinrich Marx, *Manifest der Kommunistischen Partei* (http://www.marxists.org/korean/marx/communist-manifesto/index.htm)

● 아렌트《전체주의의 기원》
  한나 아렌트, 이진우, 박미애 옮김, 《전체주의의 기원》 2, 한길사, 2006

2. 참고한 번역본

의외로 정치학 고전 번역본을 시중에서 구하기 어려웠습니다. 다음에 소개하는 번역본들은 그 얼마 안 되는 소중한 문헌들입니다. 엮은이들은 이 번역본의 도움을 크게 보았습니다. 이 중 몇몇 번역본은 워낙 번역이 잘 되어 있어 만약 이 책이 청소년을 대상으로 하는 책이라 문장들을 보다 쉽고 친절하게 만들어야 할 필요가 없었다면 이 번역본들만으로 충분하다고 여겨집니다.

● 토마스 홉스, 최공웅·최진원 옮김《리바이어던》, 동서문화사, 2009
● 존 로크, 강정인·문지영 옮김, 《통치론》, 까치, 1996
● 장 자크 루소, 최석기 옮김, 《사회계약론》, 동서문화사, 2007
● 존 스튜어트 밀, 서병훈 옮김, 《자유론》, 책세상, 2005
● 알렉시스 드 토크빌, 임효선·박지동 옮김, 《미국의 민주주의》1, 2, 한길사, 1997, 2002

3. 해설을 위해 참고한 책들

위에 소개된 문헌들 외에 폭넓게 정치사상사를 공부하고 싶다면 참고해 볼 만한 책들입니다.

● 퀜틴 스키너, 박동천 옮김, 《근대 정치사상의 토대》1, 한길사, 2004
● 조지 세이빈·토머스 솔슨, 성유보·차남희 옮김, 《정치사상사》1, 2, 한길사, 1997
● 로버트 달, 조기제 옮김, 《민주주의와 그 비판자들》, 문학과지성사, 1999

찾아보기

민주주의를 만든 생각들

근현대 편: 마키아벨리에서 아렌트까지

엮고 해설한 이 | 구민정 · 권재원

1판 1쇄 발행일 2011년 11월 21일
1판 8쇄 발행일 2020년 1월 20일

발행인 | 김학원
편집주간 | 김민기 황서현
기획 | 문성환 김보희 김나윤 김주원 전두현 최인영 김소정 이문경 임재희 하빛 이화령
디자인 | 김태형 유주현 박인규 한예슬
마케팅 | 김창규 김한밀 윤민영 김규빈 김수아 송희진
제작 | 이정수
저자 · 독자 서비스 | 조다영 윤경희 이현주 이령은(humanist@humanistbooks.com)
스캔 · 출력 | 이희수 com.
용지 | 화인페이퍼
인쇄 | 청아디앤피
제본 | 정민문화사

발행처 | (주)휴머니스트 출판그룹
출판등록 | 제313-2007-000007호(2007년 1월 5일)
주소 | (03991) 서울시 마포구 동교로23길 76(연남동)
전화 | 02-335-4422 팩스 | 02-334-3427
홈페이지 | www.humanistbooks.com

ⓒ 구민정 · 권재원, 2011

ISBN 978-89-5862-444-8 03300

만든 사람들

기획 | 황서현(hsh2001@humanistbooks.com) 최윤영 김은영
편집 | 임미영
디자인 | 민진기디자인